Wiliam Hamilton

Collection of Etruscan, Greek and Roman antiquities from the cabinet of the Honourable William Hamilton

Wiliam Hamilton

Collection of Etruscan, Greek and Roman antiquities from the cabinet of the Honourable William Hamilton

ISBN/EAN: 9783337196653

Printed in Europe, USA, Canada, Australia, Japan

Cover: Foto ©Andreas Hilbeck / pixelio.de

More available books at **www.hansebooks.com**

COLLECTION

OF ETRUSCAN, GREEK AND ROMAN
ANTIQUITIES
FROM THE CABINET
OF THE HON.^BLE W.^M HAMILTON
HIS BRITANNICK MAIESTYS
ENVOY EXTRAORDINARY
AT THE COURT OF NAPLES

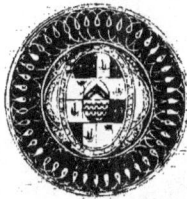

NAPLES

MDCCLXVI.

ANTIQUITÉS

ÉTRUSQUES GRECQUES
ET ROMAINES
TIRÉES DU CABINET
DE M. HAMILTON
ENVOYÉ EXTRAORDINAIRE
DE S. M. BRITANNIQUE

A NAPLES

M. DCC. LXVI.

AVERTISSEMENT.

JE m'acquitte à préfent des engagemens que je pris vers la fin de l'année derniere, avec ceux qui ont eu la bonté de foufcrire à cet ouvrage; c'eft à eux, c'eft au public à juger fi je les ai rempli avec toute l'exactitude poffible. Aulieu des 117 planches promifes dans le profpectus on en trouvera 130., & l'exécution du tout enfemble décidera, fi j'ai rien négligé pour rendre mon livre auffi magnifique & auffi utile, que la nature du fujet le comportoit. J'ai cru devoir le donner volume à volume, pour fatisfaire à l'empreffement des amateurs qui m'en demandent de toute part.

Les cuivres font abfolument finis, ainfi ce n'eft pas à les terminer, mais à les perfectionner que l'on travaille à préfent; le fecond volume qui eft fous preffe ne fera pas plutôt imprimé, que le troifieme & le quatrieme le fuivront avec la même promptitude; fans que pour cela je néglige rien, de ce qui pourra les rendre égaux ou fupérieurs au premier.

Comme les planches qui compofent ce recueil, font auffi propres à meubler un Appartement, qu'à enrichir un Porte-feuille d'eftampes, ou à tenir leur place dans une Biblioteque; j'ai eu foin, autant que je l'ai pu, de les diftribuer de façon, que l'une correfpondante à l'autre lui fervit toujours de pendant; ainfi, lors qu'on ne trouvera pas fa compagne dans un volume, on eft prefqu'affuré de la rencontrer dans les fuivans.

Quant à la foufcription qui jufqu'aujourd'hui a été de feize onces monnoie de Naples, elle continuera fur le même pied jufqu'à la fin de l'impreffion: mais lors que celle-ci fera terminée, le prix de l'ouvrage entier montera à vingt deux onces, pour ceux qui n'ayant pas foufcrit, n'auront pas aidé aux fraix immenfes qu'une telle entreprife entraine néceffairement avec elle. Les noms des amateurs qui ont bien voulu s'intéreffer à la réuffite de ce livre, se trouveront à la tête du dernier volume.

Au refte, je crois à propos d'avertir ceux qui voudront faire relier cet ouvrage, qu'il feroit bon de mettre des feuilles de papier entre les planches qu'il contient, afin qu'en le battant, les relieurs ne viennent pas à tacher les feuilles voifines, comme cela arrive quelquefois aux livres qui contiennent beaucoup de gravures.

Vol. I.   a   *PRE-*

P R E F A C E.

Is to M^r. Hamilton that the Public is indebted for the fine Collection of defigns from Etrufcan, Greek, and Roman Vafes, which we this day prefent it with, led by a moft enlightened tafte in every branch of the polite Arts, he has long made it a pleafure to collect thefe precious Monuments of the Genius of the Ancients, and lefs flattered with the advantage of poffeffing them, than with that of rendering them ufeful to Artifts, to Men of Letters and by their means to the World in general, he has been pleafed to intruft them to

us

P R É F A C E.

Eſt à Monſieur Hamilton que le Public eſt redevable du beau recueil de deſſeins & de vaſes Etruſques, Grecs & Romains que nous lui donnons aujourd'hui. Conduit par un goût très-éclairé ſur toutes les parties des Arts, dès long-temps il s'eſt fait un plaiſir de ramaſſer ces monuments précieux du Génie des Anciens; & moins flatté de l'avantage de les poſſéder, que de celui de les rendre utiles aux Artiſtes, aux Gens de Lettres, & par leur moyen, à tout le mon-

us for their publication , exacting nothing from us , but perfection in the execution and fidelity in the drawing, and referving to himself the honour only , of bringing them to light , under the Auspices of a GREAT KING , *to whom he has been attached from his infancy , by the ties of the most profound respect and the most fincere Gratitude ; and indeed , nothing could be more proper than to offer such a work to a Prince, who having ever been a lover of the liberal Arts from his most tender youth , has carried with him upon the throne , the taste which he had for them ; without fuffering it as yet to be weakened by the toilfome cares of Government , to which he devotes himself entirely . To dedicate fuch a work to the King of England, is to confecrate it to the utility of his Country , to that of all Europe , to whom this Prince is dear by the gentlenefs of his manners, by the wifdom of his views , and by his love of peace ; what do not the arts owe to him ? what thanks are not due to him from litterature , which can only flourish under the shadow of that peace ; which vain Ambition , and the immoderate defire of becoming powerful but too often troubles ? May his happy days (filled with that folid glory , which fprings from the fublime character of Benefactor to thofe whom fate has rendered his inferiors , though by Nature his equals , and that noble Piety which rendered the two Antonines the delight of Mankind) be as lafting as his Virtues and Felicity , may his Auguft Name , like that of Titus , become a Name of honour for all good Princes , may be neither acknowledge or efteem any title more glorious than that of Father of his Country, nor a greater happinefs, than that of uniting Moderation with Power , Equity with Strength , and ¡the love of public Tranquillity , with the defire of pouring bleffings upon thofe whom Providence has intrufted to his care : thefe prayers, rifing from the bofom of my folitude which , thanks to the arts , is rendered eafy to me , are not thofe of deceitful intereft , or the infatiable defire of poffeffing riches and honours , but arife from my love to human Nature , and are confequences of the wishes I form for the happinefs of my Contemporaries .*

    Our Readers without doubt will lofe much, by Mr. Hamilton's not having
ving

monde en général , il a bien voulu nous les confier pour les rendre publics, n'exigeant de nous que la beauté de l'exécution, la fidélité du deſſein, & ne se réſervant que l'honneur de les faire paroître ſous les auſpices d'un *GRAND ROI*, auquel il eſt attaché depuis ſon enfance, par les liens du reſpeɛt le plus profond & de la reconnoiſſance la plus ſincere. Rien n'étoit en effet plus convenable que d'offrir un tel ouvrage à un Prince, qui ayant aimé les beaux Arts dès sa plus tendre jeuneſſe , a porté ſur le trône le goût qu'il a toujours eu pour eux, ſans que les ſoins pénibles du gouvernement, auxquels il se livre tout entier, aient pu l'affoiblir juſqu'à préſent. Dédier un tel ouvrage au Roi d'Angleterre , c'eſt le conſacrer à l'utilité de sa Patrie , à celle de l'Europe entiere, à qui ce Prince eſt cher par la douceur de ſes mœurs, par la ſageſſe de ſes vues, & par ſon amour pour la paix. Que ne lui doivent pas les Arts? Quels remerciemens ne mérite-t-il pas des Lettres , qui ne peuvent fleurir qu'à l'ombre de cette paix que la vaine ambition , que le deſir immodéré de se rendre puiſſant ne troublent que trop ſouvent! Puiſſent ſes jours, remplis de cette gloire ſolide , que donnent le rang ſublime de Bienfaiteur de ceux que la deſtinée a rendu ſes inférieurs, mais que la nature avoit fait ſes égaux , & cette noble Piété qui *rendit les Antonins* les délices de l'Humanité, être auſſi durables que ſes Vertus & que ſon Bonheur! Puiſſe ſon nom Auguſte comme celui de Titus, devenir un nom honorable pour les meilleurs Princes! Puiſſe-t-il ne connoître , n'eſtimer aucun titre plus glorieux que celui de Pere de la Patrie, ni aucun Bonheur plus grand que celui d'unir la Modération à la Puiſſance , l'Equité à la Force, & l'Amour de la Tranquillité Publique, au deſir de combler de biens, les hommes que la Providence a confiés à ſes ſoins. Ces vœux élevés du ſein de ma ſolitude dont les Arts ont aſſuré l'aiſance , ne ſont pas ceux du trompeur intérêt ou de l'inſatiable avidité de poſſéder des richeſſes & des honneurs, mais ſont formés par l'amour du genre humain, & ſont une ſuite des ſouhaits que je dois à la félicité de mes Contemporains.

C'eſt ſans doute une perte pour nos Leɛteurs , que les occupations de ſon miniſtere n'aient pas permis à Mr. Hamilton de publier lui-

ving leisure himself , from the occupations of his employment , to publish the Cabinet which he has formed with so much knowledge , this
work in the hands of one so much more capable than us of understan-
ding it's merit , would have become as precious as the collection itself
which gave birth to it , but since cares of a superior nature , have
robbed us of a part of those he would have taken in our undertaking ,
we shall endeavour to supply that loss as much as possible , and make
it a rule ; to explain with as much precision as we are able , the
ideas which he has been pleased to communicate to us , we will add
to them those with which a long study of the Arts and of Antiquity
have furnished us , thus guided by his counsels , assisted by his lights ,
encouraged by the interest he is so good as to take in the success of
our book , we will leave nothing neglected which may conduce to bring
it to the utmost perfection in our power .

For the rest , our views in the work which we undertake are not
confined to a collection of drawings , to the explanation of the figures
which they offer to the eye , and the exposition of the beauties they
present ; We should then only have laboured to procure to our Readers , the pleasure of the sight and to satisfy their curiosity , and we
should have done nothing , or at least very little towards the advancement of the Arts . Our end has certainly been to shew a considerable
collection of exquisite Models , but we likewise have proposed to ourselves to hasten the progress of the Arts , by disclosing their true and
first principles . It is in this respect that the nature of our work
may be considered as absolutely new , for no one has yet undertaken to
search out what sistem the Ancients followed , to give their Vases that
elegance which all the World acknowledges to be in them , to discover
rules the observation of which conduct infallibly to their imitation , and
in short to assign exact measures for fixing their proportions ; in order
that the Artist who would invent in the same stile , or only copy
the Monuments which appeared to him worthy of being copied , may
do so with as much truth and precision , as if he had the Originals
themselves in his possession. It is by this means, that the present work
may contribute to the advancement of the Arts , and make the master-pieces

of

lui-même le Cabinet qu'il a formé avec tant d'intelligence , Plus en
état que nous d'en connoître tout le mérite , cet ouvrage entre ſes
mains, fut devenu auſſi précieux que la collection même qui l'a fait
naître; mais, puiſque des ſoins d'un ordre bien ſupérieur privent le
Public de ceux qu'il eut donnés à notre entrepriſe , nous tâcherons
d'y ſuppléer autant que nous le pourrons·, & nous nous ferons une
loi de rendre avec toute l'exactitude dont nous ſommes capables, les
idées qu'il a bien voulu nous communiquer; nous y joindrons celles
qu'une longue étude des Arts & de l'Antique a pu nous fournir :
ainſi guidés par ſes conſeils, éclairés par ſes lumieres, encouragés par
l'intérêt qu'il veut bien prendre au ſuccès de notre livre , nous ne
négligerons rien pour le conduire à la perfection que nous pouvons
lui donner.

Au reſte , nos vues dans l'ouvrage que nous entrepenons, ne ſe
bornent point à donner une collection de deſſeins, à rechercher l'explication des figures qu'ils offrent à la vue , & à montrer les beautés qu'ils préſentent . Nous n'aurions travaillé que pour procurer
à nos Lecteurs le plaiſir des yeux, & que pour contenter leur curioſité, mais nous n'aurions rien fait, ou du moins bien peu de choſe,
pour l'avancement des Arts. Notre but a bien été de montrer ici un
aſſemblage conſidérable de modeles choiſis ; mais nous nous ſommes
encore propoſé d'accélérer les progrès des Arts, en donnant à connoître
leurs principes véritables & primordiaux. C'eſt peut-être en cela que
notre ouvrage eſt d'un genre que l'on peut dire abſolument nouveau,
car perſonne n'a tenté juſqu'à préſent, de rechercher quelles loix les
Anciens ont ſuivies pour donner à leurs vaſes l'élégance que tout le
monde y reconnoît , de découvrir des regles dont l'obſervation con-
duiſît d'une maniere ſûre à les imiter , d'aſſigner enfin les meſures
exactes qui en fixent les proportions, afin que l'Artiſte qui voudroit
inventer dans le même genre, ou ſeulement *copier* les monuments qui
lui paroiſſent dignes de l'être , pût le faire avec autant de juſteſſe
& de préciſion, que s'il avoit les originaux mêmes entre les mains.
C'eſt par-là que ce livre peut ſervir à l'avancement des Arts ,
& faire connoître , de la maniere dont il importe qu'ils le ſoient
les

of Antiquity ; that are worthy our imitation , understood as they deserve to be ; for we believe it will be readily acknowledged that it is not sufficient to have a general idea of the Vases of the Ancients , as they are given us in the Books of the Count de Caylus and Father Montfaulcon : These works at the utmost only shew what members the Ancients employed in the composition of their Vases , but do not indicate their relative proportions , and one should succeed as ill in copying them after these vague notions , as one should do in attempting to imitate Greek Architecture with success, without having first studied it's proportions . We should think that we had not advanced one step forwarder, if the Monuments we publish were to the Artists merely the objects of fruitless admiration , but shall think we have gone something farther if it should prove that we revive an ancient Art , and explain it's first rudiments and the successive discovery of it's fundamental Maxims , and if there should result from that part of our work which relates to the forms such a theory , that to reduce it to practice, nothing more will be necessary than that facility of execution which labour and experience give to the hand of the meanest Artist : In every Art good models give birth to ideas by exciting the imagination , theory furnishes the means of expressing those ideas , practice puts these means in execution , and this last part which is always the most common is also the easiest . If we complete our design , we shall have done what is insisted upon by Longinus , who thinks with reason , that when one treats of an Art , the principal point consists in shewing how , and by what means , what we teach , may be acquired .

    The greatest part of the Vases that will be found in this Collection, are ornamented with paintings the subjects of which are taken from the History , the Mythology , and the Religious , Civil or Political customs of the Ancients , which render them very interesting to the learned : The composition of these paintings , the manner of treating the figures , the elegance of the attitudes , the beauty in the expression , and the singularity of the out-line , make them very valuable for Painters , Sculptors , and Lovers of design . The smallest circumstance may likewise interest the Antiquarians , and it is for their sake that we have endeavoured not to

omit

les chefs-d'œuvre de l'Antiquité, que l'on doit prendre pour modeles; car nous croyons que l'on conviendra facilement qu'il ne fuffit pas d'avoir des vafes des Anciens, une idée générale & telle que la donnent les livres de M.ᵗ le Comte de Caylus ou ceux du P.Montfaulcon. Les planches de ces Auteurs fervent tout-au-plus à faire voir quels membres les Anciens employoient dans la compofition de leurs vafes, mais n'en indiquent pas les proportions relatives, & l'on réuffiroit auffi mal à les copier d'après ces notions vagues, que l'on auroit réuffi, fi avant que de mefurer l'architecture des Grecs, on eut prétendu l'imiter avec fuccès. Nous croirions n'avoir pas fait un pas de plus, fi les monuments que nous publions étoient fimplement pour les Artiftes les objets d'une admiration ftérile ; mais nous penferons être allés un peu plus loin, fi c'eft un Art ancien que nous tirons du tombeau, fi nous offrons fes premiers rudiments & le développement fucceffif de fes maximes fondamentales, enfin s'il réfulte de cette partie de notre ouvrage qui regarde les formes une théorie, telle que pour paffer à la pratique, il ne foit plus befoin que de l'aptitude à exécuter que le travail & l'ufage donnent à la main du moindre Artifan. Dans tous les Arts, les bons modeles font naître les idées en excitant l'imagination, & comme la théorie fournit les moyens de rendre ces idées, c'eft la pratique qui met en œuvre ces moiens : cette derniere partie qui eft toujours la plus commune, eft auffi la plus facile. En rempliffant notre objet, nous aurons fait ce que veut Longin qui penfe avec raifon, que lors qu'on traite d'un art, le point principal confifte à montrer comment, & par quels moyens, ce que nous enfeignons, fe peut acquerir.

La plus grande partie des vafes que l'on trouvera dans ce recueil, eft ornée de peintures dont les fujets tirés de l'Hiftoire, de la Mythologie & des Coutumes Religieufes, Civiles ou Politiques des Anciens, deviennent par-là même très-intéreffants pour les Savants. La compofition de ces peintures, la maniere d'en traiter les figures, la juftefle des attitudes, la beauté des expreffions, la fingularité du trait, les rendent très-précieufes pous les Peintres, pour les Sculpteurs & pour ceux qui aiment le deffein, Les moindres circonftances peuvent de même intéreffer les Antiquaires, & c'eft pour eux que nous avons cherché à n'en omet-

omit any, perfuaded that they will acquit themfelves better than us of
the numerous differtations that may be made upon fuch fubjects: we have
taken the utmoft care not to preclude them from the merit or pleafure
of fuch performances. They are not Differtations therefore, but Remarks upon
the objects that prefent themfelves, that we purpofe to give our Readers, nor muft it be expected that we shall difplay our erudition upon the
Antiquities we exhibit; if fometimes we fpeak our fentiment upon fome
of thefe pieces, and fupport thofe fentiments with what appofite Paffages of Authors, or infpection of Medals, Statues, Bas-reliefs or antique
Paintings, have furnished us, we beg our Readers to believe, that
we have not the prefumption to decide, and that our opinions are to
ourfelves even, only doubts which we fubmit to the lights of the more learned.

Our principal view shall be to follow the fteps of the human Mind
in the purfuit of thofe Arts which embellish Society and render life more
agreable; we shall endeavour to shew what the fyftem of the Ancients
has been, in almoft all the Arts which have any affinity with Defign; we shall offer reflexions which the beautiful Monuments difcovered under the ashes of Vefuvius and preferved at Portici have given birth to, but at the fame time we give notice, that if we
fpeak of fome of the Monuments which compofe this fuperb and truly
Royal Cabinet; it is without pretending to defcribe them, and that we
shall take the objects of our citations from that part of the collection
only, which is already engraved, published, and made known to the
World by the munificence of his Sicilian Majefty; And is confequently
become the common property of all the learned. It is perhaps to this
rich collection, to the ideas with which it has furnished us, to the
comparifons which it has enabled us to make, that we owe the moft
valuable part of our work, and the place from whence we write is
perhaps alfo, that of all Europe, the moft proper to favour our intention of treating of thefe matters; for what place can be found where
ideas are more continually produced, nourished, and ftrengthened by the
prefence of the objects, and where is the collection comparable to that
of the King of the Two Sicilies?

When

tre aucune. Perfuadés qu'ils feront mieux que nous les differtations fans
nombre que l'on peut écrire fur de tels fujets, nous nous fommes bien
gardés de leur en enlever le plaifir & le mérite. C'eft donc des remarques fur les objets, & non des differtations, que nous prétendons
faire; ainfi l'on ne doit pas s'attendre à nous voir répandre de l'érudition fur les monuments que nous repréfentons, & fi quelquefois
nous difons notre fentiment fur quelques-uns de ces morceaux, fi nous
l'appuyons de ce que les paffages des auteurs ou l'infpection des médailles, des ftatues, des bas-reliefs, ou des peintures antiques ont pu
nous faire connoître, nous prions nos lecteurs de croire que nous
n'avons pas la préfomption de vouloir décider, & que nos opinions
ne font pour nous-mêmes que des doutes, que nous foumettons avec
plaifir, aux lumieres de ceux qui font plus habiles que nous.

Notre objet principal fera de fuivre la marche de l'efprit humain
dans la carriere des arts qui embelliffent la Société & qui rendent la
vie plus agréable. Nous effayerons de faire fentir quel a été le fyftême des Anciens, dans prefque tous les arts qui ont rapport au deffein;
Nous propoferons les réflexions que nous ont fait naître les beaux monuments découverts fous les cendres du *Véfuve* & confervés à *Portici*.
Sur quoi nous fommes obligés d'avertir, que fi nous parlons de quelques-uns des morceaux qui compofent ce cabinet fuperbe & vraiment
Royal, c'eft fans prétendre les décrire, d'ailleurs nous ne prendrons nos
objets de citations que dans la partie du recueil fait par ordre du Roi,
qui eft déjà gravée, publiée, & mife entre les mains de chacun & dont
par conféquent l'ufage eft devenu de droit public dans le Monde litté-
raire. C'eft peut-être à cette riche collection, aux idées qu'elle nous a
fournies, aux comparaifons qu'elle nous a mis à portée de faire, que
nous devons ce qu'il y aura de mieux dans notre ouvrage; & Naples
où nous écrivons, eft fans doute l'endroit de toute l'Europe le plus
propre à favorifer le deffein que nous avons d'écrire fur ces fortes de
matieres. Quel lieu trouver en effet où les idées foient plus conti-
nuellement produites, nourries & fortifiées par la préfence des objets,
& quelle collection eft comparable à celle de Sa Majefté le Roi des
deux Siciles?

Lors-

When we speak of the master-pieces of Antiquity which we make public, we shall only mention the thoughts they have produced, and if by mistake we should say more than we demonstrate, as we should advance more than there is in the things themselves, we might be reproached with justice of having said more than we ought, and of having lost sight of the subject which ought to have been our guide, in order to give ourselves up to vain inquiries, and substitute our ideas in the place of things, and our opinions instead of truth.

After having explained in general the end we propose to ourselves, it will not be improper here to give our reasons for what we have proposed.

We have observed that the Ancients, more fond of variety in the forms of their vases than in those of their Architecture, have diversified them almost to infinity, and that while those of our invention are confined to about thirty, they shew us almost as many different forms as vases. It is not however that our Artists are wanting in the desire of distinguishing themselves, nor is it that they do not seek to invent something new, at a time when novelty alone supplies the place of intrinsic merit. Their interest, their reputation, the consideration that any new discovery procures them, all induce them to search for novelty which is sure to be rewarded provided it is but agreable; for every body seeks for it, every one buys it, and opulence is eager to pay largely for it, why then this barrenness, this poverty, why the small degree of elegance that we are able to give them? I do not carry my enthusiasm for Antiquity so far as to suspect that this proceeds from a total want of genius in our Artists or that they are much inferior in that respect to the Ancients. I rather imagine that this difference between us and them proceeds from the difference between the point from which we have started: taste being in reality founded much more upon our sentiments, than upon our knowledge, and all men being born with sensibility, as their taste may be perverted by bad models that have been strongly recommended to them in their youth, so it may be brought to perfection by the habit of hearing only good ones praised. In the beginning of the Arts, they worked after nature only, and after her,

they

Lorsque nous parlerons des chefs-d'œuvre de l'Antiquité que nous rendons publics, nous ne dirons que ce qu'ils nous ont fait penfer ; que fi par mégarde nous difions plus que nous ne montrons, comme nous dirions plus qu'il n'y a dans les chofes mêmes, on pourra nous reprocher avec juftice d'avoir dit plus que nous ne devions, & d'avoir perdu de vue le Sujet qui devoit nous guider , pour nous abandonner à des vaines recherches , & pour fubftituer nos idées à la place des chofes, & nos opinions à la place de la vérité.

Après avoir expliqué en général le but que nous nous propofons , il ne fera pas hors de propos de rapporter ici , pour quelle raifon nous nous le fommes propofé.

Nous avons remarqué , que plus diverfifiés dans les formes de leurs vafes, que dans celles de leur Architecture, les Anciens les ont variées prefqu'à l'infini ; & tandis que celles dont nous nous fervons, se réduifent à une trentaine, ils nous en font connoître prefqu'autant qu'ils ont fait de vafes différents. Ce n'eft cependant pas que nos Artiftes n'aient envie de se diftinguer ; ce n'eft pas qu'ils ne cherchent à inventer quelque chofe de nouveau, dans un temps où la nouveauté feule tient lieu du mérite que la chofe même devroit avoir ; en effet leur intérêt, leur réputation, la confidération que leur procure quelque découverte, tout les porte à faire du nouveau qui eft sûr d'être récompenfé pourvu qu'il foit agréable ; car chacun le recherche, chacun l'achete, & l'opulence s'empreffe à le payer chérement . Pourquoi donc cette ftérilité, cette féchereffe dans les formes ? Pourquoi le peu d'aménité que nous favons leur donner ? Je ne pouffe point l'enthoufiafme pour l'Antiquité jufqu'à foupçonner que cela vient de ce que nos Artiftes manquent de génie, ou qu'ils en ont beaucoup moins que les Anciens ; Je penfe plutôt que cette différence entre nous & eux vient de celle qui eft entre le point d'où ils font partis & celui d'où nous partons. Car le goût étant fondé fur nos fentiments bien plus que fur nos connoiffances , & tous les hommes étant nés fenfibles , comme leur goût peut être perverti par les mauvais modeles qu'on leur vante dans leur jeuneffe , il peut être perfectionné par l'habitude de n'entendre louer que les bons. Dans les commencements de l'Art, on ne travailloit

they eſtabliſhed known principles, which being taken from the nature of the things themſelves led infallibly to the perfection of the Art. This is not a ſyſtem founded upon prejudice and we shall often have occaſion to demonſtrate it evidently. Not to dwell too long upon this ſubject we shall only ſay, that if what we advance was a mere ſuppoſition, and if the Ancients worked at random, how would it be poſſible that in this infinite number of forms which they have left us, we should find a connected arrangement of things, and a proportion of parts which indicate that they have conducted themſelves by the ſame maxims, in whatever time, and by what hands ſoever they have been put into practice: thence it proceed that the Artiſts freed from the tyranny of ſucch rules as fetter the imagination, and guided by principles fruitful in conſequences, let their genius take it's flight, and the nature of genius being to ſeek untrodden paths, became Creators. They taught him who began to learn an Art, rather what could be done, than what had been done, in that they conducted themſelves very differently from what we do in theſe days. From our method of working merely by example one would imagine that learning an art is only learning the practiſe of the maſter who teaches us, in this manner we confound the principles with the practice of the Art, wkich is only the means, of arriving at it. From thence ariſes that prejudiced in favor of the knowledge of a man in whom they have put their confidence, young diſciples follow blindly his method by which they judge of every thing they ſee; the maxims of their Maſters become ſchackles to them from which they can never free themſelves, and contented with their ideas as with their manner, they do not give themſelves the trouble to ſearch out the reaſons which have engaged the inventors to prefer the ways they have followed, to thoſe which it appears they might have followed. In the comprehenſion however of theſe reaſons conſiſts the true knowledge of the theory, without which the Art is no more than a mechanical operation, and the Artiſt confounds himſelf with the Mechanic.

It would render than an important ſervice to the Arts, should we offer them at the ſame time both certain principles and good mo-

loit que d'après la nature, & d'après elle, on établit des principes connus, qui étant pris dans l'effence des chofes mêmes, conduifoient par
des chemins affurés au but qu'on se propofoit. Ceci n'eft point un fiftême fondé fur des préventions & nous aurons plufieurs occafions de le
montrer évidemment. Pour le dire en paffant, fi ce que nous avançons
n'étoit qu'une fuppofition, fi nous croyons avoir vu ce qui n'eft pas,
enfin fi les Anciens travailloient au hazard, comment feroit-il poffible,
que dans cette multitude infinie de formes qu'ils nous ont laiffées, on
vit un ordre de chofes & un point de ralliement, qui indiquent qu'on
s'eft conduit par les mêmes maximes, en quelque temps & par quelques mains qu'elles aient été mifes en pratique. Il fuivoit de là que
les Artiftes délivrés de la tyrannie des regles qui rétreciffent l'imagination, mais guidés par des principes féconds en conféquences, laif-
foient prendre l'effor à leur génie, & la nature du génie le portant à
tenter des chemins non frayés, ils étoient créateurs. On enfeignoit à
celui qui commençoit à apprendre un Art, moins ce qui s'étoit fait,
que ce qui pouvoit se faire. On tenoit en cela une conduite bien différente de celle que nous tenons aujourd'hui : ne travaillant que d'après
des exemples, on diroit que nous croyons qu'apprendre un Art, eft
apprendre ce que fait le maître qui nous l'enfeigne; nous confondons
ainfi les principes avec les pratiques, qui ne font que les moyens dont
on fe fert pour Exécuter. De là vient, que prévenus de l'habileté d'un
homme en qui ils ont mis leur confiance, les jeunes difciples fuivent
aveuglément fa méthode, d'après laquelle ils jugent tout ce qu'ils voient.
Ainfi les maximes de leurs maîtres deviennent pour eux des entraves,
defquelles ils ne peuvent se tirer, & contents de leurs manieres, ils
ne se donnent pas la peine de rechercher les raifons qui ont engagé
les inventeurs à préférer les chemins qu'ils ont fuivis, à ceux qu'il
paroîtroit qu'ils auroient pu fuivre. C'eft cependant dans la connoiffance de ces raifon que confiftent les véritables notions de la théorie,
fans laquelle l'Art n'eft plus qu'une opération méchanique, & l'Artifte
se confond avec l'Artifan.

Ce feroit donc rendre aux Arts un fervice important, que de leur
propofer a-la-fois, & des principes affurés & de bons modeles à fuivre.

Quant

dels to follow . As to the laſt part , we think we may warrant that this book will anſwer , and as to what regards the principles we shall endeavour to eſtabliſh them , the monuments themſelves will ſerve as examples to confirm what we shall ſay , the public may judge by them whether we have not attained the end which we propoſed to ourſelves; for we repeat it again , both with regard to the Paintings , as well as to the forms , we have made it a law to ourſelves to be as exact as poſſible : therefore even though we should not ſucceed so well as we could wiſh in our enterprife , one object of which is the ſearch after the principles practiced by the Ancients , yet will it not be wholly uſeleſs , ſince even ſuppoſing our reaſonings are not good , the models which we offer cannot fail of being thought excellent . Moreover the ideas which are diſperſed throughout this book will always ſerve tho shew young Artiſts that is not by keeping themſelves ſervilely attached to the method of their Maſters ; nor even by imitating thoſe who ſurpaſs them that they can riſe above mediocrity , but that it is by elevating themſelves to the coſtitutive principles of the Art itſelf , by penetrating to the very ſource from whence theſe principles flow , that is the philoſophical contemplation of the nature of things , by putting themſelves in the place of the inventors , to ſee from thence as from a heigth all the ſteps Art has made down to our time , that they can arrive at ſuch a degree of knowledge as to be able to enlarge the narrow bounds which without genius cannot be paſſed , and which ſtopping all others , ceaſes to be obſtacle to great Men only .

From all that we have already ſaid upon this ſubject it reſults , that it is for thoſe who cultivate Litterature , for the Lovers of Antiquity , for all the Artiſts , in short that it is for men of taſte that we write .

There are few Men of Letters or Antiquarians who would not be deſirous of ſeeing ſuch a collection executed with care and preciſion , and let them compare this Cabinet with that of the Cardinal Gualtieri mentioned in the Supplement of Antiquity explained , by Father Montfaulcon and with all thoſe which have been as yet printed . If it should not ſerve as a model to thoſe which may hereafter be

prin-

Quant à cette derniere partie, nous croyons pouvoir garantir que ce livre la remplira. Pour ce qui regarde les principes, lorsque nous tenterons de les établir; les monuments-mêmes nous ferviront d'exemples pour confirmer ce que nous dirons, & feront pour le Public des moyens de juger, fi nous avons atteint ou non le but que nous nous fommes propofé : car nous le répétons, foit pour ce qui regarde les peintures, foit pour ce qui regarde les formes, nous nous fommes fait une loi d'être auffi exacts qu'on peut l'être. Ainfi, quand bien même nous ne réuffirions pas autant que nous le defirons dans notre entreprife, dont la recherche des principes pratiqués par les Anciens forme un objet, elle ne feroit pas pour cela fans utilité; puis-qu'en fuppofant que nos raifonnements ne fuffent pas bons, les modeles que nous propofons, ne laifferoient pas d'être excellents. De plus les idées répandues dans le cours de ce livre ferviroient toujours à faire penfer aux jeunes Artiftes que ce n'eft pas en se tenant fervilement attachés à la méthode de leurs maîtres, ni peut-être en imitant ceux qui les furpaffent, que l'on fort de la médiocrité; mais que c'eft en s'élevant aux principes conftitutifs de l'Art même, en remontant à la fource d'où font découlés ces principes, qui eft la contemplation raifonnée de la nature des chofes, enfin en se mettant à la place des inventeurs, pour voir de là comme d'un point élevé, tous les pas de l'Art jufqu'à notre tems, que l'on arrive à connoître tous ceux qu'il peut encore faire, que l'on devient foi-même inventeur, & que l'on parvient à reculer ces bornes étroites que le défaut de génie ne peut franchir, & qui arrêtant tous les autres, ceffent d'être un obftacle pour les feuls grands hommes.

De tout ce que nous avons dit ci-deffus, il réfulte que c'eft pour ceux qui cultivent les Lettres, pour les amateurs de l'Antiquité, pour tous les Artiftes, que c'eft enfin pour les gens de goût que nous écrivons.

Des gens de Lettres & des Antiquaires, il en eft peu qui ne fouhaitaffent de voir une telle collection exécutée avec précifion & avec foin. Ils pourront aifément la comparer avec celle du Cardinal Gualtieri rapportée dans le fupplément de l'Antiquité expliquée du P. Montfaucon, & avec toutes les autres imprimées jufqu'à préfent.

Vol. I. e Si

printed, we flatter ourselves it may serve at least as an example, and if the example should be found good, one step will have been made towards perfection. We think well enough of Mankind to believe that those who possess rare Monuments of this nature will be desirous of communicating them, and that independently of many other motives, they will be engaged to do so, from the gratitude which they ought to have for the pleasure Mr. Hamilton procures them, by the confidence he has been pleased to honour us with; moreover this will be of greater advantage than we can express, for whatever Father Montfaulcon may think, collections of this kind are very scarce even in Italy, and are hardly of any utility to the Artists, because those who possess them will not venture their vases into the hands of those, who from awkwardness or heedlesness, would not take as much care of them as their fragility requires, and it is natural for the possessor of a fine piece to apprehend the loss of it. Thus designers cannot have their just proportions, being scarcely allowed time sufficient to take a slight idea of their forms. As to the Paintings, they would require still more time to be seen and Drawn with precision. In this manner these collections lose the greatest part of their merit, remaining (as one may say) buried in Cabinets and become rather Monument of the luxury of the possessors, than of utility to the progress of the Arts.

Those who collect Prints and Drawings will undoubtedly be pleased to find copies here of the most ancient designs extant, and the only pieces of this sort which can be offered to their curiosity, in this view these paintings ought to have a place at the head of all collections of Prints and Drawings. It is true that we see at Rome*, and* Naples*, admirable remains of the Painting and Sculpture of the Ancients, but it is upon their vases only that we see the traces of their design, and it is well known with what care* Raphael, Julio Romano, Giovanni da Udine, *and* Poussin, *studied after these sort of Monuments; where is then the Sculptor, the Painter, or the Artist, that will not have a pleasure in studying models which served as Masters to those of whom they esteem it an honour to be disciples?*

We

Si la nôtre ne fert pas de modele à celles que l'on pourra publier
dans la fuite , nous nous flattons au moins qu'elle pourra leur fervir
d'exemple; & fi l'exemple eft trouvé bon, ce fera toujours un pas que
l'on aura fait vers la perfeçtion. Nous penfons affez bien de nos femblables pour croire que ceux qui poffédent des monuments rares en ce genre, se porteront volontiers à les communiquer au public, & qu'indépendamment de plufieurs autres motifs, ils y feront engagés par la reconnoiffance qu'ils doivent avoir pour le plaifir que leur procure la confiance dont Mr Hamilton a bien voulu nous honorer. Ce fera encore un
avantage plus grand que nous ne pouvons dire, car enfin, quelque chofe
qu'en penfe le P.Montfaulcon, les colleçtions de cette efpece très-rares
même en Italie, n'y font de prefque aucune utilité pour les Artiftes,
parceque ceux qui les raffemblent, ne veulent pas expofer leurs vafes en
des mains, qui faute d'adreffe ou de foin, ne les ménageroient pas autant que leur fragilité le demande, & qu'il eft naturel que le propriétaire
d'un beau morceau appréhende de le perdre : ainfi les Deffinateurs ne
peuvent avoir des mefures juftes , & manquent prefque toujours du
temps qu'il leur faudroit pour prendre exaçtement une legere idée des
formes. Quant aux peintures, elles demanderoient encore plus de temps
pour être vues & deffinées avec jufteffe. Ainfi ces colleçtions perdent la
plus grande partie de leur mérite, en ce qu'elles reftent, pour ainfi dire,
enterrées dans les cabinets, & font plutôt des témoins oififs du luxe de
leurs poffeffeurs, que des monuments utiles aux progrès des Arts.

Nous croyons que ceux qui font des recueils d'Eftampes , auront
plaifir à trouver ici les copies des plus anciens deffeins qui foient connus,
& les feuls morceaux de cette efpece qu'on puiffe préfenter à leur curiofité. Par-là, ces peintures doivent certainement avoir place à la tête
de toutes les Porte-feuilles. Il eft vrai que l'on voit à *Rome* & à *Naples*
des reftes admirables de la peinture & de la fculpture des Anciens; mais
ce n'eft que fur les vafes qui nous viennent d'eux, que l'on retrouve des
traces de leur deffein, & l'on fait avec quel foin *Raphaël*, *Jules-Romain*,
Jean da Oudine, & le *Pouffin* ont étudié d'après ces fortes de monuments.
Quels feront donc les Sculpteurs , les Peintres & les Artiftes , qui
n'auront pas plaifir à étudier , d'après des chofes qui ont fervi de
Maî-

We think alfo, that we make an agreable prefent to our Manu-
facturers of earthen ware and China, and to thofe who make vafes in
filver, copper, glafs, marble &c. Having employed much more time in
working than in reflexion, and being befides in great want of models,
they will be very glad to find here more than two hundred forms,
the greateft part of which, are. abfolutely new to them ; there, as in
a plentiful ftream, they may draw ideas which their ability and tafte
will know how to improve to their advantage, and to that of the
Public. The fource likewife from whence they will draw thofe ideas is
the pureft. Of all the countries in Europe Campania *is that in which*
the greateft quantity of antique vafes are found, and it is for this
reafon, that it has been fufpected that the principal manufactures of
them, were at Nola, *wich is at the foot of* Vefuvius, *at* Capua,
famous for it's delights which detained Hannibal, and at Campana,
which is in the neighbourhood of Cuma *and* Pozzuoli ; *this country*
having been likewife that which the Romans *had chofen for the fitua-*
tion of their houfes of pleafure, it is natural to think that they had
there collected whatever was moft elegant, beft finifhed, and moft pre-
cious of every kind. The fingular beauty of thofe vafes of which we
offer the defigns, leads one to this opinion, and what ought to con-
firm it ftill more, is that the inhabitants of this country, have ftill
preferved the beft forms in their vafes. Few Strangers come to Naples,
without being ftruck with the diverfity and elegance of the moft ordi-
nary vafes for common ufes. Which proceeds, no doubt, from the beau-
tiful forms of the ancient vafes which are dug up every day, and
which in all probability were met with ftill more frequently formerly
than at prefent. The fragility of thefe vafes being a hindrance to their
exportation, very few are to be feen in foreign countries, by which
the very fource of good models is in a manner cut off from the Artifts.

All thefe confiderations fhew the importance of the work which
we publifh, but they fhew ftill more how much gratitude is due to
Mr Hamilton. His love for the Arts has magnified in his eyes the
difficulty of the carrying the vafes fafe to his own country, which
more than any other confideration has determined him to allow his col-

lection

Maîtres à ceux, dont ils se font honneur d'être les Disciples?

Nous penfons encore faire un préfent agréable, à ceux qui travaillent nos fayences & nos porcelaines, à ceux qui font des vafes en argent, en cuivre, en verre, en marbre &c. Forcés à employer bien plus de temps à travailler qu'à réfléchir, manquant d'ailleurs de modeles, ils feront charmés de trouver ici plus de deux cents formes abfolument nouvelles pour la plupart d'entr'eux . Là, comme dans une mine féconde , ils trouveront des idées que leur habileté & leur goût fauront encore étendre pour leur avantage, & pour celui du Public. Et ce qui eft bien important pour eux, c'eft que ce fera dans la fource la plus pure qu'ils puiferont ces idées. De tous les pays de l'Europe, la *Campanie* eft en effet celui où l'on trouve le plus de vafes antiques, & c'eft pour cela qu'on a foupçonné que les principales manufactures où ils fe fabriquoient, étoient à *Nola* fituée au pied du *Véfuve* , à *Capoue* célebre par fes délices qui arrêterent Annibal, & à *Campana* qui eft dans les environs de *Cumes* & de *Pouzzol*. Ce pays ayant été d'ailleurs celui que les Romains avoient choifi pour y établir leurs maifons de plaifance, il eft naturel de croire, qu'ils y avoient raffemblé ce qu'ils trouvoient de plus élégant, de plus fini & de plus précieux en tout genre. La beauté finguliere des morceaux dont nous offrons le deffein, mene à le penfer, & ce qui confirme notre opinion, c'eft que les habitants de la Campanie & des Isles qui en font voifines, font ceux dont les vafes ont confervé les meilleures formes. Il vient peu d'étrangers à *Naples*, qui n'y admirent la Variété & l'Elégance des vafes les plus communs & les plus ufuels, ce qui vient fans doute des belles formes des vafes antiques que l'on déterre journellement, & qui vraifemblablement ont été plus communs autrefois qu'ils ne le font aujourd'hui. La fragilité de ces monuments s'oppofant à leur tranfport, on n'en voit qu'un très-petit nombre dans les pays étrangers, ce qui fait que la fource des bons modeles s'y trouve, pour ainfi dire, tarie pour les Artiftes.

Toutes ces confidérations qui montrent l'importance de l'ouvrage que nous donnons, font encore plus fentir de combien de reconnoiffance l'on eft tenu envers M.r Hamilton; Son amour pour les arts groffiffant à fes yeux la crainte où il eft que les vafes qu'il feroit tranfporter

lection to be engraved at Naples . *By this means , the Artists of every country will have these fine forms under their eyes , almost as well as if they were in the very Cabinet which contains the originals , and had the liberty of disposing of them at pleasure . We hope that the Artists thus enlightened in the true principles of their Art , will soon annihilate those Gothick forms which habit alone renders supportable ; and we shall have gained our end if at the same time that we make our book agreable , we can render it useful , by engaging those who work for the Public to serve it better , without any additional expence ; which is very possible , for as it costs as much to raise a bad Edifice , as a good one , so no greater labour is required in making a fine vase than an awkward one , for the expence is in the taste of the Artist , and not in the materials .*

If our book should prove useful , we beg the Public may look upon it as a monument of the gratitude we owe it , for the kind reception it has been pleased to give to our last work . The ease which that has procured us , has furnished us the means for this undertaking , the execution of which is a pledge to the Public of the manner in which we shall fulfill the project we have undertaken of writing the Ancient and Modern History of Sicily , *and of collecting in it all the Monuments of the Ancients , and every thing most remarkable in that charming country , where the Arts have flourished with so much splendour , where Science and Litterature have been cultivated by the greatest Men , where are still to be discovered the precious traces of that genius , which equalled it to Greece in it's best times , and which by the advantages of it's soil and situation, is still the most singular country in Europe .*

COL-

The Persons who from regard to me have been pleased to undertake the Translation of this Work, have attended more to Clearness and Precision than to Elegance of expression ; and as Their design was, to render it more universal and more known, they imagined, that intended for the advancement of the Arts which require being treated simply, it was sufficient to render the Ideas of the Text in the most litteral manner that the English Language would allow : the Author himself has not undertaken to compose a brilliant , but a usefull book, and has bestowed more thought upon the subject of his Writing , than the manner of Writing ; This is contrary to the common practice , but it has appeared to him that upon this occasion , the method he has chosen to follow , though (by much the most troublesome) is not the worst . His taste for Antiquity , and since it must be own'd , the situation of his fortune and necessity which in this

dans fon pays, n'y arrivaffent point fans être rompus, cette crainte, plus que toute autre chofe l'a déterminé à laiffer graver à *Naples* sa collection. Par ce moyen les Artiftes de toutes les nations auront les belles formes fous les yeux à-peu-près comme s'ils étoient dans le cabinet même qui renferme les originaux, & comme s'ils avoient la liberté d'en difpofer à leur gré. Nous efpérons que ces Artiftes ainfi éclairés fur les vrais principes de leur art, abandonneront bientôt ces formes Gothiques que l'habitude feule rend fupportables, & nous aurons atteint aut but, fi faifant de notre livre un ouvrage agréable pour le Public, nous lui fommes en même temps utiles, en engageant ceux qui travaillent pour lui, à le fervir mieux, fans pour cela lui caufer plus de dépenfe ; ce qui eft très-poffible, car de même qu'il en coûte autant pour élever un mauvais édifice, que pour en conftruire un felon les meilleurs regles de l'Art, de même il n'en coûte pas plus de travail, pour faire un beau vafe que pour en tourner un mauvais. Car la dépenfe eft dans le goût de l'Artifte, & non dans la matiere.

Si notre livre eft utile, nous prions le Public de le regarder comme un monument de la reconnoiffance que nous lui devons pour l'accueil qu'il a bien voulu faire à notre dernier ouvrage. L'aifance qu'il nous a procurée, nous a fourni les moyens d'entreprendre celui-ci dont l'exécution lui eft un gage de la maniere dont nous remplirons le projet que nous avons formé d'écrire *l'Hiftoire Ancienne & Moderne de la Sicile*. C'eft dans cet ouvrage que nous nous propofons de raffembler tout ce qui refte dans cette Isle des monumens de fes anciens habitans; tout ce qu'il y a de plus remarquable dans ce beau pays, où les Arts ont fleuri avec tant de fplendeur, où les fciences & les lettres ont été cultivées par les plus grands hommes, où l'on découvre encore des traces précieufes du Génie qui l'égala à la Grece dans fes meilleurs temps, & qui enfin par les avantages de fon terrein & de fa pofition, eft encore le pays le plus fingulier de l'Europe.

RE-

Les perfonnes qui ont bien voulu me faire la grace de se charger de la Traduction de cet ouvrage, ont fait plus d'attention à la Clarté & à la Précifion, qu'à l'Elégance & au choix des termes qu'elles ont employés; & comme leur bonne volonté pour moi & leur deffein étoient de le rendre plus univerfel, & plus connu ; elles ont cru que deftiné à l'avancement des Arts qui demandent à être traités fimplemen·, il fuffifoit de rendre les idées du Texte, de la maniere la plus littérale que le comportoit la langue Angloife ; l'Auteur même n'a pas entrepris de faire un livre brillant, mais utile,

& a

this world causes so many Metamorphoses , have drawn him into this undertaking , which has carry'd him much farther than he could have imagined : therefore he may be pardon'd for being the Author of four Volumes in Folio , since he has been forced into it . Resolved to act in the best manner the Part which necessity has allotted him , he has spared neither care , pains , nor expence to give satisfaction to his readers . When he saw, the hundred thousand Characters cast on purpose to compose these present Sheets come from Venice , he was frighten'd to think of the few good things and the immense quantity of bad ones, which these Characters might bring to light , he foresaw with Grief , that , do what he would , he should still be obliged to make them say something that he will hereafter be sorry for having wrote ; he proposed then to himself to diminish their number as much as possible , it is sure , that if it depended upon good will , he should have render'd his book excellent , if it is but Middling , his good Intention ought to procure him the Indulgence of the Public , however he only asks that indulgence from his readers , that he would have for them , had they been the Writers , and he the Reader ; for if they tired him , he should not be angry with them , but content himself with not reading them ; nevertheless he would buy their book , because if it was not good , one might at least look upon it as a very Curious Collection of Prints and Antique Designs . My Designers , and Engravers , to whom I have already great obligations will see those Obligations increas'd , should their talents cause the follys of the Author to be forgotten : and after all , there will be no great harm done, either to him or to those who will have purchased his work, which considering the number of Plates it contains, and the manner in which they are executed, is certainly very cheap .

Naples April 30ᵗʰ 1766.

D'Hancarville.

COL·

& a plus pensé à ce qu'il écrivoit qu'à la maniere de l'écrire ; c'est assez le contraire de ce que l'on fait ordinairement , mais il lui a semblé qu'en cette occasion, le parti qu'il prenoit , bien que le plus pénible , n'étoit pas le plus mauvais. Son goût pour l'Antiquité, & puis qu'il faut le dire, l'état de sa fortune & la néceflité qui font tant de Métamorphoses en ce monde, l'ont entraîné dans cette entrepri-se, qui a été bien plus loin qu'il n'avoit imaginé; ainsi, on lui pardonnera d'être auteur de quatre in-folio , puisque c'est malgré lui qu'il l'est devenu. Résolu de jouer le mieux qu'il lui seroit possible le personnage que la néceflité lui donne à remplir , il n'a épargné ni soins, ni peines, ni dépenses, pour contenter ses lecteurs . Lors qu'il vit arrivés de Venise les cent mille caracteres fondus tout exprès pour composer les feuilles qu'on lit à présent, il fut effrayé du peu de bonnes choses & de l'immense quantité de mauvaises que ces caracteres pouvoient mettre au jour; il prévit avec chagrin, que quoi qu'il fît, il seroit bien forcé à leur en faire dire, qu'il sera dans la suite bien fâché d'avoir écrites ; il se proposa donc d'en diminuer le nombre autant que faire se pourroit; il est sûr que si la bonne volonté suffisoit, il auroit rendu son livre Excellent, s'il n'est que Médiocre sa bonne intention doit lui mériter l'indul-gence du Public, au reste il ne demande à ses lecteurs que celle qu'il auroit pour eux, si c'étoient eux qui écriviflent & lui qui les lût; car s'ils l'ennuyoient . Il ne leur en voudroit pas plus de mal & se contenteroit de ne les pas lire : mais d'une autre part il acheteroit leur livre , par ce que s'il n'étoit pas bon , on pourroit au moins le regarder comme un recueil très-curieux d'Estampes & de Defseins antiques . Mes deflinateurs & mes graveurs aux quels j'ay déja des très-grandes obligations , les verront augmenter, si leur talent fait oublier les sottises de l'auteur & tout bien compté , il n'en résultera pas grand mal ni pour lui , ni pour ceux qui auront payé son ouvrage , qui vû le nombre des planches qu'il contient & la maniere dont elles font exécutées, est toujours à très-bon marché.

Fait à Naples dans le mois d'Avril 1766.

D'Hancarville.

COLLECTION

Of Etruscan, Greek and Roman Antiquities.

CHAPTER I.

Of the Origin of the Etruscans, and of their Letters.

He first rife of Ancient Nations is generally fabulous, uncertain or totally unknown. One may fay that like the fources of thofe Rivers, which their fmallnefs or too great diftance hide from our refearches, the Origins of Nations are concealed from us, either by the weaknefs of their firft Principles, or perhaps, that having been feparated from us by too long an intervall of time, they became loft amidft the chaos of Events, and fo afford our curiofity, no means of difcovering, from whence they came, nor

when

RECUEIL

D'Antiquités Etrusques Grecques et Romaines.

CHAPITRE I.

De l'Origine des Etrusques, & de leurs Lettres.

Es commencemens des Anciens Peuples font prefque tous fabuleux, incertains, ou totalement inconnus. On diroit que femblables aux fources de ces fleuves, que leur petitefse ou leur trop grand éloignement dérobent à nos recherches, les Origines des Nations nous font cachées, foit qu'ayant eu des Principes trop foibles, foit qu'étant féparées de nous par un trop long efpace de temps, elles reftent confondues dans la foule des événemens, & ne laiffent à notre curiofité aucun moyen de dé-

*when they began to appear in the World : thus in the chain of continual vi-
ciſſitudes and revolutions, to which all human things are ſubjeƈt, poor, low,
deſpiſed Nations have been often ſeen to elevate themſelves upon the ruins of
others, who from their Power and credit, ſeem'd as if they would always
maintain the Empire of which they were in poſſeſſion ; whilſt thoſe
again in their turn fall into a State of humiliation, which in the time of
their Grandeur, they were very far from foreſeeing ; This was the caſe of
the Etruſcans, and of the Romans who ſucceeded them ; from the boſom of a little Town (which did not even exiſt, when Etruria was in it's
ſplendour) a Power ſprung forth, which Good Conduƈt in Proſperity, Patience in Adverſity, and Firmneſs in both, raiſed upon the ruins of all
other Nations ; yet Rome after having ſubdued the moſt Valiant People,
after having given the law to the greateſt part of the known World, after
having ſeen Kings making their Court to her for the rank even of ſimple
Citizens, ended by falling again into an annihilation common to all.
things, which are deſtined to exiſt only for a limited time, and ſeem
as it were to eſtabliſh'd and to gather ſtrength chiefly, the nearer they
approach their decay and ruin . At this very moment in which J am writing,
what remains are there of the Etruſcans and the Romans, who one after
the other poſſeſs'd the Empire of Italy ? Ruins ſcattered here and there, ſad
remnants, which ſcarcely tracing the tranſitory paſſage of their power and of
their taſte for the Arts, are only known to a ſmall number of the curious,
and Hiſtories unknown or indifferent to one part of Mankind, and uncertain to the other . So that, if we have a little more knowledge of the origin of the Romans, it is becauſe they were a new people, in compariſon
to the Etruſcans, of whoſe commencements we are ignorant, nor do we
know the time, when they came to inhabit the Country, that from them
deriv'd the name of Etruria or Tuſcany : however, we cannot doubt but
that rich, induſtrious and powerfull, they muſt have held for a long
time the helm of the Affairs of Italy, which they occupied (1) almoſt

in-

---

(1) Tit. Livii *Hiſt. Lib. V.* 33. Tuſcorum,
ante Romanum Imperium, late terra, marique
opes patuere, mari ſupero inferoque, quibus Italia
inſulæ modo cingitur, quantum potuerint, nomi-
na ſunt argumento, quod alterum Tuſcum com-
muni vocabulo gentis, alterum Adriaticum mare,
ab Adria Tuſcorum colonia, vocavere Italicæ gen-
tes . Græci eadem Tyrrhenum atque Adriaticum
vo-

découvrir d'où elles viennent, ni quand elles ont commencé à paroître dans le monde. Ainfi dans cette fuite de viciffitudes & de révolutions continuelles, auxquelles toutes les chofes humaines font affujéties, fouvent on a vu s'élever des nations pauvres & méprifées, fur les débris de celles, qui par leur puiffance & leur crédit, fembloient devoir toujours conferver l'Empire dont elles étoient en poffeffion; & celles-ci retomber à leur tour dans un aviliffement, qu'au temps de leur Grandeur elles étoient bien éloignées de prévoir. C'eft ce qui eft arrivé aux Etrufques & aux Romains qui leur fuccéderent : du fein d'une petite Bourgade, qui n'exiftoit pas même lorfque l'Etrurie étoit dans fa fplendeur, elle vit se former une domination, que la bonne Conduite dans la Profpérité, la Patience dans les Revers & la Fermeté dans l'une & l'autre fortune éleverent fur les ruines de toutes les nations : après avoir dompté les peuples les plus courageux, après avoir donné des loix à la plus grande partie du monde connu, après avoir vu les Rois briguer chez elle le rang de fimples Citoyens, Rome finit par retomber dans le néant commun de toutes les chofes, qui ne doivent exifter que dans un temps limité, & femblent ne s'Affermir & s'Augmenter, qu'en s'approchant de leur Décadence & de leur Ruine. Que refte-t-il au moment que j'écris des Etrufques & des Romains, qui l'un après l'autre poffédèrent l'Empire de l'Italie? des Ruines éparfes çà & là, des triftes Débris, qui marquant à peine le paffage de leur Puifsance, & de leur Goût pour les Arts, ne font connus que d'un petit nombre de curieux, & des hiftoires ignorées ou indifférentes pour une partie des hommes, incertaines pour les autres. Que fi nous connoiffons un peu mieux quelle fut l'Origine des Romains, c'eft par ce qu'ils étoient un peuple nouveau en comparaifon des Etrufques dont nous ne favons, ni quels furent les commencemens, ni quand ils vinrent habiter le pays qui prit d'eux le nom d'Etrurie ou de Tofcane. Cependant on ne peut douter que Riches, Induftrieux & Puiffans ils n'ayent tenu pendant longtemps le timon des affaires de l'Italie qu'ils occuperent (1) prefqu'en-

Vol. I.   h   tiere,

---

vocant. Ii in utrumque mare vergentes incoluere urbibus duodenis terras : prius cis Apenninum ad inferum mare, poftea trans Apenninum totidem quot capita originis erant, coloniis miffis, quæ trans Padum omnia loca, excepto Venetorum an-gulo, qui finum circumcolunt maris, ufque ad Alpes tenuere. Alpinis quoque ea gentibus haud dubie origo eft, maxime Rhetis : quos loca ipfa efferarunt, ne quid ex antiquo, præter fonum linguæ, nec eum incorruptum, retinerent.

intirely , after having extended their Colonies even into the Alps ; where they gave inhabitants to that wild country , which the Rhetians cultivated .

If we may truſt to Herodotus (2) and Strabo (3) , the Etruſcans were call'd Thyrrenians by the Greeks , after the name of Thyrrenus Son of Athys , King of the Lydians , under whoſe conduct they landed in Italy . Neverthelefs Xantus of Lydia , whom Denys of Halicarnaſſus looks upon as a man well verſed both in the ancient hiſtory and that of his own time , far from relating this fact like Herodotus and Strabo , aſſerts on the contrary , that the ſons of Athys eſtablished themſelves in Aſia , where they gave their Name to the Lydians and Torybians ; but he neither ſays (as remarks Denys) " that Thyrrenus was chief of the Lydians (4), nor that any „ Colony of Mæonians had gone to eſtablish itſelf in Auſonia , nor in short „ that there was any Thyrrenian Colony, which bore the name of Lydians .

Hellanicus of Lesbos (5) affirmed , that the Pelaſgians and the Thyrrenians were only one and the ſame people , whom diverſe circumſtances caus'd to be made known under two different denominations which is true in ſome reſpects , and therefore the Opinion of this Author ſeems to be confirm'd by Sophocles , who calls them Thyrrenian Pelaſgians , and by Thucydides , who makes the Pelaſgians eſtablish'd in Thrace , deſcend from the race of theſe Thyrrenians formerly inhabitants of Lemnos and Athens : it is thus , that a long time afterwards , the appellation of CeltIberians and AngloSaxons were given to a people , whoſe origin and country were intended to be pointed out by thoſe compound names . The Ombres or Ombrians believed themſelves older , than the Deluge of Ogyges (6), and it is almoſt certain , in ſpite of their wars with the Etruſcans, that they had one common Origin : This great Antiquity has made ſome Authors imagine , that theſe two People were Indigenous , or natives of the Country they inhabited (7) : but what is certain , is that the Reign of Janus , one of their beſt Princes , is the Oldeſt Epoque , the Romans knew .

Denys of Halicarnaſſus (8) after having obſerved that the Laws , the Cuſtoms , and the Religion of the Thyrrenians , had a greater affinity with

thoſe

---

(2) Herod. Halic. Hiſt. Clio. pag. 72.
(3) Strab. de Sit. Orb. Lib. V. pag. 398.
(4) Dionyſ. Halic. Antiq. Rom. Lib. 1. a. 20.
(5) Idem .

(6) Plin. Hiſt. Nat. Lib. III. cap. XIV. Umbrorum gens antiquiſſima Italiæ exiſtimatur , ut quos Ombrios a Græcis putent dictos , quod inundatione terrarum imbribus ſuperfuiſſent .

tiére, après avoir étendu leurs colonies jufques dans les Alpes, où ils donnerent des habitans à la fauvage contrée que cultivoient les Réthiens .

Si l'on en croit Hérodote (2) & Strabon (3), les Etrufques furent
d'abord appellés Thyrréniens, du nom de Thyrrénus fils d'Athys Roi
des Lydiens, fous la conduite duquel ils aborderent en Italie . Cependant Xantus de Lydie, que Denys d'Halicarnaffe qualifié d' homme très-
favant dans l'hiftoire ancienne & dans celle de fon pays, loin de rapporter ce fait comme Hérodote & Strabon, affuroit au contraire que
les fils d'Athys s'établirent en Afie , où ils donnerent leur nom aux
Lydiens & aux Torybiens; mais il ne difoit (comme le remarque Denys)
„ ni que Thyrrénus ait été Chef des Lydiens (4), ni qu'aucune Colonie
„ de Mœoniens foit venue se fixer dans l'Aufonie, ni qu'enfin il y ait
„ eu de Colonie Thyrrénienne, qui ait porté le nom de Lydiens .

Hellanicus de Lesbos (5) prétendoit que les Pélafgues & les Thyrréniens n'étoient qu'un feul & même peuple, que diverfes circonftances
firent connoître fous deux dénominations différentes , ce qui eft vrai à
certains égards; c'eft pourquoi le fentiment de cet Auteur paroît con-
firmé par Sophocle, qui parle des Thyrréniens Pélafgues, & par Thucydide qui fait defcendre les Pélafgues de la Thrace, de ces mêmes Thyrréniens qui demeuroient autrefois dans Lemnos & dans Athenes . C'eft
ainfi que longtemps après, on appella CeltIberiens & AngloSaxons des
peuples, dont on vouloit par ces noms compofés défigner l'Origine & le
Pays : les Ombres ou Ombriens se croyoient plus anciens que le Déluge
d'Ogygès (6), & comme malgré leurs guerres avec les Etrufques il eft prefque certain qu'ils avoient une origine commune avec eux, cette grande
ancienneté a fait penfer à quelques Auteurs, que ces deux peuples étoient
Indigenes & nés de la terre même qu'ils habitoient (7). Ce qu'il y a de
certain, c'eft que le Regne de Janus l'un de leurs meilleurs Princes re-
montoit aux temps les plus anciens que connuffent les Romains .

Après avoir obfervé que les Loix, les Coutumes & la Religion des
Thyrréniens avoient plus de rapport à celles des Pélafgues qu'à celles
des Lydiens, Denys d'Halicarnaffe (8) ajoute enfuite, que ces peuples
dont

---

(7) M. Tull. *Lib. II. de Nat. Deor.* Macrob.   (8) Dionyf. Halic. *Antiq. Rom. Lib. I. a. XXII.*
Lib. I. Saturn. 7.

thofe of the Pelafgians , than with thofe of the Lydians , farther adds , that , thefe people, who were very Ancient , had never , either in their Language or Manners , any thing in common with Strangers , which fays he , however is no reafon , why they may not have taken the name of Thyrrenians from the Greeks , either , as having inhabited Towers , or , as having had Thyrrenus for one of their Kings . In the midft of this diverfity of Opinions , fome of the Learned , amongst which is the celebrated Mazocchi (9) , founding their authority upon a paffage of Solinus , conjectured , that the Etrufcans were defcended from the Phenicians , and believe , that it is in their language and writings , that may be traced the rudiments of the language and writing of the Ancient . Tufcans .

However , from so many oppofite opinions , which we shall be oblig'd to examine hereafter , we are at leaft affur'd , that the Etrufcans united themfelves very intimately with the Pelafgians , who arrived in Italy one hundred years after the Deluge of Ducalion : fome Monuments now exifting shew , that , with their Language (10), thefe people introduced into the Country, where they came to inhabit , the letters , which were in ufe in their own ; Thefe letters were the fame , as thofe of the infcriptions in the temple of the Ifmenian Apollo at Thebes in Bœotia , which Herodotus has copied (11) ; They were engraved upon tripods , confecrated by the defcendants of Cadmus , who brought them from Phenicia to Greece , in number Sixteen .

As foon as the Thyrrenians mixed themfelves with the Pelafgians , and began to be one and the fame people with them , the Ancient Characters, which they had till then made ufe of , neceffarily fuffer'd fome alteration , as happen'd in the latter times among the Ionians , the Eolians , and the Dorians (12), where the Cadmean Letters changing their found , and form, owing to the difference of their dialects , produced the Alphabet of the Greeks ; it is probably this alteration , that gave birth to the Characters , which were afterwards peculiar to the Etrufcans : if we confider attentively the Alphabet of thefe people , made out by Mr. Bourguet (13) , and compare it with that of the

---

(9) Symmach. Mazocchi. Diff. Vol. II. Corion. 1741.

(10) T. Dempft. de Errur. Reg. Vol. I.
(11) Herodot. in Terpficor. V. pag. 402.

qui étoient très-anciens n'avoient jamais eu ni dans leur langage , ni dans leurs mœurs, rien de commun avec les étrangers : ce qui, dit il encore , n'empêche pas qu'ils n'ayent pu recevoir des Grecs le nom de Thyrréniens, foit parce qu'ils habitoient des Tours, foit parceque Thyrrénus fut un de leurs Rois . Dans cette diverfité de fentimens, quelques Savans, entr'autres (9) le célebre M! Mazocchi fondé fur un paffage de Solin , conjécturent que les Etrufques étoient defcendus des Phéniciens & croyent que c'eft dans la langue & l'écriture de ceux-ci, qu'il faut rechercher les racines de la langue & de l'écriture des anciens Tofcans .

Quoi qu'il en foit de tant de fentimens oppofés, que cependant nous examinerons dans la fuite , il eft au moins affuré que les Etrufques se lierent très-intimement avec les Pélafgues, qui cent ans après le Déluge de Deucalion aborderent en Italie . Quelques uns de leurs monumens confervés jufqu'à nous, montrent qu'avec leur langue (10), ils introduifirent dans le pays qu'ils vinrent habiter les Lettres en ufage dans le leur . Ces lettres étoient les mêmes , que celles des infcriptions qu'Hérodote avoit copiées dans le Temple d'Apollon Ifménien à Thebes en Bœotie (11), elles y étoient gravées fur des Trépieds confacrés par les defcendans de Cadmus , qui les avoit apportées de Phénicie en Grece au nombre de feize .

Lorfque les Thyrréniens se confondirent avec les Pélafgues , & commencerent à ne faire plus qu'un même peuple avec eux, les anciens Caractéres dont ils s'étoient fervis jufqu'alors , effuyerent néceffairement quelqu'altération, comme il arriva dans les temps poftérieurs, chez les Ioniens, les Eoliens & les Doriens (12), où les lettres Cadméenes changeant de fon & de figure , à caufe de la différence de leurs dialectes, produifirent l'Alphabet des Grecs. C'eft vraifemblablement de cette altération que vinrent les Caractéres, qui dans la fuite furent propres aux Etrufques. Si l'on confidere attentivement l'Alphabet de ces peuples dreffé par M! Bourguet (13), & qu'on le compare à celui des Phéniciens , qui eft gravé fur la favante table

Vol. I.   i   (14), de

---

(12) Rob. Steph. *in Alph. Grec. Par.* 1554.   (13) Saggi di Differt. Academ. Publ. lett. &c.
Herod. *ubi fup.*   Differt. 1.

the Phenicians , which is engraved upon the learned Table (14) of M.
Edward Bernard , professor at Oxford , it is easy to discover , that the
Ancient Characters of Etruria were Phenician , and we may also sen-
sibly trace the alteration occasion'd , by their mixture with the Pelas-
gian , or Cadmean letters .

In proportion as the letters of these people were mix'd and uni-
ted together , so were their Languages , a necessary consequence of their
mutual communication ; which is so true , that (15) in the time of
Herodotus , and even before him , it was not easy to decide , which the
Pelasgians had made use of : it was thought however , that it might be
distinguish'd by several indications , in the language of the inhabitants of Cro-
tona (16) . Notwithstanding that , according to Denys of Halicarnassus ,
this language had nothing in common with the Idiom in use throughout the
rest of Etruria . This mixture of Languages , which infers that of the Fami-
lys of two Nations of so different an origin , shews more clearly than
any thing else , the intimate union which reign'd among them . It is to
this union , and to the consequences it produced , that we imagine we
are to attribute the diversity of the Opinions of the Ancients about
the origin of the Thyrrenians : for each Author having examin'd into
them at different periods , and as one may say , from different points
of View , speak differently of them ; and almost all have confounded
some circumstances peculiar to the History of these Ancient People , with
those which determine their Origin ; It is then from not having
consider'd them till after their reunion , that Hellanicus (17) and
Livy (18) have made them only one Nation , which is true in one
sense , tho' it is not so that they had one Origin , as the first of
these Historians affirms , and that they are only the same people known
under different denominations . Denys of Halicarnassus (19) , taking a con-
trary party , seems only to have regarded the time , which preceeded the inti-
mate alliance of the Pelasgians and Thyrrenians , which has made him speak
of them , when they were only one and the same people , as if they had
really continued to be separate . In order then to follow the thread of

their

---

(14) Orbis Eruditi Literatura a charactere
Samarit. deducta .

(15) Herod. Halic. *Hist. Clio.* P. 48.
(16) Dionys. *Hist. Lib. I. Cap. XXI.* -

(14), de Mr Edouard Bernard profeſſeur à Oxford , on reconnoîtra
aiſément que les anciens Caraĉteres de l'Etrurie étoient Phéniciens, &
l'on pourra remarquer l'altération ſenſible, occaſionée par leur mélange avec les lettres Pélaſgues ou Cadméennes .

Ainſi que leurs Lettres, les Langues de ces peuples ſe confondirent bientôt l'une avec l'autre, par un effet néceſſaire du commerce
qu'ils avoient enſemble; cela eſt ſi vrai (15), qu'au temps d'Hérodote,
& même avant lui, on trouvoit difficile à décider, quelle étoit celle
dont les Pélaſgues s'étoient ſervie; on croyoit cependant la reconnoître
à pluſieurs indices, dans la langue des habitans de Crotone, bien que
cette derniere (16), ſelon Denys d'Halicarnaſſe, n'eut abſolument rien
de commun avec l'Idiôme en uſage dans le reſte de l'Etrurie . Ce mê-
lange des langues , qui ſuppoſe néceſſairement celui des familles de
deux peuples d'Origine ſi différente , démontre plus que toute autre
choſe l'intime union qui étoit entr'eux : c'eſt à cette union & aux Suites
qu'elle produiſit , que nous penſons devoir attribuer la diverſité des
ſentimens des anciens, ſur les commencemens des Thyrréniens . Car
chacun les ayant examinés dans des temps, & pour ainſi dire ſous des
points de vue différens, en parle différemment ; & preſque tous ont
confondu quelques circonſtances particulieres à l'hiſtoire de ces anciens
peuples, avec celles qui en déterminent l'origine. C'eſt ainſi, que pour
ne les avoir conſidérés qu'après leur réunion , Hellanicus (17) & Tite Live (18) n'en ont fait qu'une ſeule nation , ce qui eſt vrai dans
un ſens, bien qu'il ne le ſoit pas qu'ils n'ayent eu qu'une même origine, comme le dit le premier de ces Hiſtoriens , & que ce ſoit le
même peuple connu ſous différens noms . Denys d'Halicarnaſſe (19)
prenant un parti contraire, a remonté aux temps qui précéderent l'intime alliance des Pélaſgues, & des Thyrréniens : ce qui lui fait parler d'eux, lors qu'ils ne compoſoient plus qu'un ſeul & même peuple, comme s'ils euſſent continué à être réellement ſéparés. Pour donc
ſuivre le fil de leur hiſtoire, il nous ſemble que depuis l'époque de
la réunion des deux nations , il faut entendre de l'une & de l'autre

ce

---

(17) Apud Dionyſ. *Lib. I.*
(18) Tit. Liv. *Lib. IX.*

(19) Dionyſ. Halic. *Lib. I. art. XXII.*

their Hiſtory , it ſeems to us , that ſince the epoque of the reunion of the two Nations , one muſt often underſtand , what is ſaid by the Antient Authors of one Nation only , to have a relation to both ; This method , as we ſhall ſee hereafter , may throw great light upon the obſcurity of theſe diſtant times .

We muſt however obſerve , that before the total confuſion of the two languages , that is to ſay , before all the familys of the two Nations were thoroughly bended together , two dialects were obſerv'd to be form'd , one of which , peculiar to the Etruſcans , became the moſt common , and is ſtill to be met with (20) , in the four firſt Eugubian tables ; the ſecond preſerv'd upon other two of theſe ſame tables , was that of the Pelaſgians : from the letters , which the latter continued to uſe , came the Characters of the Latins , in whoſe language , that of the Etruſcans was alſo confounded in the end , as that of the Pelaſgians had been in theirs ; it is owing to this , that our Modern Languages , which are not derived from the Celtick , draw their Origin from that of the Etruſcans , whoſe Colonies ſoon propagated their Language in all the Countrys , where they eſtabliſh'd themſelves , and each Town bringing it to their own manner of pronouncing , from thence different Jargons were formed , as thoſe of the Oſques , the Meſſapians , &c. (21) of whom there are ſtill inſcriptions remaining . Theſe Monuments , which ſerve to make known to us the Analogy of the Languages of Ancient Italy , with thoſe from which they were derived , ſhew alſo the ſingular reſemblance there is between the Characters we now make uſe of , and thoſe of the Pelaſgians , the Etruſcans , the Antient Greeks , and the Phenicians . This is to be ſeen in the Alphabet of Mr. Chiſhul , drawn from the inſcription of Sigea , which ſhews the connection between the Cadmean letters , and thoſe of the Phenicians , and theſe again with the Characters of the moſt antient people of Aſia ; From the laſt , the Etruſcans took the method of writing , from right to left ; which was common to them , as well as to the Pelaſgians , and the Greeks , of the moſt antient times : but which the Greeks abandon'd in the end , for the method we ſtill practiſe .

After what we have ſaid of the Language and Characters of the Antient

ce que fouvent les Auteurs anciens n'on dit que d'une feule . Cette méthode, comme on le verra dans la fuite, peut répandre une grande lumiere fur les ténebres de ces temps reculés .

Nous devons pourtant obferver, qu'avant la confufion totale des deux langues, c'eft à dire, avant que toutes les familles des deux peuples fe fuffent réunies , on vit se former deux dialeftes , dont l'un propre aux Etrufques devint le plus commun, & se retrouve encore fur les quatre premieres tables Eugubiennes (20): le fecond confervé fur deux autres de ces mêmes tables , fut celui des Pélafgues . Des lettres que celui-ci continua d'employer, fortirent les Caracteres des Latins, dans la langue desquels , celle des Etrufques se fondit auffi dans la fuite, comme celle des Pélafgues s'étoit fondue dans la leur. C'eft par-là , que nos langues modernes qui ne viennent pas de la Celtique, tirent leur origine de celle des anciens Tofcans. Les Colonies de ces peuples ne tarderent pas à étendre leur langue dans tous les pays où elles s'établirent ; & chaque Ville la liant à sa maniere de prononcer , il s'en forma différens jargons , comme ceux des Ofques , des Meffapiens , &c. (21) dont il nous refte quelques monumens. Les Infcriptions qui fervent à nous faire connoître l'Analogie des langues de l'ancienne Italie, avec celles dont elles étoient dérivées, montrent auffi la finguliere reffemblance , qu'il y a entre les Caracteres dont nous nous fervons, & ceux des Pélafgues, des Etrufques, des Anciens Grecs, & des Phéniciens . C'eft ce qu'on peut voir dans l'Alphabet drefsé par Mr Chishul , fur l'infcription de Sigée, qui fait fentir le rapport qu'ont les lettres Cadméennes, avec celles des Phéniciens, & celles-ci avec les Caracteres des plus Anciens peuples de l'Afie: de ces derniers, les Etrufques prirent la méthode d'écrire de la droite à la gauche , qui leur fut commune avec les Pélafgues & les Grecs des temps les plus reculés; mais que ceux-ci abandonnerent enfuite pour celle que nous pratiquons encore à préfent,

Après ce que nous avons dit de la langue & des Caracteres des

Vol. I. k anciens

---

(20) Thom. Dempfteri *de Etrur. Regali T. I.*
P. V.

(21) March. Scip. Maffei. *diff.* de Bourguet
Diff. 1.

Antient Tufcans , after having shewn in many points , how much they refemble thofe of the Phenicians , and the reafon why they do not refemble them in all , we imagine we ought to follow the opinion of thefe who think that the Etrufcans drew their origin from Phenicia , a Country fertile, in bold and induftrious men , who firft fent Colonies upon the borders of the Mediterranean and praftifed Navigation with fuccefs .

Etruria happy and flourishing call'd that the Golden Age , in which she was govern'd by Princes to whom Gratitude raifed Altars . If we may believe Antiochus of Syracufa , Apis the laft of thefe Gods , gave his name to the Appennine Mountains , which divide Italy length ways into two almoft equal parts : In the following Ages , the Thyrrenians after the example of the People from whom they defcended , rendered themfelves very (22) famous for Navigation ; according to the report of Diodorus Siculus , they gave (23) the name of Thyrrenian to the Sea which borders the coafts of Italy ; (24) the Pyracy which they praftifed with fuccefs and which then (25) , according to Thucydides , was not infamous but tending rather to honor , gave rife to the Fable invented by the Greeks , of the Thyrrenians turn'd into Dolphins (26) : for they imagined , that thefe fish lov'd to see and approach vefsels as the Pirates do : it was in the ports of Luna and Populonium (27) , whofe ruins are to be feen over againft the island of Elba , where lay that powerfull fleet , by the means of which they had acquired the empire of the fea .

The Thyrrenians , altho' of the fame extraftion with the Ombers , as we have faid , had neverthelefs many wars with them ; and obliged them to retire farther inland , so that enfeebled by their precedent lofses , they where eafily conquered by the Pelafgians who took from them Crotona and Thyrrenia . The Thyrrenians and Pelafgians being grown more powerfull by the reciprocal union and harmony , which reign'd between them , fent upon the Coafts of Afia Minor (28) and even into Thrace , thofe Colonies which being compofed of two Nations , carry'd among the Greeks the names of both one and the other . It is fcarcely poffible

to

anciens Toſcans , après avoir montré combien ils reſſemblent à ceux
des Phéniciens & par quelle raiſon ils ne leur reſſemblent pas en
tout ; nous croyons devoir ſuivre le ſentiment de ceux qui penſent
que les Etruſques tiroient leur Origine de la Phénicie pays fertile
en hommes induſtrieux & hardis , qui les premiers envoyerent des
Colonies le long des bords de la Méditerranée , & pratiquerent la
Navigation avec ſuccès.

L'Etrurie heureuſe & floriſſante appella Siecle d'or , celui où
elle fut gouvernée par des princes à qui la reconnoiſſance éleva des
autels . Si nous croyons Antiochus de Syracuſe , Apis le dernier de
ces Dieux donna ſon nom aux monts Apennins qui diviſent la longeur de l'Italie en deux parties , preſqu'égales . Dans les temps ſui-
vans, les Thyrréniens à l'exemple des peuples dont ils deſcendoient ,
se rendirent (22) tres-fameux dans la Navigation ; ils donnerent , comme le rapporte (23) Diodore de Sicile , le nom de Thyrrénienne à la
mer qui borde les côtes de l'Italie . (24) La pyraterie qu'ils exerçoient
avec ſuccès, & qui alors (25) ſelon Thucydide , n'étoit pas infame,
mais tournoit plutôt à honneur, fit inventer aux Grecs la fable des
Thyrréniens changés en Dauphins (26) : car on croyoit que ces poiſ-
ſons se plaiſoient à voir & à s'approcher des Vaiſſeaux , comme les
pyrates ont coutume de le faire. C'eſt dans les ports de Luna & de
Populonium (27) , dont on voit les ruines vis-à-vis de l'Isle d'Elbe
qu'ils entretenoient cette flotte puiſſante , au moyen de laquelle ils
avoient acquis l'Empire de la mer .

Quoique de même origine que les Ombres , les Thyrréniens ne
laiſſerent pas d'avoir pluſieurs guerres avec eux, & les obligérent de
se retirer plus avant dans les terres ; ce qui fit qu'affoiblis par leurs
pertes précédentes, ils furent aiſément vaincus par les Pélaſgues, qui
leur enleverent Crotone & Thyrrénie . Devenus plus puiſſans par leur
union réciproque, & l'harmonie qui régnoit entr'eux, les Thyrréniens
& les Pélaſgues envoyerent ſur les côtes de l'Aſie mineure (28) , &
jusques dans la Thrace ces colonies , qui formées des deux nations ,

por-

---

(26) Strabo. *de Sit. Orb. V.*
(27) Plin. *Hiſt. Nat. Lib. III. & al. app.*

(28) Thucyd. *ubi ſup.*

to doubt, but that long before the time mentioned (29) *by Vellejus Pa-
terculus, the Lydians, with other Pelafgians* (30) *of the Iflands of
Lemnos and Imbros, faught after new fettlements in Etruria; They eftablished themfelves not far from the walls of Thyrrena, in the country
of the Ombrians,* (31) *where Herodotus fays that the Lydians landed.
They had at that very time, or afterwards, a King, who from the
name of the Nation, in which he had eftablished himfelf, was called
Thyrrenus; in the fame manner, as Demaratus of Corinth, flying from
the tyranny of Cypfelus, took the name of Tarquinius from that of the
Town of Tarquinium, where he had found an azylum. This fact, the
circumstances of which were either unknown to, or ill reported by the
Greeks, who, as Denys of Halicarnaffus reproaches them, were but ill
verfed in the Affairs of Italy, has perhaps occafioned the error which
Xantus of Lydia has so well refuted. Thefe new comers, after the
example of the Pelafgians, intermix'd themfelves with the Antient inhabitants of Etruria: for which reafon, Ovid* (32) *and the other Poets confound them often under the general name of Mæonians; whe shall have
occafion, in the courfe of this work, to fpeak of feveral cuftoms, which
the Lydians brought from Afia, and which were preferved for many
Centurys among the Etrufcans.*

    *This new alliance ftill augmenting the ftrength of the Thyrre-
nians, they found themfelves in a fituation to fend Colonies into all the
Countries round about them. Verona, Mantua, Bologna, Adria, (which
gave to the Adriatik fea the name, it has retained ever fince,) were founded under their aufpices. Afcoli in the Country of the Brutians,
and the Towns of Rbethia, owed their origin to the Lydians; and
Agyllum, which afterwards was call'd Cere, Pifa, Saturnia, Afium,
and other Towns, were eftablished by the Pelafgians. It is then to this
epoque, that we muft recall what Livy fays of the Grandeur and
Opulence of the Etrufcans, who made themfelves Mafters of all Italy,
excepting however the little Country of the Venetes. We find in the
antient Authors the names of part of the Towns, which they founded
beyond*

---

(29) Vell. Paterc. *Hift. Rom. Lib. I. Cap. I.*   (30) Strab. *de Sit. Orb. Lib. V.*

porterent chez les Grecs les noms de l'une & de l'autre . Il n'eſt guere poſſible de douter, que bien avant le temps indiqué (29) par Vel-
leius Patercule, les Lydiens avec d'autres Pélaſgues des Isles de Lemnos (30), & d'Imbros, ne ſoient venus chercher des nouvelles demeures en Etrurie ; ils s'y établirent non loin des murs de Thyrréna dans
le Pays des Ombres (31), où Hérodote dit qu'ils aborderent . Ils eurent dès-lors , ou dans la ſuite , quelque Roi qui du nom de la nation chez laquelle il s'étoit fixé, fut appellé Thyrrénus : comme Démarate de Corinthe fuyant la tyrannie de Cypſelus, prit le nom de
Tarquin, de celui de la Ville de Tarquinie , dans laquelle il avoit
trouvé un azile . Ce fait, dont les circonſtances ont été ignorées ou
mal rapportées par les Grecs , qui , comme le leur reproche Denys
d'Halicarnaſſe, étoient trop peu informés des affaires de l'Italie , eſt
peut-être la cauſe de l'erreur, que Xantus de Lydie a ſi bien réfutée.
A l'exemple des Pélaſgues ces nouveaux venus se mêlerent avec les
anciens habitans de l'Etrurie ; ce qui fit que dans la ſuite Ovide (32),
& les autres Poëtes les confondirent ſouvent ſous le nom général de
Mœoniens ; nous aurons occaſion de rapporter dans le courant de cet
ouvrage , pluſieurs uſages que ces Lydiens apporterent de l'Aſie , &
qui se conſerverent pendant pluſieurs ſiecles chez les Etruſques .

Cette nouvelle alliance augmentant les forces des Thyrréniens ,
ils se trouverent en état d'envoyer des colonies dans tous les pays
qui étoient autour d'eux . Vérone, Mantoue, Bologne, Adria, qui
donna à la mer Adriatique le nom qu'elle a conſervé depuis, furent
fondées ſous leurs auſpices . Aſcoli dans le Brutium & les villes de
la Rhétie durent leur Origine aux Lydiens, & Agylle que depuis on
appella Céré, Piſe, Saturnie, Alſium & pluſieurs autres Villes , furent établies par les Pélaſgues. C'eſt donc à cette époque qu'il faut
rappeller ce que dit Tite Live de la grandeur & de l'opulence des
Etruſques , qui se rendirent maitres de toute l'Italie , à l'exception
néanmoins du petit pays des Vénetes . Nous trouvons dans les Auteurs anciens les noms d'une partie des Villes qu'ils fonderent au delà

Vol. I.   1   de

---

(31) Herod. Halic. *in Clio. pag.* 72.   (32) Ovid. *Metamorphoſ. Lib. III.*

beyond the Appenines ; besides , the Etruscan Medals found at Urina in Calabria (33) *, at Pæstum in Lucania* (34) *, at Luceria Alfaterna* (35) *in the Picenum ; even at Teanum* (36) *, at Capua in Campania* (37) *, as well as at Tuder in Ombria* (38) *, and in almost all the Countries which are on this side the inferior Sea , are so many proofs of their dominion over all the places , where the medals have been struck, and of course over all Italy ; this dominion lasted but a short time , and it seems , that the moment in which it arrived at it's highest point of grandeur , was that which preceeded it's total destruction : This was occasion'd by a singular accident , for the detail of which , we are obliged to Denys of Halicarnassus . The prosperity of these people says he , was not of long duration , for it's course was stop'd by the anger of the Gods : the principal cause of their misfortune was a terrible Dearth , the consequence of an unparalell'd Drought , which carried desolation amongst their familys , revaged all the Countrys , made the Cattle perish , dried up even the fountain heads , and was follow'd by terrible Sicknesses , which unpeopled the whole Country : in this cruel extremity , minds struck with terror , had recourse to the Oracle ; " to* „ *learn who was the God* (39)*, which had caus'd so many Calamities ; by* „ *what crime they had drawn upon themselves his Anger , and by what* „ *means it could be appeafed : The Oracle answer'd , that they had* „ *broken their word with the Gods , that after having obtain'd by their* „ *assistance , what they had desir'd , they were still awing them all* „ *those valuable presents which they had promised : The Pelasgians* „ *indeed to procure a cessation of a ruinous famine , had engaged* „ *themselves by solemn Vows to offer to Jupiter , to Apollo , and to* „ *the Cabires , the tenth part of all the effects they should afterwards* „ *accumulate ; but after having had their prayer granted , they thought* „ *they had acquitted themselves sufficiently of their engagements , by of-* „ *fering to the Gods a tenth part of their fruits and flocks : Mir-* „ *sillos of Lesbos reports this fact in the same terms , with this only* „ *diffe-*

---

(33) Recueil de Médailles de Peuples & de Villes , qui n'ont pas encore été publiées , *Urina T. I. P.* 68.

(34) Symmach. Mazocchi. *Collectan.* 1. *Pæstan Orig.*

(35) Recueil de Médailles . *T. I. P.* 56.

de l'Apennin; d'un autre côté, les médailles Etrufques trouvées à Urina en Calabre (33), à Pæstum dans la Lucanie (34), à Luceria Alfaterna (35) dans le Picenum, enfin à Téanum (36) & à Capoue dans
la Campanie (37); ainfi qu'à Tuder (38) en Ombrie & dans prefque
tous les pays, fitués en deçà des monts vers la mer inférieure, font
des preuves de leur domination fur tous les endroits où elles ont été
frappées; & par conféquent fur toute l'Italie. Cette domination dura
peu de temps, & il femble que le moment où elle arriva au plus
haut point de sa grandeur, fut celui qui précéda fon entiere décadence. Nous avons obligation à Denys d'Halicarnaffe de nous avoir
confervé les détails de l'accident qui la produifit . La Puiffance de
ces peuples, dit-il, ne fut pas de longue durée, car ils se virent
arrêtés dans le cours de leur profpérité par la colere des Dieux :
la principale caufe de leur infortune vint d'une affreufe ftérilité occafionée par une féchereffe inouie qui porta la défolation dans toutes
les familles, ravagea toutes les campagnes, fit périr les beftiaux, def-
fécha jufqu'aux fources des fontaines, & fut fuivie de maladies terri-
bles qui dépeuplerent tout le pays. Dans cette cruelle extrêmité, les
efprits frappés de terreur recoururent à l'Oracle , " pour apprendre
„ quel étoit le Dieu (39) qui caufoit tant de maux, par quel crime
„ on s'étoit attiré fa colere & les moyens de la calmer: l'Oracle ré-
„ pondit qu'on avoit manqué de parole aux Dieux, qu'on avoit ob-
„ tenu par leur fecours ce qu'on leur avoit demandé, & qu'on étoit
„ encore redevable des plus riches préfents qu'on leur avoit promis.
„ Il étoit vrai que les Pélafgues pour faire ceffer les effets d'une di-
„ fette ruineufe pour eux, s'étoient engagés par des Vœux folemnels
„ d'envoyer à Jupiter, à Apollon & aux Cabires le dixieme de tous
„ les biens qu'ils recueilleroient dans la fuite ; mais après avoir été
„ exaucés, ils crurent s'être acquités de leurs engagemens, en offrant
„ aux Dieux la dixieme partie de leurs fruits & de leurs Troupeaux.
„ Myrfille de Lesbos rapporte ce fait dans les mêmes termes , mais
„ avec

---

(36) Idem P. 63.
(37) Idem P. 45.
(38) Idem P. 66.

(39) Dionyf. Halic. *Antiq. Rom. Lib. I. Cap.*
XV. XVI. &c.

„ *difference (adds Denys of Halicarnaſſus) that , he names Thyrrenians,*
„ *thoſe , whom I call Pelaſgians"; we have shewn the reaſon , why*
we think ourſelves obliged to call them , as Mirſillas does . However,
the Oracle being conſulted , exacted a tenth part of the Men ; at the
arrival of this anſwer , conſternation ſpread itſelf in every Mind, each
apprehending for himſelf , or for what was moſt dear to him , began
to be diffident , which diffidence being augmented by fear , ſoon beca-
me univerſal ; in a short time the moſt intimate friends ſeparated from
each other , the houſes were abandon'd , and the Towns deſerted : the
greateſt part of the Pelaſgians , who had made this imprudent vow ,
and who ſtill more imprudently thought themſelves obliged to accompliſh
it , took flight , and retired into Greece . Thus the Etruſcans , de-
prived of the aſſiſtance of their Allies , found themſelves in a ſtate of
weakneſs , which did not allow them to maintain their Poſſeſſions ;
Weighed down by so many evils , ruin'd in the very principles of it's
ſtrength , like a vaſt Edifice whoſe foundations were undermin'd , their
Empire fell to pieces allmoſt in a moment , and as it's downfall had
not been prepar'd by preceeding misfortunes , there was no time to re-
cover from the Yock , which was the more terrible , as it came qui-
te unexpected . The different parts which compos'd this great ſtate , now
became their own Maſters , govern'd themſelves after their own laws ,
and choſe themſelves Chiefs or Kings after their own inclination : this
unhappy event happen'd about two ages of Man , or Sixty years be-
fore the taking of Troy : it is undoubtedly in the ſpace of time , bet-
ween that , and ten years after the ruin of the ſame City of Troy,
that the Empire of the Etruſcans was divided into ſo many different
people ; in effect , the Leſtrigons (40) , according to Homer (41) , were
come to eſtabliſh themſelves at Formies , which the Lacedemonians inha-
bited afterwards , and is called Leſtrigonia in the Odiſſey , while Circe
reign'd in the Island , forming now the Promontory , which from her ,
is called Mount Circello . On the other hand , when Eneas landed in
Latium (42) , it had already ceaſed to be united with Etruria , of which

the

---

(40) Homeri Odyſſ. Lib. X. v. 82.
(41) Strab. Geog. Lib. V. Subinde Formii quos condidere Lacones , quas prius Hormias a Stationis ,   ideſt Hormi bonitate appellabant .
(42) Virgil. Æneid. Lib. VII.

„ avec cette feule différence, ajoute Denys d'Halicarnaffe, qu'il nom-
„ me Thyrréniens ceux que j'appelle Pélafgues " : nous avons fuffifa-
ment montré les raifons pour lesquelles nous croyons devoir les
nommer comme Mirfille . Cependant l'Oracle confulté , exigea la dixieme partie des hommes; à l'arrivée de fa réponfe la confternation
fe répandit dans tous les efprits; chacun appréhendant pour lui même & pour ce qu'il avoit de plus cher, entra dans une défiance que
la crainte qui l'augmentoit encore rendit bientôt univerfelle , en peu
de temps les amis les plus intimes s'éloignerent les uns des autres, les
maifons furent abandonnées & les villes défertes . Les Pélafgues qui
avoient fait ces vœux imprudents, & qui plus imprudemment encore fe croyoient obligés de les accomplir , prirent pour la plus part
le parti de la fuite, & fe retirerent dans la Grece ; ainfi dépourvus
du fecours de leurs alliés , les Etrufques fe trouverent dans un état
de foibleffe qui ne leur permit pas de conferver leurs poffeffions .
Accablé de tant de maux, frappé dans le principe même de fa force, tel qu'un vafte édifice dont on auroit fapé les fondemens , leur
Empire tomba prefqu'en un moment, & comme fa décadence n'avoit
pas été préparée par des malheurs précédens , il n'eut pas le temps
de fe relever d'une chute d'autant plus terrible pour lui qu'elle
étoit plus imprévue : les différentes parties qui compofoient ce grand
état rendues à elles mêmes, fe gouvernerent fuivant leurs loix , &
fe choifirent des chefs ou des Rois à leur gré. Ce malheureux événement arriva environ deux âges d'homme ou foixante ans avant la
prife de Troye . C'eft indubitablement dans l'efpace de temps qui
s'écoula delà à la dixieme année qui fuivit la prife de cette ville,
que l'empire des Etrufques fut divifé en tant de peuples différens; en
effet les Leftrigons (40) fuivant ce que dit Homere (41) étoient venus s'établir à Formies que les Lacédémoniens habiterent enfuite &
qui eft appellée Leftrigonia dans l'Odyffée , tandis que Circée régnoit
dans l'isle qui forme aujourd'hui le promontoire , que de fon nom
l'on appelle Monte Circello . D'un autre côté (42) , lors qu'Enée
aborda dans le Latium , il avoit déja ceffé d'être uni à l'Etrurie,
dont les Volfques, les Sabins, les Liguriens , les Arcadiens & beau-

the Volfci , the Sabines , the Ligurians , the Arcadians and many other people occupied each a part .

Towards the time of the Siege of Troy , the Chalcidians (43) *who came from Eubea under the conduct of Hippocles and Megaftenes , reefta- blis'd Cuma in a territory which united with that of Linternum* (44) *had pafs'd from the Dominion of the Etrufcans to that of the Opi- cians . If Strabo afferts that this Cuma , of which nothing now exifts but the ruins , and which however founded* (45) *Naples , Pozzuolo and Meffina* (46) *, was the moft Antient* (47) *of all the Towns in Italy and Sicily ; one muft underftand what he fays to have relation only to the Greek Towns ; fince it is certain , that there were towns in their neighbourhood , that coined Money with Legends in Ofscian and Etruf- can Characters long before the Greek language was known in Campa- nia . As we have fome Etrufcan Medals in which the name of Cuma is united to that of Linternum a Citty which was in it's Neighbourhood , and whofe ruins are ftill interefting to us by having been the place where the Great Scipio retired and died ; we can fcarcely doubt but that thofe medals are Monuments of the power of Etruria, and that they were ftruck at the very time that her dominion fpread over all Campania . Thefe coins ferve then to prove that Cuma and Linternum exifted before the arrival of the Euboiens in Italy ; and that* (48) *deferted like many others by the retreat of the Pelafgians , or by the Etrufcans having been incapable to keep them up ; they were reeftablished , or at leaft occupied by the Greeks who long after their decay came to inhabit the Country of the Opicians . For is it probable , that the Greeks who had the vanity of being thought the Inventors of all the Arts , and the Founders of all the Nations of Italy , should have borrowed a foreign language to ftamp upon their coin , and by that means deftroy the idea that they were fo jealous of keeping up , as one finds at every inftant in all their Hiftorians , in all their Poets , and even in the books of their Philofophers ?*

This dreadful circumftance of which we have been fpeaking , gave birth

---

(43) Vell. Paterc. *Hift. I.* P. 4.
(44) Recueil de Médailles &c. *Tom. I. pag.* 48.

(45) Strab. *de Sit. Orb. Lib. V. Pag.* 443.
(46) Thucydid. *Lib. VI.*

coup d'autres peuples occupoient chacun quelque partie.

Vers le temps du Siege de Troye, les Chalcidiens venus de l'Eubée (43) fous la conduite d'Hippocles & de Mégaftene, rétablirent Cumes dans un Territoire qui uni avec celui de Linternum (44), étoit paffé de la domination des Etrufques fous celle des Ofques. Que fi Strabon affure que cette Cumes dont il n'exifte plus que les ruines, & qui pourtant (45) fonda Naples, Pouzzol & Meffine (46), étoit (47) la plus ancienne de toutes les Villes de l'Italie & de la Sicile, il ne faut entendre ce qu'il dit que des feules Villes Grecques; puis qu'il eft certain qu'elle en avoit autour d'elle qui frappoient des monoies avec des légendes en caraéteres Ofques ou Etrufques, bien avant que la langue des Grecs fut connue dans la Campanie. Comme nous avons des médailles Etrufques, où le nom de Cumes même eft joint à celui de Linternum Ville qui en étoit voifine, & dont les ruines intéreffent encore par le nom du grand Scipion qui s'y retira & qui y mourut; nous ne pouvons gueres douter que ces médailles ne foient des monumens de la puiffance de l'Etrurie, & qu'elles n'aient été frappées dans les temps même qu'elle dominoit fur toute la Campanie. Ces monoies fervent donc à prouver que Cumes & Linternum exiftoient avant l'arrivée des Euboïens en Italie, & que devenues défertes (48) comme tant d'autres par la retraite des Pélafgues, ou l'impuiffance dans laquelle fe trouverent les Etrufques de les conferver, elles furent rétablies, ou du moins occupées par les Grecs, qui ne vinrent que bien longtemps après leur décadence dans le pays des Opiciens. En effet, eft il probable que les Grecs qui avoient la vanité de paffer pour les Inventeurs de tous les arts, & les fondateurs de toutes les nations de l'Italie, euffent emprunté une langue Etrangere pour battre leurs monoies, & détruit par-là l'idée qu'ils étoient fi jaloux de donner, qu'on la retrouve à chaque moment dans leurs hiftoriens, dans leurs Poëtes & même dans les livres de leurs philofophes?

Ce fut la malheureufe circonftance dont nous avons parlé qui
don-

(47) Poft hæc Cumæ funt vetuftiffimum Chalcidentium & Cumeorum edificium antiquitate enim cunétas, Italiæ & Siciliæ Urbes antecellit. (48) Dionyf. Halic. *Antiq. Rom. Lib. I.*

birth to a fort of Poem or Lamentation , found upon the Eugubean tables (***), and if we may rely totally upon the translation of thefe famous tables , or if too bold conjectures have not led aftray the learned who have publish'd them , it would be clear, that this Etrufcan Poem was compofed more than 247. Years before thofe of Hefiod and Homer; fince, according to the Arundel Marbles (49), the firft of thefe Poets only preceded the fecond about thirty years , and according to Herodotus (50), the latter was born towards the time of the Paffage of the Greeks into Ionia, the very year of the foundation of Smyrna ; which

(51) ac-

(***) Ces fameufes infcriptions gravées fur fept lames de bronze, furent découvertes en 1444. dans une chambre fouterraine près du Théatre d'Iguvium ou Eugubium ; elles font confervées avec beaucoup de foin dans les archives de Gubbio, Ville d'Ombrie batie fur les ruines de l'ancienne Eugubium, d'ou elles ont pris le nom de Tables ou Infcriptions Eugubiennes ; les deux premieres font écrites en langue & en caracteres Pélafgues , mais les lettres & l'idiome des cinq-autres font abfolument Etrufques. Spon & Olivier en citent encore deux, qui jointes aux premieres feroient en tout le nombre de neuf. Nous avons fait mettre à la tête de ce chapitre la premiere de ces Tables qui eft · connue fous le nom de lamentation Etrufque : que fi nous l'avons divifée en deux colonnes, c'eft parceque le peu d'efpace que nous avions, ne nous a pas permis de la faire entrer en une feule. Nous croyons que nos lecteurs auront plaifir à trouver ici l'ingénieufe explication que M.Gori a donnée de cette infcription ; ainfi nous la joignons à la fin de cette note. Rien n'eft plus fingulier que cette interprétation, de même que rien n'eft mieux imaginé que le commentaire dont l'auteur a eu l'habileté de l'accompagner; & nous fommes obligés d'avouer qu'après l'avoir bien examinée, après avoir pefé les difficultés qu'on lui a oppofées, & celles que la nature du Sujet nous a fait naître, nous avons trouvé, qu'il nous étoit encore plus facile d'être perfuadés de la bonté de cette interprétation, que de croire qu'un très grand nombre de mots femblables, bien fouvent placés dans des Cas & des Nombres différents & répétés plufieurs fois dans une même infcription, fiffent un fens très clair avec ce qui précede & ce qui fuit, fi le traducteur n'eut pas approché de très près du vrai fens de fon texte: mais ce qui aide encore à nous le perfuader, c'eft que le fens qu'il a su trouver, s'accorde fi juftement avec ce que dit Denys d'Halicarnaffe, avec les étimologies Grecques & Latines , enfin avec l'interprétation qu' a donnée M. Bourguet des Litanies Pélafgues, qu'il femble prefqu'impoffible, que le hazard feul ait pu produire tant de circonftances fi heureufement rapprochées ; ou qu'au moins, il n'y a qu'une fuite infinie de combinaifons qui l'ait pu faire : en ce cas, on fait qu'une page des poëmes d'Homere peut également fortir de cette fuite de combinaifons.
Si le plan & l'objet de cet ouvrage nous l'euffent permis, nous euffions joint à la Traduction de cette Table, les notes intéreffantes dont elle eft fuivie dans le *Mufeum Etrufcum*. Nous devons pourtant obferver ici que l'on trouve dans ces notes prefqu'autant de mots Latins dérivés de la langue Etrufque, que de ceux auxquels on découvre une Origine Grecque ; ces derniers qui viennent indubitablement des Pélafgues, ont été bien plus faciles à découvrir que les autres: car il eft certain que nous connoiffons bien mieux l'ancienne langue Grecque que l'ancienne langue Latine. En effet, M. le Préfident Bouhier a très bien expliqué de nos jours les vers cités par Hérodote ; quoiqu'ils foient à peu près du temps de Cadmus ; on fait que quelques uns de ces vers étoient gravés fur un trépied confacré par Leodamas fils d'Etéocles qui étoit fils d'Œdipe , dont le Grand pere Laius étoit lui même petit fils de Cadmus ; l'infcription que rapporte M. Jean Hudfon n'eft pas moins bien interprétée que celle de Sigée qu'a publiée & illuftrée M. Edmond Chishull. Nous donnons encore aux doctes recherches de M. de Fourmont, la connoiffance du Catalogue des prêtreffes du temple d'Apollon Amicléen , de même que celle de la Laygete prétraffe d'Onga, & celle qui témoigne que le temple de cette Déeffe avoit été confacré à Amiclée en Laconie par Eurotas qui régnoit à Lacédémone plus de fept cens ans avant la fondation de Rome. Il s'en faut de beaucoup que nous ayons une connoiffance auffi précife , je ne dis pas du langage des anciens peuples Latins , mais même de celui des premiers temps de la République ; cependant ce dernier étoit furement beaucoup plus voifin de l'Etrufque , que ne le fut celui des temps

poftè-

(49) Joan. Marsham *ad Sæc. XV.*

donna lieu à une forte de Poëme ou lamentation , que l'on trouve
fur les Tables Eugubiennes (***), fi nous pouvions nous en rapporter
totalement à la traduction de ces fameufes Tables , fi des conjectures
trop hardies n'ont pas égaré les Savans qui nous l'ont donnée, il feroit clair que ce Poëme Etrufque fut compofé plus de 247. ans avant
ceux d'Héfiode, & d'Homere ; puifque fuivant les marbres d'Arundel
(49) , le premier de ces Poëtes ne précéda le fecond que d'environ
30. ans , & qu'au rapport d'Hérodote (50) , celui-ci naquit vers le
temps du paffage des Grecs en Ionie, l'année même de la fondation

Vol. I.   n   de

poftérieurs ; pour fe convaincre de ce que je dis ici , & voir la marche de la langue Latine , on peut
comparer les Marbres d'Ancyre qui contiennent les annales du Regne d'Augufte , avec le Senatus-Confulte qui s'eft confervé jufqu'à nous, & qui eft cité par Fabretti. Cette comparaifon fera remarquer une
très grande différence entre la langue & l'ortographe latine de ces temps ; mais cette différence eft
encore plus grande entre le Senatus-Confulte dont je viens de parler & qui eft de l'an 566. de Rome, &
le fragment qu'on voit au Capitole de l'infcription de Caius Duilius. Ce fragment remonte à l'an 492.
ou 260. ans avant les marbres d'Ancyre. On ne doit donc pas être étonné fi au temps de Polybe on
n'entendoit qu'avec peine quelques mots des premiers traités faits par les Romains . Et l'on doit conclure que la Grece parloit au temps d'Homere, une langue beaucoup moins différente de celle du temps
de Cadmus, que ne l'étoit le Latin du Siecle d'Augufte de celui des premiers temps de Rome ; fi donc
nous connoiffons d'avantage la langue des plus anciens temps de la Grece que celle des plus anciens
temps de Rome , il eft naturel qu'on remarque plus aifément dans la Table Eugubienne les mots qui
viennent de la langue Grecque , que ceux qui font l'origine de la langue Latine . Il eft affuré que
nous en obferverions beaucoup davantage de ceux-ci , fi nous connoiffions mieux l'ancien Latin , mais
quoique nous foyons privés des fecours que nous en pourrions tirer , nous penfons néanmoins que fans
même beaucoup de difficultés , on en feroit voir encore plus que n'en a montré M. Gori . Que s'il eft
vrai, comme le difent Pline & Denys d'Halicarnaffe , que les anciennes lettres Romaines reffembloient
totalement à celles des anciens Grecs, il eft clair que les Romains les quitterent de bonne heure, pour
prendre celles des Pélafgues, qui en Italie s'étoient réduites à la forme qu'elles ont dans les Infcriptions
Eugubiennes . Et qui eft celle dont nous nous fervons encore à préfent .

O R T H I U M

CARMEN LAMENTABILE

ETRUSCORUM ANTIQUORUM.

1. ESVNV : FVIA : THERTER : SVME:
   Eſtote   filii   percuſſi   ſimul :
2. VSTITE : SEST : ENTASIARV :
   incendite   nunc   impoſitas
3. VRNASIARV : THVNT . AK : VVKE : PRVMV : PETATV
   urnas   odoramentorum . remedium   fuga   extremi (exitii)   diffuſi .
4. INVK : VTHTVRV : VRTES : EVNTIS :
   Dilatate   guttur   viri   adſtantes .
5. FRATER : VSTENTVTA : PVRE :
   Frater   oſtentato   igne

6. FRA-

(50) Herodot. *de Vit. Homeri .*

(51) *according to Father Petau was the* 168ᵗʰ *after the taking of Troy :
this laſt epoque anſwers to* 79. *years , after the expedition of the Ar-
gonauts , at which Orpheus was preſent , after whom came Linus ,
Muſeus , and Melampus ſon of Amithaon who are acknowledged as
the moſt Antient Poets of Greece : but as one may well imagine ,
the Eugubian lamentation was not the firſt Poem the Etruſcans compoſed , it would follow that they had Poets before the Reign of
Erecteus , and the time* (52), *when Phæmonæ delivered Oracles at Delphos for the firſt time in Heroick verſe .*

CHAP-

---

6. FRATRV : MERSVS : FVST :
   Fratribus . diſperſus   fuit .

7. KVMNAKLE : INVK : VTHTVR : VAPERE :
   Pueri   dilatate   guttur   valide

8. KVMNAKLE : SISTV : SAKRE : VVEM VTHTVR
   Puerae   adeſte   facris . clamate   gutture .

9. TEITV : PVN : TES : TERKANTVR : INVMEK : SAKRE
   Manes   omnes   ter cantu (maiore)   ululate   (in) ſacris.

10. VVEM : VRTAS : PVNTES : FRATRVM : VPETVTA ;
   Clamate   Viræ   omnes   Fratrum   inauſpicata .

11. INVMEK : VIA : MERS VVA : ARVAMEN : ETVTA :
   Vlulate   Filiæ . diſperſa clamantes   arva   . everſa .

12. ERAK PIR : PERSKLV : VRETV : SAKRE : VVEM :
   deſolatum   far (nimia) ariditate   uredine   facrum . clamate .

13. KLETRA : FERTVTA : AITVTA : ARVEN : KLETRAM :
   ſpecioſi   proventus   deſiderati   in arvis   . ſpecioſa

14. AMPARITV : ERVK : ESVNV : FVTV : KLETRE : TVPLAK :
   camporum   vaſtata   funt   . fatus   ſpecioſi   duplo

15. PRVMVM : ANTENTV : INVK : VTTHVERA ; ENTENTV :
   malo exſtremo   ſubverſi (ſunt)   . clamate   gutturibus   . everſi (ſunt)

16. INVK : KAVI : FERIME : ANTENTV : ISVNT : FERETHTRV :
   clamate . exuſtione   optima   ſubverſa   funt   . proventus

17. ANTENTV : ISVNT : SV : FERAKLV : ANTENTV ; SEPLES :
   ſubverſi   funt . arbores   feraces   ſubverſæ   funt plus

18. ATHESNES : TRIS : KAVI : ASTINTV : FERETHTRV : ETRES : TRIS
   annos   tres . exuſtione   exſtincti   proventus   . alterati   tres

19. ATHESNES : ASTINTV : SV FERAKLV : TVVES : ATHESNES
   annos   . exſtinctæ   arbores feraces   fumantes   . (per) annos

20. ANSTINTV : INENEK : VVKVMEN : ESVNVMEN : ETV : AP
   exſtincta   . ululate   . fugatæ   funt   . tempore ab (illo)

                                                              21. VVKV

(51) Petav. *Doctrin. Tempor.*

de Smyrne. Or cette année (51) fut selon le Pere Petau la 168ᵐᵉ après la prise de Troye. Cette derniere époque se rapporte à 79. ans après l'expédition des Argonautes à la quelle assista Orphée , après lequel vinrent Linus, Musée & Mélampe fils d'Amithaon, qui sont reconnus pour les plus anciens Poëtes de la Grece; mais comme on peut bien croire que les lamentations Eugubiennes ne sont pas le premier Poëme qu'ayent composé les Etrusques, il s'enfuivroit qu'ils auroient eu des Poëtes avant le Regne d'Erectée, & le temps (52) où Phœmonœ rendit à Delphes pour la premiere fois des Oracles en vers Héroiques.

CHA-

---

21. VVKV   :   KVKETHES   :   IEPI   ;   PERSKLVMAR   :   KARITV   :   VVKE   :   PIR
    fugerunt   *fructus annui*   *pingues* .   *perficcata (funt)*   *dona*   .   *fugit*   *far* .

22. ASE   :   ANTENTV   :   SAKRE   :   SEVAKNE :   VPETV   :   IVVEPATRE
    aræ   *everfæ (funt)*   *facræ*   .   *tua neceffaria*   *fumme*   *Iovis Pater*

23. PRVMV   :   AMPENTV   :   TESTRV   :   SESEASA   ;   FRATRVSPER
    calamitatem   *averte*   .   *dexter*   *tua ferva*   *Fratres per*

24. ATITERIES   :   ATHTISPER   :   EIKVASATIS   :   TVTAPE   :   IIVVINA
    Sacerdotes   *Patres per*   *adparentes*   *totam per*   *Iuventutem*

25. TREFIPER   :   IIVVINA   :   TIVLV   :   SEVAKNI   :   TEITV :
    alumnam per   *Iuventam*   .   *produc*   *tua neceffaria*   *alimenta :*

26. INVMEK   :   VVEM   :   SEVAKNI   :   VPETV   :   PVEMVNE :
    Vlulate   *clamate*   .   *tua neceffaria*   *fumme*   *Paftor*

27. PVPRIKE   :   APENTV   :   TIVLV   :   SEVAKNI   :   NARATV
    publice   *depulfor*   .   *produc*   *tuam neceffariam*   *navdum*

28. IVKA   MERSVVA :   VVIKVM   :   THAFETV :   FRATRVSPE
    heu   *difperfum*   *officium*   *vide*   *per Fratres*

29. ATIIERIE   :   ATHTISPER   :   EIKVASATIS   :   TVTAPER
    Sacerdotes   *per Patres*   *adparentes*   *totam per*

30. IIVVINA   :   TREFIPER   :   IIVVINA   :   SAKRE :
    Iuventam   *alumnam per*   *Iuventam*   *facram* .

31. VATRA   :   FERINE   :   FEITV   :   ERVKV   :   ARVVIA   :   FEITV   :   VVEM
    Vivifica   *armentorum*   *fatus*   *defolatos*   *arvorum*   *fatus* .   *clamate* .

32. PERAEM   :   PELSANV   :   FEITV   :   EREREK   :   TVVA   :   TEFRA
    Adfpira   *matura*   *fatus*   *confolida*   .   *tuos*   *pauperes*

33. SPANTIMAR   :   PRVSEKATV   :   EREK   :   PERVME   :   PVRTVVITV
    penuria laborantes   *intuere*   *folida*   *profer*   *frumenti copiam* .

34. SVRVVLA   :   AR . VEITV   :   MVMEK   :   ETRAMA   :   SPANTI   :   TVVA   TEFRA
    Sirium fubtrahe   *ab*   *fœtibus* .   *epulas(offeremus)*   *trementes*   .   *omnes*   *tuos*   *pauperes*

35. PRVSEKATV : EREK   :   EREdLVMA   :   PVEMVNE   :   PVPRIKE
    intuere   .   *averte*   *averte luem*   *Paftor*   *Publice* .

---

(52) Eufeb. cit. a Petav.

C H A P T E R   II.

Of the Hiſtory of the Etruſcans, and of what we know of their Cuſtoms.

Rchitecture, Engraving of ſtones, Sculpture and moſt likely Painting, as well as Poetry, were among the Etruſcans of the higheſt Antiquity: Original as they were in every Art, they could not have borrow'd them from Greece ſtill uncultivated in a time, when (1) *according to Thucydides there was no commerce between theſe people, either by ſea or land; neither was it from Egypt that they had them, ſince* (2) *according to Herodotus, they could have no communication with that Country. Thus the learned conjectures of the Senator Buonarroti* (3) *, who imagines he ſees (by the manner in which the Antient Tuſcans have treated the Arts,) ſome traces of their Origin, which he attributes to Egypt, prove nothing more, than that Inventors having met with the ſame difficulty's in Etruria, as in Egypt, Induſtry neceſſary to ſurmount them, was obliged to employ the very ſame means, and did follow the ſame track in theſe two countrys.*

The ſame Genius which inſpired the Etruſcans with Poetry, put into their hands that precious thread which binds all the polite Arts ſo intimately together, that it ſeems, as if one was the conſequence of the precedent, and the firſt cauſe of that which is neareſt to it; ſo altogether are meerly the links of an immenſe chain, which cloſely connect Sciences, Mechanical Arts, and the Encyclopedian order, in which latter all human knowledge centers: ſome Sparks of this Genius of the Etruſcans which has reached us, enlighten ſtill the little that remains of their Hiſtory; it is not by the greatneſs of their actions, that they excite the curioſity we might have of knowing them better,

and

---

(1) Thucydid. *Hiſt. Lib. I.*
(2) On peut voir ſur cet article ce que dit M.l'Abbé Winckelmann, dans le Traité préliminaire de l'excellent Ouvrage qu'il vient de donner au

public , & qui a pour titre *Monumenti Antichi Inediti* . Nous renverrons ſouvent à cet Auteur , parce que loin de pouvoir ajouter à ce qu'il dit, nous ſommes perſuadés , qu'à moins de le copier, nous

CHAPITRE II.

De l' Hiſtoire des Etruſques , ce que nous ſavons de leurs mœurs .

A Inſi que la Poéſie , l'Architeĉture , la Gravure en pierres , la Sculpture & vraiſemblablement la Peinture, remontent chez les Etruſques à la plus haute antiquité . Originaux dans tous les Arts , ils n'ont pu les tirer de la Grece encore ſauvage dans un temps, où ſuivant (1) Thucydide, il n'y avoit aucun commerce entre ſes peuples ni par terre , ni par mer . Ce n'eſt pas non plus l' Egypte qui les leur a donnés (2), puiſque, ſuivant Hérodote, ils ne pouvoient avoir aucune communication avec elle: ainſi les doĉtes conjeĉtures du Senateur Buonarroti (3) qui croit voir dans la maniere dont les anciens Toſcans ont traité les Arts, les traces de leur origine qu'il attribue à l'Egypte, ne prouvent rien autre choſe , ſi non que les inventeurs ayant rencontré en Etrurie les mêmes difficultés qu' ils avoient trouvées en Egypte; l'induſtrie qui devoit les ſurmonter, a été obligée d'employer les mêmes moyens & de ſuivre la même voye dans ces deux pays.

Le même génie qui inſpira la Poéſie aux Etruſques, leur mit en main ce fil précieux qui lie ſi intimement tous les beaux arts, qu' il ſemble que l'un ſoit la ſuite de celui qui le précéde , & le principe de celui qui lui eſt le plus voiſin ; ainſi tous enſemble ne ſont que des anneaux d'une chaine immenſe , qui tiennent de très-près aux ſciences, aux arts méchaniques & à l' ordre Encyclopedique qui unit toutes les connoiſſances humaines . Quelques étincelles de ce génie des Etruſques parvenues juſqu'à nous répandent encore une foible lumiere ſur le peu qui reſte de leur Hiſtoire: ce n'eſt pas par la Grandeur de leurs aĉtions qu'ils excitent la curioſité que nous aurions de les connoître mieux, & l'intérêt que

Vol. I.   o   nous

---

nous ne pourrions pas dire auſſi bien que lui ; Et nous penſons qu'également ſatisfaiſant pour les Savans & les Gens de goût , ſon livre qui contient ce que l'on a écrit de plus ſolide & de mieux rai-

ſonné ſur l'Art des anciens , eſt auſſi ce qu'on a fait juſqu'à préſent de plus capable de perfeĉtionner celui des Modernes .

(3) Supplement. ad Dempſt.

and the intereſt we take in them, but by the monuments they have left us, without which they would have remain'd buried in oblivion, in the ſame manner as the Auſones, the Euganians, the Opicians and the Aborigenes ; The Hiſtory of theſe Nations almoſt unknown as that of the people who compos'd them, has been a Mixture of good and bad ſuccefs, of diſaſters and profperity's which ſucceeded one another Alternately ; they have made Peace and War, have had Valiant, Wiſe and Powerfull men to govern them, but as there remains no teſtimony of their Genius, either in the Arts or in the Sciences, they have left behind them only an almoſt unknown name, and have diſappear'd from the face of the earth like the days in which they exiſted. If we have not as much light as we could wiſh, into the means the Etruſcans made uſe of, either to augment their power, or to perfect themſelves in the Arts ; it is owing to the lofs of their Language, (which, as we have already ſaid, confounded itſelf with that of the Romans), of their Writings neglected by the barbarous people who ſucceeded them, and laſtly of almoſt all their publick Monuments, ſo that the Greeks moſt probably have not been able to find memorials relative to them, ſufficient for the compoſition of a connected Hiſtory.

On the other hand, having been long under ſubjection to the Romans, and exiſting no longer as a governing, or at leaſt a free people, the Etruſcans had ceas'd to be an object of attention to their Conquerors, who Iealous of the Glory of the Nations they had ſubdued, ſeemed to make it a Study to deſtroy the Memory of them.

We know however that Etruria, tho' inclos'd between the Inferiour ſea and the Appenine Mountains, notwithſtanding all her loſſes, ſtill occupied towards the time of Romulus all that ſpace between the Tyber and Liguria. She enjoy'd her liberty (4) under the command of Princes whom ſhe conſider'd only as Magiſtrates, ſubject themſelves to a King (5) the election of whom depended upon all her Lucumonies. Iealous of that precious liberty which ſupplied the place of her antient Power, and which without doubt was more valuable, ſhe defended it to the time,

of

---

(4) Dionyſ. Halic. Antiq. Rom. Lib. VI.

nous prenons à eux , mais par les monuments qu'ils nous ont laissés
fans lesquels ils demeureroient enfevelis dans l'oubli , anfi que les
Aufones, les Euganiens, les Opiciens & les Aborigenes; la Vie de ces
nations prefque ignorées , comme celle des hommes qui les compofoient, a été un mélange de bons & de mauvais fuccès , de défaftres
& de profpérités qui fe font fuivies alternativement, elles ont fait la
paix & la guerre, ont eu des hommes courageux, habiles & puiffants
qui les ont gouvernées; mais comme il n'eft refté aucun témoignage de
leur génie, ni dans les arts ni dans les fciences, elles n'ont laiffé après
elles qu'un nom prefque inconnu , & ont difparu de la terre comme
les jours dans lesquels elles ont exifté . Que fi nous n'avons pas autant de lumieres que nous le défirerions fur les moyens que les Etrufques ont employés foit pour augmenter leur puiffance , foit pour se
perfectionner dans les arts, c'eft que la perte de leur langue qui comme nous l'avons dit se fondit dans celle des Romains, de leurs ecrits
négligés par les peuples barbares qui leur fuccéderent, enfin celle de
prefque tous leurs monumens publics a vraifemblablement laiffé aux
Grecs trop peu de mémoires fur ce qui les regardoit pour qu'ils ayent
pu en compofer une hiftoire fuivie .

    D'un autre côté affujettis depuis long-temps aux Romains , &
n'exiftant plus comme peuples dominans , ou du moins libres , les
Etrufques avoient ceffé d'être un objet d'attention pour leur vain-
queurs qui jaloux de la gloire des nations qu'ils avoient foumifes,
fembloient s'être fait un étude d'en éteindre la mémoire .

    Nous favons cependant que non-obftant toutes fes pertes , l'Etru-
rie vers le temps de Romulus renfermée entre la mer inférieure & les
montagnes de l'Appennin, occupoit encore tout l'efpace qui eft entre
le Tybre & la Ligurie. Elle jouiffoit de fa liberté (4) fous le commandement de princes , qu'elle ne confidéroit que comme des magi-
ftrats affujettis eux mêmes à un Roi (5), dont l'élection dépendoit de
toutes fes Lucumonies . Jaloufe de cette précieufe liberté qui lui tenoit lieu de fon ancienne puiffance , & valoit fans doute beaucoup
mieux,

---

(5) Idem *Lib. I. conf. Lib. VII.*

of the War with the Marfes, when she ended by being reduced into a Roman Province, towards the year 404. of the foundation of Rome.

We have hitherto feen three diftinct epochs among the Etrufcans; the firft comprehends the time of their dominion over all Italy; in the fecond they enjoy'd independency, and were govern'd only by Princes, whom they chofe for themfelves. The third is counted from the time when yelding to that force which conquer'd almoft all the known World, they became fubject to a Nation whom they had inftructed, and whofe Power prevailed over all others. It is to the two firft of thefe epochs that we muft attribute what Diodorus Siculus fays of the Antient Tufcans (6). " *The Thyrrenians (fays this Author) commendable in former*
„ *times for their valour, have been the Poffeffors of a great Country,*
„ *and the founders of feveral Citys; for they had a very powerfull*
„ *Fleet which render'd them Mafters of the Sea; they gave their*
„ *name to that which borders Italy; they were the inventors alfo of an*
„ *excellent Trumpet which they made ufe of in their Land Combats,*
„ *and was call'd Thyrrenian from their name: to augment the Di-*
„ *gnity of their Generals, they gave them Lictors, the Chariot of*
„ *Ivory, and the Purple Robe; they were the firft who thought of*
„ *building Porticos before their houfes, a convenient invention to keep off*
„ *from the mafter the noife of paffengers, flaves and other fervants:*
„ *the Romans who have imitated them in feveral things, have taken*
„ *from them this Idea and have carried it to a high degree of magni-*
„ *ficence. The Tufcans applied themfelves with great care to the ftudy*
„ *of the Belles Letters and Philofophy; but they applied themfelves*
„ *more particularly than other nations to the knowledge of prognoftica-*
„ *tions drawn from Thunder & Lightening, and even to this prefent*
„ *time, the Chiefs of all other Nations have always refpected, and*
„ *have ever had recourfe to them, for the interpretation of the Claps*
„ *of Thunder they had heard*". *It is perhaps from Afia and from the Mæonians that the Etrufcans had taken this fpirit of Super-*
ftition,

---

(6) Diod. Sic. *Hift. Lib. V.*

mieux , elle la defendit jufqu'aux temps de la guerre des Marfes, où elle finit par être réduite en province Romaine vers l'an 404. de la fondation de Rome.

Nous avons vu jufqu'à préfent trois Epoques bien marquées chez les Etrufques, la Premiere comprend le temps de leur domination fur toute l'Italie , dans la Seconde ils jouiffoient de l'indépendance , & n'étoient gouvernés que par des princes qu'ils fe choififfoient. La Troifieme compte du temps où cédant à la force qui conquit prefque tout le monde connu, elle devint fujette d'une nation qu'elle avoit inftruite, & dont la puiffance prévalut fur toutes les autres. C'eft aux deux premieres de ces époques, qu'il faut attribuer ce que Diodore de Sicile rapporte des anciens Tofcans (6). " Les Thyrréniens dit cet Auteur, recom-
„ mandables autrefois par leur valeur, ont été poffeffeurs d'un grand
„ pays & fondateurs de plufieurs villes : comme ils avoient une flotte très-
„ puiffante qui les rendoit maîtres de la mer, ils donnerent leur nom à
„ celle qui borde l'Italie; ce font eux auffi qui pour les combats fur
„ terre ont inventé une trompette excellente & qui fut nommée Thyr-
„ rénienne de leur nom. Pour relever la dignité de leurs généraux,
„ ils leur donnerent des licteurs , le chariot d'yvoire & la robe de
„ pourpre; ils ont imaginé les premiers de faire conftruire des porti-
„ ques devant leurs maifons , invention commode pour éloigner le
„ bruit que font d'ordinaire le peuple qui paffe , les efclaves & les
„ autres domeftiques du maître . Les Romains qui les ont imités en
„ plufieurs chofes, ont pris d'eux cette idée & l'ont portée à une gran-
„ de magnificence. Les Tofcans fe font appliqués avec foin à l'étude
„ des belles lettres & à la Philofophie: mais ils fe font adonnés plus
„ particulierement que les autres peuples, à la connoiffance des pré-
„ fages qui fe tirent de la foudre. Auffi jufqu'à préfent les chefs de
„ toutes les autres nations les ont toujours refpectés, & ont toujours
„ eu recours à eux pour l'interprétation des coups de tonnere qu'ils
„ avoient entendus". C'eft peut-être de l'Afie & des Mœoniens que les Etrufques avoient pris cet efprit de fuperftition qu'ils communiquerent enfuite à leurs voifins ; ou du moins c'eft à lui qu'il faut attribuer ces facrifices barbares , qu'ils fouilloient du fang des hommes

ftition , which they communicated afterwards to their neighbours , or at least it is to them that we muſt attribute thoſe barbarous Sacrifices , they defil'd with human blood, and which they thought might be agreable to the Gods (7). In the punishments they inflicted upon their Criminals, they shew'd that Cruelty , which fanaticiſm authoriſed , as they did alſo in their publick Shews, which with them made a part of their religion . Tertullien (8) reproaches them (9), as being the inventors of the Combats of the Gladiators , and it was by them that thoſe bloody Feſtivals were introduced at Rome, which the ſons of Brutus gave for the firſt time in the Forum Boarium , in honor of the memory of their father . This cuſtom however was not peculiar to Etruria ; for Homer (10) repreſents Achilles ſacrificing twelve Trojans upon the Tomb of Patroclus, and the Pious Eneas (11) ſent Captives to King Evander , to be ſacrificed to the Manes of his ſon Pallas . The Augural Ceremonies , as well as the greateſt part of the Religious Rites (12), which Numa Pompilius preſcribed to the Romans , were taken from the Etruſcans (13), from whom his Succeſſor borrow'd the ornaments of Royalty , which under the Republick became thoſe of the Magiſtracy .

The Etruſcans partly deſcended from the Lydians , retained the taſte of their Anceſtors for Games , of which it is ſaid, they were the inventors (14), and which indeed bore among the Greeks and Romans a name deriv'd from their's: The Races of the Circus, and the exerciſes of the Manege , or riding , were held in honor by the Tuſcans , for which reaſon repreſentations of theſe ſort of exerciſes are often found upon the engraved Stones and in Baſſorilievo's which we have from them : we find in Valerius Maximus (15) that the Hiſtrioni , or Scenick Players , were ſo called, from a cer-

tain

(7) Dempſter Vol. I. Muſæum Etruſc. Vol. III.
(8) Tertull. de Spect. Lib.VII. Ath. Lib.IV. pag. 193.
(9) Val. Max. Lib. II. de Spect.
(10) Iliad. XXIII.
(11) Eneid. XI.
(12) Dionyſ. Halic. Lib. II.
(13) Dionyſ. Halic. Lib. III. T. Liv. Lib. I. & II.
(14) Tertull. de Spect. Heſych. P. 137.
(15) Val. Max. de Spect. Lib. II. Tite Live rapporte ſur cet article des choſes curieuſes que je

vais renfermer dans cette note pour éviter d'être trop long . Ludi quoque ſcenici , nova res bellicoſo populo (nam circi modo ſpectaculum fuerat) inter alia cæleſtis iræ placamina inſtituti dicuntur . Ceterum parva quoque (ut ferme principia omnia) & ea ipſa peregrina res fuit . Sine carmine ullo , ſine imitandorum carminum actu , ludiones ex Etruria acciti , ad tibicinis modos ſaltantes haud indecoros motus, more Tuſco dabant. Imitari deinde eos juventus, ſimul inconditis inter ſe jocularia fundentes verſibus , capere; nec abſoni a voce motus erant . Accepta itaque res , ſæpiuſque

mes (7) & qu'ils croyoient pouvoir être agréables aux Dieux . Ils portoient dans les peines qu'ils infligeoient aux criminels, cette atro-cité qu'autorisoit le fanatisme , de même que dans les spectacles qui chez eux faisoient partie de la religion; Tertullien (8) leur reproche l'invention des combats de gladiateurs; & c'est par eux, que s'intro-duisirent dans Rome ces fêtes (9) sanglantes que les fils de Brutus fi-rent voir la premiere fois dans le Forum Boarium, pour honorer la mémoire de leur pere . Cette coutume n'étoit pourtant pas particu-liere à l'Etrurie, car Homere (10) représente Achille immolant douze Troyens sur le tombeau de Patrocle , & le pieux Enée (11) envoya des captifs au Roi Evandre, pour être sacrifiés aux mânes de son fils Pallas . Les cérémonies augurales , ainsi que la plus grande partie des rites religieux (12) que prescrivit Numa Pompilius aux Romains, étoient pris des Etrusques , desquels son successeur (13) emprunta les ornemens de la Royauté , qui sous la République devinrent ceux de la Magistrature .

En partie descendus des Lydiens , les Toscans conserverent le goût de leurs ancêtres pour les jeux dont on dit qu'ils furent les in-venteurs, & qui en effet portoient (14) un nom dérivé du leur chez les Grecs & chez les Romains. Les courses du Cirque & les Exercices du manege furent en honneur chez les Etrusques, c'est pourquoi ces sortes de Jeux se trouvent souvent représentés sur les pierres gravées & les Bas-reliefs que nous tenons d'eux. On trouve dans Valere Maxime (15) que les Histrions furent ainsi appellés d'un certain Ludius Histrio

que

---

piusque usurpando excitata , vernaculis artificibus; quia hister Tusco verbo ludio vocabatur , nomen histrionibus inditum: qui non, sicut ante, Fescen-nino versu similem incompositum temere ac rudem alternis jaciebant ; sed impletas modis saturas, de-scripto jam ad tibicinem cantu , motuque congruen-ti, peragebant. Livius post aliquot annos, qui ab saturis ausus est primus argumento fabulam serere, (idem scilicet, id quod omnes tum erant, suorum carminum actor) dicitur , quum saepius revocatus vocem obtudisset , venia petita puerum ad canen-dum ante tibicinem quum statuisset, canticum egis-se aliquanto magis viginti motu, quia nihil vocis usus impediebat , inde ad manum cantari histrio-nibus coeptum , diverbiaque tantum ipsorum voci

relicta . Postquam lege hac fabularum ab risu ac soluto joco res avocabatur , & ludus in artem paulatim verterat ; juventus , histrionibus fabella-rum actu relicto , ipsa inter se more antiquo ri-dicula intexta versibus jactitare coepit : quae inde exodia postea appellata , consertaque fabellis po-tissimum Atellanis sunt . Quod genus ludorum ab Oscis acceptum tenuit juventus ; nec ab histrioni-bus pollui passa est . Eo institutum manet , ut actores Atellanarum , nec tribu moveantur , & pendia tanquam expertes artis ludicrae faciant . Inter aliarum parva principia rerum , ludorum quoque prima origo ponenda visa est : ut appare-ret : quam ab sano initio res in hanc vix opu-lentis regnis tolerabilem insaniam venerit .

tain Ludius Hiftrio brought by them from Etruria to be shewn to the Roman People , whom he greatly entertain'd by the agility of his motions .

If it be true , that the Phenicians formerly came to feek eftablishments in Italy ; if they landed , as we believe , in countrys uncultivated before their arrival ; if in short they were the fame People who mixed with Pelafgians , Lydians and perhaps with many other nations , were afterwards known under the names of Thyrrenians , Tufcans or Etrufcans , we muft difcover by the Geography of the places they inhabited , and to which they gave without doubt names taken from the language they fpoke ; as alfo by the little we know of their Religion and Cuftoms , we may find fome traces of thofe which they brought from Phenicia . Thefe traces , this glimmering light , our only guides through the darknefs of thofe remote ages , and the obfcurity of hiftory , are for this purpofe monuments fo much the more precious , as they are the more capable of fupplying it's defeEts : For it is certain , that as to the Origin of the antient nations , the firft Hiftorians could only colleEt uncertain traditions and opinions abfolutely doubtful .

In the fragments of Sanchoniaton translated by Philon of Biblos ; and preferved by Eufebius , we learn that the Phenicians afferted , that Erebus and Cabos had preceeded the Creation of the Univerfe ; that from the Womb of darknefs and confufion iffued forth the matter , which the Wind or the Breath of God had animated ; we difcover in that Cofmogony the Principles of that which Hefiod fung in Greece , and the very fame words which he made ufe of many ages after Sanchoniaton . The Etrufcans originally defcended from Phenicia ufed the fame Cofmogony (16), and confidered God according to Seneca , as the foul of the World (17) . It was that God (fays one of their Hiftorians quoted by Suidas) who created the Univerfe in twelve thoufand years , fix thoufand of which had been employed in appointing a place and time for each of the things to which he had given exiftence : Man who was the laft of his works was

like

---

(16) Senec. *Quæft. Natur.-Lib. II. cap.* 45. Eft enim ex quo nata funt omnia , cujus fpiritu vivimus , vis illum vocare Mundum? non falleris, ipfe enim eft totum quod vides, totus fuis partibus inditus,

que l'on fit venir d'Etrurie afin de le donner en fpeétacle au peuple
Romain qu'il amufa beaucoup par l'agilité de fes mouvemens .

S'il eft vrai que les Phéniciens foient autrefois venus chercher des
établiffemens en Italie , s'ils y aborderent , comme nous le croyons,
dans des pays incultes avant leur arrivée, fi enfin ce furent eux, qui
mêlés avec les Pélafgues, les Lydiens, & peut-être encore avec d'autres peuples , furent dans la fuite connus fous les noms] de Thyrréniens , de Tofcans , ou d'Etrufques; nous devons découvrir dans la
Géographie des lieux qu'ils habiterent , & auxquels ils donnerent fans
doute des noms pris de la langue qu'ils parloient, de même que dans
le peu que nous favons de leur Religion, & de leurs coutumes, quelques
veftiges de celles qu'ils apporterent de Phénicie . Ces veftiges, cette
foible lueur, qui feuls peuvent nous conduire dans la nuit de ces temps
reculés, & l'obfcurité de l'hiftoire, font des monumens d'autant plus
précieux pour elle, qu'ils font plus capables de fuppléer à fon défaut;
car il eft certain que dans ce qui regarde l'origine des anciennes nations , les premiers hiftoriens ne purent recueillir que des traditions
incertaines, ou des opinions abfolument douteufes .

Dans les fragmens de Sanchoniaton traduits par Philon de Biblos, & confervés par Eufebe, nous apprenons que les Phéniciens affuroient, que l'Erebe & le Cahos avoient précedé la création de l'Univers , que du fein de la nuit & de la confufion , fortit la matiere
que le vent ou le fouffle de Dieu vint animer . On reconnoit dans
cette Cofmogonie , les principes de celle qu'Héfiode chanta dans la
Grece & les mots mêmes , qu'il employa bien de fiecles après Sanchoniaton ; Originaires de Phénicie , les Etrufques employerent la
même Cofmogonie: & (16) felon ce que dit Seneque, ils regardoient
Dieu comme l'ame du monde (17) . C'étoit lui qui fuivant un de
leurs Hiftoriens cité par Suidas, avoit crée l'univers en douze mille
années, fix mille defquelles avoient été employées à affigner une place & un temps à chacune des chofes auxquelles il avoit donné l'être:
l'homme qui étoit le dernier de fes ouvrages , devoit comme eux fi-

Vol. I. q nir

ditus, & se fuftinens vi fua . Idem & Etrufcis vi-
fum eft.

(17) Suidas , art. Tuḟḟηνία Tom. II.

like them to ceafe after twelve thoufand years, the term appointed for the end of all things. The deſtruction and fucceſſive renovation of all beings were to happen in the Cycle which they called the Great year: Signs with which thofe who were converfant could forefee, preceeded each of thefe revolutions; during which there had exifted People of a very different life and manners, and they affirmed, that thofe of their time were lefs agreable to the Gods, than thofe who had lived before them: The greateſt part of thefe opinions, which were thofe of the Phenicians, and Egyptians, pafs'd over likewife to the Greeks, to whom Orpheus taught them, and they are found in Ariſtotle, Plutark, as alfo in Cicero, Seneca, and even in Virgil.

Sanchoniaton relates that the Phenicians facrificed at all times to the Elements and Winds; Their Worſhip of them was the origin of that of Veſta, of the Earth &c., which the Etrufcans tranfmitted to the Sabines, and thefe to the Romans: The Winds confidered as Genii, as alfo the Gods who were look'd upon as inhabitants of the Air and Sky, were reprefented by the Etrufcans with Wings (18). They had Winged Minervas, Venuffes and Dianas; Medufa and the Furys themfelves were reprefented with thefe attributes, which the Greeks feldom gave except to Victory, to Love, and fometimes to Diana, to Sphinxes and to the Winds (19), as may be feen upon the Tower of Andronico Cyrrhetes, ſtill exiſting in Athens (20). From thence came that prodigious quantity of Genii, which are fo often found upon the Etrufcan Monuments, as alfo upon the Phenician or Punic Medals: The Genii, that are to be feen upon thefe Medals, have commonly four Wings (21), two of which are faſtened to their fides, and the other two to their shoulders. The Etrufcan Artiſts, who fuppreffed the former, preferved the latter, as giving doubtlefs more Grace to their figures.

The Iſlands, Rivers, Mountains, Citys, and the moſt remarkable Places of Campania, which by the fertility of its foil, and the delightfulnefs of its climate was called happy, had even in the time of the habitation

of

---

(18) Defcript. des Pierres Gravées du feu B. Stoch par M. Winckelmann *Claſſe* 2. *Pag.* 54.

(19) Vitruv. *Lib. I. Cap.* 6.
(20) The Antiquities of Athens *Chap. III.*

nir au bout des douze mille ans affignés pour être le terme de toutes chofes . La deftruction & la rénovation fucceffive de tous les
êtres devoit se faire dans le Cercle qu'ils appelloient la Grande Année ; des fignes que ceux qui en étoient inftruits pouvoient prévoir,
précédoient chacune de ces révolutions , pendant lesquelles il y avoit
eu des hommes de vie & de mœurs bien differentes, & ils affuroient
que ceux de leur temps étoient moins agréables aux Dieux, que ceux
qui avoient vécus avant eux. La plus grande partie de ces opinions
qui étoient celles des Phéniciens & des Egyptiens , paffa auffi chez
les Grecs, à qui Orphée les enfeigna, & l'on les retrouve dans Arif-
tote, dans Plutarque ainfi que dans Ciceron, dans Séneque & même
dans Virgile .

Sanchoniaton rapporte que de tous temps les Phéniciens facri-
fioient aux élémens & aux vents , le culte qu' ils leur rendoient fut
l'origine de celui de Vefta, de la Terre &c.; qui des Etrufques paffa
chez les Sabins, des quels les Romains l'emprunterent ; les Vents con-
fidérés comme des Génies , ainfi que les Dieux que l'on regardoit
comme des habitans de l'Air & du Ciel , furent repréfentés par les
Etrufques avec des ailes (18). Ces peuples eurent auffi des Minerves,
des Vénus , des Dianes ailées : Médufe , & les Furies mêmes furent
repréfentées avec ces attributs que les Grecs ne donnerent guere qu'à
la Victoire, à l'Amour, & quelquefois à Diane aux Sphinx & aux
Vents (19) comme on le peut voir fur la Tour d'Andronic Cyrrhetes qui fubfifte encore à Athenes (20) . Delà vint cette prodigieufe
quantité de Génies que l'on rencontre fréquemment fur les monumens
des Etrufques, de même que fur les médailles Phéniciennes ou Puni-
ques (21): les Génies qu'on voit fur ces médailles ont ordinairement
quatre ailes, deux des quelles font attachées aux flancs , & les deux
autres aux épaules ; les artiftes Etrufques qui fupprimerent les premieres, conferverent les fecondes, fans doute par ce qu'elles donnoient
plus d'agrément à leurs figures .

Les Isles, les Fleuves, les Montagnes, les Villes & les Endroits les
plus

---

(21) Differt. dell'Abbat. Ridolf. Venut. fopra alcune Medaglie Maltefi.

of the Greeks Phenician names , which according to the spirit of the Antient languages of the East indicated Clearly the Propertyes of the Places which bore those names (22) . *These titles , the greatest part of which still sub-*

fists ,

---

(22) Nous allons donner quelques exemples de ceci ; on fait que ce qu'il y a de plus remarquable dans la Campanie , c'est assûrément le Vésuve dont la cendre fertilise tout le pays , mais dont les éruptions détruisent quelquefois les territoires qui lui sont voisins : il est certain que comme l'Etna , il a eu autour de lui d' autres petits Volcans qui ne subsistent plus , mais dont l'existence passée est affirmée soit par les auteurs anciens, soit par les traces qu'ils ont laissées après eux, & dans lesquelles on ne peut s'empêcher de reconnoître l'opération du feu . Or les uns & les autres de ces Volcans, comme les lieux qui les environnent, sont dépeints dans les noms Phéniciens dont les Grecs conserverent les élémens . Ainsi le Vesuve , qui vraisemblablement jetoit des flammes dès le temps que les Phéniciens lui imposerent le nom qu'il porte encore , est rendu par un mot qui signifie ubi flamma. Il semble que parla on vouloit désigner le foyer de tous les Volcans de la Campanie . Enseveli depuis l'an 79. de J. C. Pompeia qu'aujourd'hui on travaille à déterrer , avoit peut-être été la bouche d'un de ces Monticules qui s'élèvent quelquefois aux pieds du Vésuve , jettent du feu comme lui, & se détruisent à la longue: j'ay remarqué que l'on trouve depuis le sommet de cette Montagne jusques vers sa base, des Cavernes profondes , sortes de Vomitoires ou d' Emissaires que l'Explosion de l'air raréfié par les Torrens du feu souterrain ouvrent quelquefois ; ces Vomitoires auxquels il paroit qu' on n'a jammais fait attention , méritent cependant une considération particuliere ; car lorsque la lave court sous terre , ils servent de passages à des nuages épais d'une noire fumée , qui chargée de matieres bitumineuses sort périodiquement comme de la bouche d'un mortier, & fait un bruit qui ressemble quelquefois à celui de la Bombe , quelquefois à des raffales de vent qui dans un gros temps agiteroient la grande voile d'un vaisseau; si l'air souterrain ne rencontroit ces voyes , ou s'il ne pouvoit se les ouvrir , il seroit contraint d'ébranler dans tous sens & avec une force immense les parois des canaux qui le contiennent , ce qui causeroit des tremblemens de terre d'autant plus violents, que la route du feu seroit plus profonde , plus étendue , plus tortueuse , & que le volume même de la matiere enflammée seroit plus considérable, comme plus chargé de parties martiales & nitreuses capables de détonation, parcequ'elles renferment beaucoup d' air dans un espace très-petit; car les tremblemens de terre suivent la raison composée des différentes forces motrices qui les occasionent & des divers genres de

résistances qu'elles rencontrent . J'ai compté jusqu'à sept de ces émissaires répandus dans un espace d'environ deux milles pendant l'éruption de 1766.C'est leur grand nombre qui sans doute fut cause du peu de secousses qu' essuyerent les terres pendant cette éruption . Peut-être le Terrain de Pompeia qui certainement s'est élevé sur d'anciennes laves, a-t-il eu quelques uns de ces Emissaires remarquables , que l'on reconnoit dans le nom Phénicien qui le désigne & qui signifie Os flamma. Herculaneum si renommé par les beaux monumens qu' on en a recouvré , est exprimé par un nom qui signifie ardens igne . On fait en effet par des fouilles faites un peu au dessous de cette ancienne Ville , qu'elle étoit batie sur des laves, comme Portici & Résina le sont aujourd'hui sur celles qui recouvrent une partie d'Herculaneum même . L'Isle d'Ischia où l'on voit les traces de deux Volcans , & qu'à cause d'eux on appelloit les Pythecuses est rendue par Expandens Ignem . Le nom du mont Epomeus le plus grand des deux Volcans de cette Isle revenoit au mot de Carbo ; enfin Hamas fameux par la deffaite des alliés d'Annibal , & dans le Voisinage duquel on voit effectivement des terres brulées & comme des restes de Volcan , est exprimé par le mot Calor . L'Ætna même signifie fornax en Phénicien .

Il y avoit dans la Campanie des terres remarquables , les unes par leur richesse singuliere qui selon Pline passoit celle de tout le reste de cette Province, on les appelloit Laboriæ ou Campi Laborini , d'où est venu le nom de *Terra di Lavoro* ; les autres plus sujettes aux tremblemens de terre , & aux violentes agitations causées par les feux souterrains qui se montrent dans tous ces pays , alloient du Vésuve en suivant les Montagnes de la Solfatara vers la forêt de Hamas , & se terminoient dans le territoire de Cumes . On prétendoit que les Géants s'étoient battus dans celles-ci , & Strabon dit qu'elles excitoient aux combats ; c'est pourquoi on les appelloit Phlegræenes, expression qui répond dans la langue Orientale à Mira Contentio . Comme Laborinus Campus signifie ad Opimum , ad pingue . C'est au Voisinage de ces terres , que le Gaurus autrefois célebre par ses vins , domine sur toutes les Montagnes qui sont autour de lui, aussi fut il appellé Mons Princeps ou Præcellens . Plus humble , le Sebete petit fleuve qui roule les ondes , dans un terrain uni à l'Occident du Vésuve dont il est éloigné d'environ quatre milles, a un cours si Tranquille, qu'à peine l'œil qui le suit peut s'appercevoir du mouvement qui l'entraine vers la mer , ce qui lui fit don-

plus remarquables de la campagne que la fertilité de son térritoire, & l'aménité de son climat ont fait appeller heureuse, portoient du temps même que les Grecs l'habitoient, des noms Phéniciens qui suivant le *Vol. I.* r génie

donner le nom de QUIETUS par les Phéniciens; le SARNE bien plus rapide en son cours descend des Monts Thysates si renommés par les Campemens d'Annibal, parcourt la plus belle partie de la Campagne heureuse, augmente considérablement ses eaux de celles que lui fourniflent les rochers de Sarne, & vient en ferpentant arrofer les plaines délicieuses qui font à l'Orient du Véfuve & reflemblent par leur beauté aux jardins d'Alcinous; c'est pour cela que les Phéniciens l'appellerent LOCUS PINGUIS. Ce fleuve va se jeter dans la mer non loin de Stabbies où mourut Pline le naturaliste; cette ville Ruinée par Silla & détruite par les Ponces légeres que le Volcan bien qu'éloigné de plus de sept milles à portées jusqu'à elle, étoit située en partie sur un Monticule, en partie dans la plaine qui termine le fond du Golphe de Naples, elle occupoit fans doute un terrain sujet aux inondations, soit des eaux qui descendent à grands flots & se précipitent des Montagnes voisines, soit de la Mer qui n'en est pas éloignée, & qui lorsque le Véfuve en fureur vient l'émouvoir, peut étendre ses flots jusqu'à elle, ce qui lui fit donner le nom d'INUNDATA, comme ayant les eaux à ses portes. C'est ainsi qu'à cause de la forêt située entre la Mer & tout près de l'ancienne MINTURNES connue par les avantures & la fuite de Marius, cette Ville fut appellée A LUCO, dénomination qui indiquoit sa position au fortir du bois de la Nymphe Marica, duquel on fe faifoit un point de Religion de ne rien emporter de ce qui y étoit entré une fois. Il en étoit de même de la dénomination de LINTERNUM dont Virgile appelle le Territoire *lentifciferum*. C'est là qu'étoit la forêt qu'on appelloit Gallinaria & LINTERNUM signifioit ad GALLINAM.

Le Liris coule entre Linternum & Formies que les anciens appelloient FORMIÆ, ou HORMIÆ, c'est aujourdhui Mola, située dans une gorge étroite entre la mer & l'extrêmité des monts Mafliques renommés par leurs Vignes chantées par Horace, Ovide, Catulle & Silius Italicus; cette position qui la rend si propre à placer une ambuscade, la fit appeller par les Phéniciens d'un nom qui correspond au Latin DOLUS ou INSIDIÆ; & comme les Leftrigons qui l'habitoient étoient un peuple allez méchant, cela fit naître à Homere l'idée de la fable qu'il rapporte dans le dixieme livre de fon Odiflée & des embuches tendues à Ulifle & à fes Compagnons; vis-à-vis de là est placée GAETE, fur un rocher tellement difpofé que l'on ne peut y aborder qu'en traverfant le golphe qui la fépare de Mola: je n'y ai été qu'une feule fois,

mais c'en est affez pour juftifier fon étimologie qui l'appelle URBS TÆDII; on y envoye aujourd'hui les prifoniers d'Etat, & Virgile en a fait le Tombeau de la nourrice d'Enée, fans doute à caufe qu' elle a l'air d'un Sepulcre. Quant à l'Ifle de CIRCE dont le nom fignifie QUÆ INVOLVIT: la hauteur des rochers dont elle eft environnée, l'aménité de fon territoire, la beauté de fes payfages, & fur tout la difficulté d'en fortir que j'ai éprouvée, a fans doute fait imaginer l'hiftoire de Circé que Homere a fi bien rendue. Je me trouvai pendant un gros temps, dans une très petite barque fous les Roches taillées en pic qui bordent cette Isle devenue un Promontoire, les flots qui entroient avec impetuofité dans les finuofités de ces Roches, les Vents qui gonfloient les vagues de la mer, le bruit qu'elle faifoit en fe brifant contre fes rivages, l'agitation des arbres dans le filence d'une nuit très profonde, formoient des fons affez reflemblants aux mugiflements des troupeaux: mais lors que le foleil du jour fuivant, vint de fes rayons éclairer le fommet Efcarpé de cette Montagne qui s'élève par deflus toutes les autres, le temps le plus ferein qui avoit pris la place de la Tempête, & la beauté de cette côte, me rappellerent la raifon pour laquelle Homere en a fait le féjour de Circé la brillante fille du Soleil, Chez laquelle fes compagnons furent changés en pourceaux. Rien ne peint plus vivement le Spectacle que j'avois fous les yeux, que le paflage de ce Poëte que je lus alors avec le plus grand plaifir; & il faut avouer que la Mytologie des Grecs eft remplie de fictions qui vivifient toute la nature: leurs Théologiens étoient Poëtes, mais ceux des Etrufques qui habitoient les pays dont j'écris & celui qui eft au delà de Rome, avoient l'imagination bien plus lugubre, & contoient des miracles moins amufans. L'hiftoire de leur Tagés qui compofa les livres Acherontiques & ceux qui traitoient de la doctrine des Harufpices, eft aflurément une des plus Extravagantes chofes que l'efprit humain ait pu inventer; je ne dis pas croire, car après qu'on a parcouru les Religions des Payens tant anciens que modernes, on ne fait ni ou peut aller la crédulité des peuples, ni où peut s'arrêter l'impertinence de ceux qui les aveuglent fous prétexte de. les éclairer. Aufli Ciceron difoit-il en parlant de la naiflance de ce Dieu Tagés; *fed ego infipientior quam ipfi qui credunt ifta, qui quidem contra illos difputem*.

L'Ifle de Procida anciennement PROCHITA, étoit felon l'opinion des anciens attachée au continent, par l'effet d'un tremblement de terre, & fon

fifts , ought to be confidered as authentick monuments of the refidence of the Phenicians in Italy ; yet it appears as if they had been unknown to Greeks and Romans , and this without doubt was occafioned , by reafon , that the language of the Phenicians being once corrupted , the former fignification of things ceafed to be underftood by thefe People , and reprefented only the fimple denominations of objects . We are indebted to the learned Author of the Phenician Colonys (23) for the difcovery of thefe Monuments after fo many ages , which difcovery proves the Origin of a part of the Citys of Campania , and points out its firft inhabitants . We shall make it afterwards appear , that this may further help towards the difcovery of the road taken by the Phenicians , when from the Coafts of Afia they came to eftablish themfelves in the Country where they were afterwards called Thyrrenians or Etrufcans .

Cuma founded undoubtedly by thefe people , took its (24) name from the Hill on which it was built . The antient medals of this City are ftamped with the Ebon , an ox with a Human face , which Naples and Pozzuolo , after the example of their Metropolis , preferved upon their coins , in the fame manner as Carthage continued upon its medals

the

---

fon nom correfpondoit au mot Exscindere , d'où il n'y a pas loin jufqu' à Excifa. & delà jufqu' au Cap de Misene qui n'en eft diftant que d'un mille & demi ; à l'extremité de ce Cap s'éleve un Eceuil tres-haut & taillé en pointe , c'eft ce qui la fait appeller du nom qu'il porte , & qui correfpond à Scopulus acutus . De ce Rocher Virgile a fait un Héros trompette & ami d'Enée ; c'eft fur ce rocher même qu'il étoit affis, lors qu'il défia Triton de fonner de la trompette avec lui : la forme de cette Montagne qui de loin reffemble à un tombeau à la maniere des anciens , donna au Poëte l'idée d'en faire le Sépulcre de Miféne . C'eft ainfi que les Syrenuses ou Isles des Sirenes qui font près du Promontoire de Leucofia , furent appellées Luctuosus Strepitus ; parceque n'étant que des Roches très-voifines les unes des autres, les vagues de la mer qui s'engouffrent dans les efpaces étroits qui font entre ces Isles , y rendent un fon qui reffemble à des chants funebres. Comme ces écueils abfolument dépouillés de verdure étoient à craindre pour les petites barques qui fouvent y faifoient naufrage , Homere feignit que leur blancheur étoit occafionée par les offemens de ceux qui y avoient péris, attirés par les chants des Sirenes . La fable de Caribde , gouffre dangereux produit par une Caverne profonde , dans laquelle les eaux de la mer

fe jettent en tournoyant , entrainent quelquefois les petits navires qu'elles font périr à la vue du Fare de Meffine; ainfi que celle de Sylla , écueil placé à l'entrée du détroit qui fépare la Sicile de l'Italie , ont une même origine : le nom de l'un eft Foramen voracitatis , & celui de l'autre qui eft plus dangereux, eft Exitium. Mais pour m'éloigner moins, je parlerai de Capree , qui a maintenant deux Villes ou Bourgades, dont l'une eft Caprea & l'autre Ano-Caprea, elle n'en avoit plus qu'une feule au temps de Strabon, mais en avoit eu deux vraifemblablement des les temps des Phéniciens, car fon nom correfpondoit à celui de duo vici .

Ces Etymologies font à mon gré autant la peinture que la dénomination des chofes , & me paroiffent fuppléer merveilleufement aux défaut des Cartes Géographiques ; puifque celles-ci ne peuvent qu'indiquer les pofitions relatives des lieux , dont les autres donnent une forte de defcription . Je remarquerai encore que de très-favans hommes ont fait voir, que les noms de prefque toutes les villes principales de l'Etrurie étoient de même pris des langues Orientales ; de forte qu'il eft affuré que c'étoit d'elles que venoit la langue des Etrufques. Au lieu donc d'aller rechercher les racines de cette langue dans celles des Grecs , comme l'ont fait M. Gori & Bourguet, il eut été plus fimple de les
re-

génie des anciennes langues Orientales indiquoient manifeſtement les Propriétés des lieux qu'ils déſignoient. Ces noms dont la plus grande partie ſubſiſte encore, devoient être conſidérés comme des monumens authentiques de la réſidence des Phéniciens en Italie; cependant ils pa-roiſſent avoir été ignorés des Grecs & des Romains ; ce qui vint peut-être de ce que la langue Phénicienne s'étant corrompue, les mots qui repréſentoient des choſes dans ſon état primitif, ceſſerent d'avoir un ſens pour des peuples qui ne l'entendoient plus, & n'exprimerent alors que les dénominations ſimples des objets. L'Illuſtre & Savant auteur des Colonies Phéniciennes (23) eſt celui à qui nous avons l'obligation d'avoir pour ainſi parler déterré ces monumens après tant de Siecles; la découverte qu'il en a faite , développe l'origine d'une partie des Villes de la Campanie, & montre quels en furent les premiers habi-tans: nous ferons voir dans la ſuite, qu'elle peut encore ſervir à in-diquer la route que tinrent les Phéniciens, lorſque des côtes de l'Aſie ils vinrent chercher des établiſſements, dans le pays où dans la ſuite ils furent appellés Thyrréniens, ou Etruſques.

Cumes fondée ſans doute par ces peuples prit ſon nom (24) de la hauteur ſur la quelle elle étoit batie ; les anciennes médail-les de cette ville portent l'empreinte de l'Ebon , bœuf à face hu-

maine

rechercher dans ces mêmes langues Orientales dont elles viennent , & comme je l'ai dit plus haut dans l'ancienne Langue Latine qui en eſt dérivée. En effet, les Langues Latines & Etruſques remon-tant à celle des Phéniciens , & la ſeconde étant par conſéquent une modification de la troiſiéme , comme la premiere en eſt une de la ſeconde , il me ſemble preſqu'impoſſible que la langue Etruſ-que ne ſe trouve preſqu'entiérement renfermée dans celle qui l'a produite & dans celle à qui elle a donné naiſſance. Que ſi elle n'etoit pas totalement contenue dans ces deux langues, cela viendroit de ce que quelqu'autre ſe ſeroit mêlée avec elle ; & ſi on la connoiſſoit, ſes racines pourroient fournir celles que les deux premieres ne donneroient pas. Or, il eſt ſi manifeſte que la langue Grecque ap-portée en Etrurie par les Pélaſgues & les habitans de la Grande Grece, eſt cette langue; qu'en effet on eſt allé ſort loin en ſe ſervant d'elle pour interpré-ter la Table Eugubienne. Et peut-être n'en eut on pas fait autant, ſi la langue Grecque elle même n'a-voit pas ſes racines dans les langues Orientales, ainſi que Caſaubon & Erpenius l'ont très bien remarqué.

Je pourrois placer ici beaucoup d'autres de ces Etymologies & montrer que les noms de digni-tés chez les Etruſques , comme par exemple celui de Lucumon , qui ſignifie Chef , Duc , ou Guer-rier, ſont tirés des langues Orientales. Mais ce ſe-roit allonger cette note que je crains qu'on ne trou-ve déjà trop longue; j'aurais auſſi pu commander à mes imprimeurs de la hériſſer de caractères Hé-braïques , que pour dire le vrai ni eux ni moi n'entendons , mais que j'aurois cherchés dans Bo-chart dans le lexicon de Val. Schind. dans Swin-ton &c. Cela m'eut donné un air Savant qui con-vient certainement mieux à l'auteur des Colonies qu'à moi ; il voudra donc bien me pardonner , ſi quelquefois uſant des découvertes qu'il a ſu faire , j'ay pris la liberté de les préſenter ſous un autre point de vue ; ce n'eſt pas que le ſien ne fût le meilleur, mais celui que j'ai pris me paroiſſoit le plus convenable à la matiere que je traite & à la capacité de l'Auteur qui écrit ceci.

(23) Dell'antiche Colonie venute in Napoli Vol. I.

(24) I Fenici primi Abit. di Napoli Pag. 5.

the Palm tree, the Simbol of Tyr from whence she defcended. This Ebon to which the Napolitans erected Altars (25), was long miftaken by the Antiquarians for the Minotaur of the Cretes, but the Author of the Colonys agreeing (26) with Macrobius has demonftrated clearly, that this God is the fame as the Apollo or the Sun of the Phenicians, in whofe language his name conveys one of the principal attributes of Apollo, and fignifys the Giver of underftanding: This interpretation shews us the reafon why the figure of the Ebon is found upon the coins of the Cumeans, and we think that they reprefented by it the oracle which the Sybilla pronounced in their City, infpired as she was by Apollo who gave her an infight into futury; This Symbol then proves at the fame time, that the God, as alfo the name of Cuma were derived, the one from the Country, and the other from the language of the Phenicians, and that thefe People were the founders and the firft inhabitants of it.

The Ebon fays Macrobius, was reprefented under four different Ages, according to the various afpects of the Sun which produces the different feafons of the Year: He was very likely called Bacchus Baffareus, or even Dufar according to the famous infcription found at Pozzuolo: in that age when by his Kind influence the grapes came to maturity: In his youth, and in the feafon proper for the cultivation of Gardens, he reprefented Priapus their tutelar God. It is from thence, that the countenance of the Ebon (which is always Etrufcan) is very often met with in thofe Hermes which are called Plato's, tho' they are nothing but Bacchus's and Priapus's, as whe shall have many opportunitys of shewing in the courfe of this Book; We muft remark However before we finish this Article, that the compofition of the Ebon was very common among the Phenicians and Syrians; as was that of their Aftartes and Aftergates, which (27) Diodorus of Sicily reprefents with the upper part of a Woman, and the lower part of a fish: This Divinity unknown to Gori and Dempfter is ftill found upon many Etrufcan Monuments, and among others,

upon

---

(25) Beger, la Motraye, Vaillant, Gori Recueil d'Antiq. Etrufques, Grecques & Rom. de M. le C. de Caylus.

(26) Macrob. *Sat. Lib. I. Cap.* 18. Nous avons en main trois médailles qui confirment le fentiment de Macrobe; la Tête de chacune de ces médailles qui eft couronée de laurier eft celle d'Apollon même & leur revers porte l'Ebon fur lequel on voit dans l'une un bufte dont la tête environnée de Rayons eft manifeftement celle du Soleil. Dans l'autre il y a une lyre & dans la troifieme on a gravé l'Etoile du matin, attribut qui convient au Dieu

du

maine que Naples, & Pouzzol à l'exemple de leur Métropole firent
auffi graver fur leurs monnoies. Ainfi Carthage conferva dans fes Médailles la Palme Symbole de Tyr dont elle defcendoit. Cet Ebon auquel les Napolitains éleverent des autels, étoit depuis long-temps confondu (25) avec le Minotaure des Crétois; mais l'Auteur des Colonies
d'accord avec Macrobe (26), a clairement fait voir qu'il eft le même
que l'Apollon ou le Soleil des Phéniciens , dans la langue desquels
fon nom défigne un des principaux attributs d'Apollon , & fignifie
qui donne l'intelligence, ou bien *qui rend intelligent* . Cette interprétation
nous montre la raifon pour la quelle la figure de l'Ebon fe trouve fur
les monnoies des Cuméens, & nous croyons qu'il y repréfentoit l'Oracle que la Sybille rendoit dans leur ville , infpirée qu'elle étoit par
Apollon qui lui donnoit l'intelligence de l'avenir ; ainfi ce fymbole
indiquoit en même temps que le Dieu, ainfi que le nom de Cumes, tiroient leur origine, l'un du pays, l'autre de la langue des Phéniciens,
& que ces peuples qui la fonderent en furent les premiers habitans.

L'Ebon fuivant Macrobe fe préfentoit fous quatre âges differens,
felon les différens afpects du Soleil qui produifent les diverfes faifons de
l'année; il fut vraifemblablement appellé Bacchus Baffareus où même
Dufar, felon la fameufe infcription de Pouzzol : (dans cet âge où
fon influence bénigne faifoit mûrir les raifins :) plus jeune & dans la
Saifon propre à la culture des Jardins il repréfenta Priape leur Divinité tutélaire. Voilà d'où vient que la Phyfionomie de l'Ebon qui eft
toujours Etrufque, fe rencontre très-fouvent dans ces Hermés que l'on
appelle des Platons, & qui ne font pourtant que des Bacchus où des Pria-
pes, comme nous aurons plufieurs occafions de le montrer dans le cours
de ce livre. Au refte nous obferverons encore avant de finir cet Article,
que la compofition de l'Ebon étoit très-ordinaire chez les peuples de
Phénicie & de Syrie; telle étoit celle de leur Aftarté & de leur (27)
Aftergatis, que Diodore de Sicile peint avec la partie fupérieure d'une

Vol. I.   f   fem-

---

de jour repréfenté par l'Ebon ; au refte beaucoup
de villes de même que Cumes, Naples & Pouzzol
portoient auffi l'empreinte de l'Ebon fur leurs monnoies; & Capaccio cite Atella, Nola, Sueffa, Ca-

poue & Thianum. Nous avons deja remarqué que
routes ces dernieres villes étoient d'origine Etrufque.
(27) Diod. Sic. *Biblioth. Lib. II.*

upon a Cipus dug up at Clufium (28), upon feveral bronfes of this Nation, and is alfo to be feen upon the Northern Gate of the Antient City of Pæftum, which as we shall foon shew, was inhabited long before the Greeks by the Phenicians, who were Afterwards called Thyrrenians.

We might add feveral other particular circumftances of the Hiftory of the Etrufcans; but as they would be of no ufe with refpect to the underftanding the following parts of this work, and that befides the Curious may find them in the Royal Etruria of Dempfter, we have thought proper to pafs them over in filence. The art of making Vafes of which we exhibit a Kind of Hiftory, having a dependency upon Architecture by the proportions it employs, upon Sculpture by the outlines, & on Painting by the Defigns with which it's productions are adorn'd, we have thought it more proper to fearch after the Principles of thefe Arts, and the Maxims which Antient Artifts have follow'd, in order to perform thefe mafter pieces which fo much amaze & inftruct us even in thefe days: It is befides what we promifed to do in our Preface, & it is by that means we shall endeavour to follow the fteps of the human mind in the purfuit of thofe arts which embellish Society and render life more agreable.

femme dont le reste du corps se terminoit en poisson : cette Divinité inconnue à Gori & à Dempster se retrouve encore sur beaucoup de monumens Etrusques, entr'autres sur un Cype déterré à Clusium (28), sur plusieurs bronzes découverts en Toscane, & se voit aussi sur la porte Septentrionale de l'ancienne Ville de Pæstum , qui comme nous le montrerons bientôt , fut habitée long-temps avant les Grecs par ces même Phéniciens qui dans la suite porterent le nom de Thyrréniens.

Nous pourrions ajouter à ce qu'on vient de lire plusieurs traits particuliers de l'Histoire des Etrusques, mais comme ils ne serviroient de rien pour l'intelligence de la suite de cet ouvrage, & que d'ailleurs les Curieux peuvent les trouver dans l'Etrurie Royale de Dempster , nous avons cru devoir les passer sous silence . L'art de faire des Vases dont nous donnons une sorte d'Histoire , tenant à l'Architecture par les proportions qu'il employe , à la Sculpture par le trait, & à la Peinture par les desseins dont il orne ses productions ; nous avons pensé qu'il étoit plus à propos de rechercher le principes de ces Arts, & les Maximes que les Artistes anciens ont suivies pour faire ces chefs d'œuvre qui nous étonnent & nous instruisent encore aujourd'hui ; c'est d'ailleurs ce que nous avons promis de faire dans notre préface, & c'est par-là que nous essayerons *de montrer la marche de l'esprit humain dans la carriere des Arts qui embellissent la Société & rendent la vie plus agréable .*

CHA-

Bracci inv.   *F. de Grado inc.*

C H A P T E R   III.

S E C T I O N   I.

Of Architecture, Antiquity of the Tuscan Order.

F all the difcoveries of the Antient Tufcans, that of the Ordre of Architecture which to this
day bears their name, is at the
fame time the moft confiderable,
and the moft capable of demon-
ftrating their original Genius in
the Arts. Vain were the attempts
in the laft Century, to add a
new Order to thofe which we
poffefs from the Etrufcans, Greeks,
and Romans ; The united efforts
which so many able Men made upon this occafion, ended only in
shewing more clearly the difficulties the Authors of the firft fyftem of

Ar-

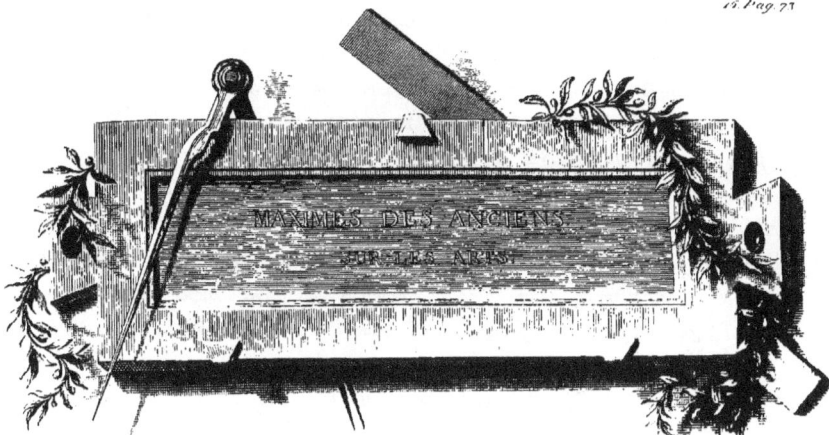

CHAPITRE III.

SECTION I.

De l' Architecture ; Ancienneté de l' Ordre Toscan.

E toutes les découvertes des Anciens Toscans, celle de l' ordre d'Architecture qui porte encore aujourd'hui leur nom est à la fois la plus considérable , & la plus capable de faire sentir leur génie original dans les Arts . Envain dans le siecle passé on tenta d' ajouter un ordre nouveau à ceux que nous tenons des Etrusques, des Grecs & des Romains ; les efforts réunis que tant de gens très-habiles firent en cette occasion , n'aboutirent qu' à mieux faire connoître quelles difficultés eurent à surmonter les auteurs

*Architecture had to encounter, and what intelligence must be supposed
in an invention so simple in appearance; but which has so well anf-
werd the object of the Art, that no one has ever been able to conceive any thing essential to supply its place, or even to add to; thus
if some persons little-versed in the resources of Architecture or its Perfection, or blend to their own deficiency have attempted to alter the
Method of the Antients, they have fallen into a strange tafte, which
by destroying the rules and principles taken from Nature, and confirmed
by a long experience, have placed ridiculous or futile inventions in the
room of the simple, the sublime and beautiful. It is not then without
reason, that we look upon those among whom Architecture took its
birth, as Legislators of the Art, and as the people who have given
to all others the models they have copied, and from which there can
be no deviation. The grounds of Architecture being indeed the same for
all the different Orders (1), the Artist who discovered them, opened, as
we may say, the road for all his followers, and however brilliant the
discoveries that have succeeded his may have been, as they were only
modifications of the syftem of which he had laid the first principles,
they ought only to be considered as consequences. For what have the
Ionians and Callimachus of Corinth done? did they invent the Column,
the Entablature, the Capital, or any necessary member that was wanting to the Architecture of preceeding times? No, but they gave some
new ornaments to that Architecture, they diversified a little the proportions; it existed however long before them, independent of the ornaments they added, and these alone were very far from forming a
syftem of Architecture. For in every Art as in every Science, it is
without doubt infinitely more difficult to establish a principle, simple
but*

---

(1) Les ordres ne font que les moyens d'exécution qu'employe l'Architecture, & dans le fond
il ne peut y en avoir que trois, qui tous enfemble expriment les divers dégrés de richeffe dont
elle eft fufceptibile; & comme rien ne peut être
plus riche que ce qui l'eft au fuperlatif, & ne
peut l'être moins que ce qui l'eft au pofitif, aucun ordre ne peut mériter ce nom, s'il paffe ou
l'un ou l'autre de ces deux termes. Car tout ce
que l'on feroit de plus feroit de trop, & ce que
l'on metteroit de moins ne feroit par affez. Quant
aux Termes de comparaifon que l'on peut placer
entre la plus grande & la moindre richeffe qui
convienne à l'Architecture, ils ne rendent tous que
l'idée d'une chofe moins riche que celle qui l'eft
le plus & plus riche que celle qui l'eft le moins.
Cette réflexion que nous devons à M.LE MARQUIS
GALLIANI connu par fon excellente traduction de
Vi-

du premier fyftême d'Architecture, & quelle intelligence fuppofe une invention fi fimple en apparence, mais qui a tellement rempli l'objet de l'Art, que l'on n'a jamais pu rien imaginer d'effentiel à mettre à fa place, ou même à y ajouter. Que fi quelques uns peu inftruits des reffources de l'Architecture, ou faute d'avoir mefuré leurs forces, ont effayé de toucher à la méthode des Anciens, ils font tombés dans un goût bizarre, qui detruifant les Regles & les Principes pris dans la nature & confirmés par une longue expérience, a mis des inventions ridicules ou futiles à la place du fimple, du beau & du fublime. Ce n'eft donc pas fans raifon que nous regardons comme Légiflateur de l'Art le peuple chez qui l'Architecture a pris naiffance; car il eft celui qui a donné à tous les autres les modeles qu'ils ont copiés, & dont on ne peut s'écarter. En effet les fondemens de l'Architecture étant les mêmes pour tous les différens ordres (1), l'Artifte qui fut les découvrir, ouvrit pour ainfi dire la Carriere à tous ceux qui l'ont fuivi, & quelques brillantes que foient d'ailleurs les découvertes faites après la fienne, comme elles ne furent que des modifications du fyftême dont il avoit pofé les principes, elles ne doivent en être confidérées que comme des conféquences. Car enfin, que firent les Ioniens & Callimaque de Corinthe? inventerent-ils la Colonne, l'Entablement, le Chapiteau ou quelque membre néceffaire qui manquat à l'Architecture des temps précédens? non, mais ils donnerent quelques nouveaux ornemens à cette Architecture, ils en diverfifierent un peu les proportions, il en étendirent les limites; cependant elle exiftoit bien avant eux, indépendamment de ces ornemens qu'ils y ajouterent & qui feuls étoient bien éloignés de faire un fyftême d'Architecture. Car en tout Art comme en toute Science, il eft fans doute infiniment plus difficile d'établir un principe

fim-

Vitruve eft affurément très propre à fimplifier les idées que l'on a des ordres, & à guider dans le choix que l'on peut faire de leur membres, pour remplir l'objet que l'Architecte fe propofe. C'eft beaucoup dans les arts d'avoir des idées claires de ce qu'on doit faire & des moyens que l'art fournit pour exécuter; j'ay entendu des gens très-capables fe plaindre de l'abondance des méthodes & de la difette des principes en architecture; ce feroient cependant ces principes qui feuls pourroient mettre à portée de juger de la valeur de différentes méthodes, puifque ce n'eft que fur eux qu'elles peuvent être fondées; & nous aurions grande obligation au traducteur de Vitruve, s'il vouloit nous éclaircir cette matiere importante, que perfonne n'a plus étudiée & n'entend mieux que lui.

but productive of truth , than to draw from thence truth itself and the consequences of which it is the source .

The first Edifices raised by Men , when they ceased to inhabit caverns , or to retire into hollow Trees , were according to Vitruvius (2) , the Models which Architecture in its Infancy aimed at copying ; Art instructed by experience and encouraged by luxury , taught the latter to embellish the rustick Huts which necessity had instructed them to build ; the trees employed to hold together the wood work of these huts , the rafters which supported the roof , the roof itself , presented themselves as Types for an Art , which labouring to diminish the Wants of Men, draws its principal merit from its utility , and only seeks to render life agreable by multiplying its conveniencys . Thus by a sort of Metamorphosis the rustick roof was changed into a Pediment , the rafters into Architraves , and the trees roughly hewn , into Pillars reduced to proportion ; when by way of contrast which however recalled the history of the Art , The origin of things , and the equality nature has placed amongst Men , The magnificence of the Temples of the Gods , and the most sumptuous Palaces of Kings , preserved the stamp of the simplicity and poverty of the first ages , and taught the pride of powerful Men , that the greatest things of which they are most vain , often owe their first principles to the smallest .

By the judicious choice of his model and the manner of employing it , The Architect Creator of his Art , indicated its object , which is to ensure to man a retreat at once both convenient and durable : being to decorate this Model , by striving to bestow upon it all the grace it wou'd admit of , far from endeavouring to disguise it , with crowed ornaments either superfluous or foreign to its nature , He sought only to give an agreable form to the useful parts , and employed no other embellishments than those which indicating their separate utility , secured at the same time the solidity of the Edifice in general . His example was followed as a law which good Taste would have dictated to those who came after him ; and till refinement always leading

to

---

(2) M. Vitruv. de Architect. Lib. II. Cap. I. & Lib. IV. Cap. II.

fimple mais fécond en vérités , que d'en tirer les vérités mêmes &
les conféquences dont il eft la fource .

Les premiers Edifices que les hommes éleverent, quand ils ceffe-
rent d'habiter des Cavernes ou de fe retirer dans les creux des arbres (2), furent, au témoignage de Vitruve, les modeles que l'Architecture naiffante s'attacha à copier . L'Art inftruit par l'expérience &
encouragé par le luxe , apprit à ce dernier à embellir les cabanes
agreftes que la néceffité avoit enfeigné à conftruire . Les arbres employés à affembler la charpente de ces cabanes , les fommiers qui en
portoient la toiture , leur toit même fe préfenterent comme des Types, à un Art qui travaillant à diminuer les befoins des hommes , tire
fon principal mérite de fon utilité, & ne cherche à fe rendre agréable qu'en multipliant les commodités de la vie . Bientôt on vit , le
toit ruftique changé en Fronton, les fommiers en Architraves , & les
arbres groffiérement taillés en Colonnes affujetties à des proportions .
Ainfi par une forte de contrafte , qui pourtant rappelloit l'Hiftoire
de l'Art , l'Origine des chofes & l'Egalité que la nature a mife entre les hommes , la magnificence des Temples des Dieux & les plus
fomptueux palais des Rois , confervant l'empreinte de la fimplicité
& de la pauvreté des premiers temps, apprirent à l'orgueil des hommes puiffans que les plus grandes chofes dont elle s'applaudit, doivent
fouvent leurs principes aux plus petites .

Par le choix judicieux qu'il fit de fon modele & la maniere dont
il l'employa, l'Architecte Créateur de fon Art en indiqua l'Objet, qui
eft d'affurer à l'homme une retraite tout à la fois Commode & Durable. Ayant à décorer ce modele , cherchant à lui donner l'efpéce
d'agrément dont il étoit fufceptible , loin de s'appliquer à le rendre
méconoiffable en le couvrant d'ornemens fuperflus ou étrangers à fa
nature, il ne penfa qu'à préfenter fous une forme agréable les parties
qui étoient utiles, & n'employa d'autres ornemens, que ceux qui indi-
quant leur utilité particuliere, affuroient en même temps la folidité de
l'édifice : fon exemple fut généralement fuivi comme une loi que le
bon goût auroit dictée à ceux qui vinrent après lui ; & jufqu'à ce que
le raffinement toujours minutieux & le goût puérile de la nouveauté

to minutenefs, and a puerile fancy for novelty came to corrupt Architecture; The called nothing beautiful but what was good, and looked upon nothing as agreable but what was neceffary, or at leaft ufeful; and little curious of appearing refin'd the adopted no other foreign Ornaments than fuch, which without hurting folidity, recalled to mind fome antient ufages, or produced fome new conveniencies; like a Wreftler ftrong and vigourous who fatisfied with that male beauty which characterifes an Hercules, feeks not after the graces which diftinguifh a Venus: fo Architecture was contented with being noble rather than rich, mageftick rather than elegant, preferring grandeur to grace, and dignity to a vain appearance of fplendour which rather impofes than fatisfies; from hence indifferent to raifing any furprife at the firft glance of the eye, she pleafed in the long run, and feemed the newer for being the oftener examined; very different from that other fort of Architecture, which void of proper ends aftonifhes without giving fatisfaction, catches the eye more by its richnefs and fingularity, than by the pleafure it caufes; and which incapable of interefting as abfolutely without Character, loofes and is worn out, one may fay, in proportion as she is review'd, and ends in difguft.

The Maxims, " of preferving as Models, and reprefenting thofe „ Objects which gave room for fome ufeful invention, or were an- „ tiently in ufe, *as well as* adapting ornament to ferviceable things, „ with a view only of augmenting their conveniency", *were employed by the Antients in the manufacture of their Vafes, as well as in all the arts which made ufe of proportions.* Thefe two important maxims *fometimes united, fometimes taken feparately*, became a common Tie *between the fine arts and the moft mechanical; thefe borrowed Defign from the firft, who learned from them many ufeful practices, which it wou'd be improper to infert in this place; but one may conceive, how much both the one and the other muft have gained by this union, to which moft likely is owing the perfection of the arts of the antients; and the grand tafte which we remark in their Works of every kind.*

As induftry is capable of employing all the productions of nature for the utility and conveniency of men, thefe maxims have put into in the hands of the Artifts as many Models, in a manner, as there are Objects in nature

fit

vinrent corrompre l'Architecture; elle n'appella Beau que ce qui étoit
Bon , ne regarda comme Agréable que ce qui étoit Nécessaire , ou
du moins Utile ; & peu curieuse de paroître recherchée, elle n'adopta d'ornemens étrangers, que ceux qui sans nuire à la solidité, rap-
pelloient quelques usages anciens ou produisoient quelques commodités nouvelles: semblable à un Athlete fort & vigoureux qui satisfait
de la mâle beauté qui caractérise un Hercule, ne rechercheroit pas les
graces qu distinguent une Venus , l'Architecture se contenta d'être
noble plutôt que riche, majestueuse plutôt qu'élégante, préférant la
grandeur à la grace & la Dignité à une vaine apparence de splendeur
qui en impose bien plus qu'elle ne satisfait . Ce fut par-là que sans
chercher à surprendre au premier coup d'œil , elle plut à la longue , & parut d'autant plus nouvelle qu'on la revit plus souvent ;
bien différente de cette autre Architecture sans motifs, qui étonne sans
contenter , que la richesse ou la singularité, bien plus que le plaisir
qu'elle cause font regarder , & qui ne donnant aucun intérêt parcequ'elle n'a aucun Caractere, perd & vieillit pour ainsi dire à mesure
qu'elle est revue, & finit par ne l'être plus qu'avec dégoût .

Les Maximes "*de conserver comme modeles & de représenter les objets*
„ *qui donnerent lieu à quelque invention utile ,ou ceux qui anciennement avoient*
„ *été en usage;* de même que celle de *n'adapter l'ornement aux choses usuelles*
„ *que pour en augmenter la commodité"*, furent employées par les anciens
dans la fabrique de leurs Vases, ainsi que dans tous les Arts qui firent
quelque usage des proportions. Ces deux importantes Maximes, quelquefois réunies, quelquefois prises séparément, devinrent un *lien commun*
entre les beaux Arts & ceux qui font les plus méchaniques: ceux ci
emprunterent le dessein des premiers, qui apprirent d'eux beaucoup de
pratiques utiles que ce n'est pas ici l'endroit de montrer. On conçoit
combien les uns & les autres durent gagner à cette liaison, à laquelle
il faut peut-être attribuer la perfection des Arts des anciens , & le
grand goût que nous remarquons dans leurs ouvrages en tous genres .

Comme l'industrie peut employer toutes les productions de la
nature pour l'utilité & la commodité des hommes, ces maximes mettoient aux Artistes autant de modeles entre les mains qu'il y a pour
ainsi

fit for copying; if Caprice however fertile it may be, cou'd never furnish so many as nature herself, we must not be furprised if the antient artifts feemed to have known refources which are wanting to ours, from whom fomething new is always demanded, and almoft without models are obliged to fearch for them within themfelves, and have recourfe to their own invention. It may therefore be concluded from what we have feen, that thefe two Maxims alone well underftood and well applied, muft have produced an infinity of inventions, forms and ingenious allufions, which we shall often have occafion to remark. But to give here one fingle example which taken from the moft common Arts, will be the ftrongeft proof of it with regard to the others; a confiderable number of candelabri of bronze are ftill found, reprefenting Canes of Reeds, and feveral forts of fticks with Thorns from which the knots or branches have been cut; the young leaves fprouting from the fterns of thefe Reeds, the knots or places from whence the branches of thefe fticks were cut, certainly adorn the body of the candelabrum, without which it wou'd have been too plain; but thefe ornaments are not ufelefs nor placed meerly to pleafe the eye; for at the fame time that they give a firm hold to the hand which carries the candelabrum, and certainly make it much more commodious for ufe: they are alfo defigned to recall their hiftory; for in their origin, thefe inftruments were made of fimple fticks or Canes plac'd upon the ground, whofe roots turned upwards fupported generally a little plate on which was laid a lamp; fometimes thefe fame roots turned downwards were bent, and formed a foot which fupported the whole machine. Thefe two circumftances recalling to mind the firft inftitution, increafed their beauty and convenience, and were attended to and executed with great precifion, as may be feen in feveral of thefe monuments.

The firft fteps of the Arts are never any thing more than attempts for time and experience to bring to perfection. Inventors begin at firft to help themfelves to the moft common materials, they endeavour to render their operations as fimple as poffible, and try to avoid as much as they can all difficulty's foreign to their object; thus Painting at firft employing one Colour only, was fatisfy'd with the fimple Outline; and Sculpture long before her ufe of Marble, Bronze or Ivory exercifing upon materials more eafily worked, made in wood thofe fort of ftatues cal-

led

ainſi parler d'objets dans la nature ſuſceptibiles d'être copiés, ſi le caprice , quelque fertile qu'il ſoit, n'en peut jamais fournir autant que
la nature même, on ne doit pas être ſurpris de ce que les Artiſtes anciens paroiſſent avoir connu des reſſources qui ſemblent manquer aux
nôtres, aux quels on demande toujours du nouveau , & qui preſque
ſans modeles ſont obligés de tirer d'eux mêmes & d'imaginer tout ce
qu'ils font. On peut donc conclure de ce que nous avons vu , que
ces deux ſeules maximes bien entendues & bien appliquées, durent produire une infinité d'inventions, de formes & d'alluſions ingénieuſes que
ſouvent nous aurons occaſion de remarquer . Nous allons en donner
un ſeul exemple, qui pris des Arts les plus communs prouvera à plus
forte raiſon pour les autres. On trouve encore à préſent un'aſſez grand
nombre de ces Candelabres de bronze qui repréſentent des Cannes de
Roſeau , & pluſieurs fortes de Bâtons d'Epine , auxquels on auroit
taillé les nœuds ou les branches; les feuilles naiſſantes qui ſortent des
tiges de ces Roſeaux , les nœuds ou les branches taillées de ces Bâtons , ornent aſſurément le corps du Candélabre , qui ſans cela eut
été trop liſſe; mais ces ornemens ne ſont pas inutiles & placés ſeulement pour contenter la vue, car en même temps qu'ils ſervent d'appui à la main qui porte le candélabre dont ils rendent l'uſage infiniment plus commode, ils ſont encore deſtinés à en rappeller l'hiſtoire.
En effet , ces inſtrumens dans leur origine étoient faits d'un ſimple
bâton ou de cannes que l'on plantoit en terre; leurs racines conſervées à la partie ſupérieure ſoutenoient ordinairement un plateau ſur
le quel on plaçoit une lampe. Quelquefois placées à l'extrémité inférieure , ces même racines ſe recourboient & formoient un pied qui
ſupportoit toute la machine; ces deux circonſtances qui conſervant la
mémoire de la premiere inſtitution en augmentoient l'agrément & la
commodité, furent encore conſervées & même rendues avec beaucoup
d'attention, ainſi qu'on peut le voir dans pluſieurs de ces monumens.
   Les premiers pas des Arts ne ſont jamais que des eſſays que le
temps & l'expérience viennent perfectionner . Les inventeurs commen-
cent d'abord par s'aider des matieres les plus communes , ils s'appli-
quent à ſimplifier leur opération autant qu'ils le peuvent , & cher-

chent

led Dedali by the Greeks , from the name of one of their most antient Artists . It was the same with Architecture , who seems at first only to have made use of wood , in stead of Clay and Reeds before employed. Trees planted at the corner of the Edifice secured its solidity ; if they were multipied afterwards , it was because the edifices encreasing in size, the rafters which supported the covering being necessarily longer , and of course weaker , wanted a support for the length to be enabled the better to carry a Roof , under which they had not yet thought of suspending a ceiling . Thus the sistem of the most antient Architecture resembling almost in every circumstance these rough edifices , placed of course the Pillars at the Angles of their buildings ; if they did not give them Bases , it was because the Trees which they were meant to represent with the lower part sunk into the ground , expressed nothing of which the base cou'd be an indication . There was then no other rule of Intercolumnation , but that pointed out by necessity , to support the too great length or joints of the rafters; and as they had no Ceiling , the Frise which figures the extremity of the parts of which it is composed , was necessarily unknown .

As the Architrave was of wood , they thought it necessary to cover it over with a Cornish , to preserve this essential part from the injury's of the weather ; the same reason occasioned their placing a tile or square stone upon the upper part of the Column , serving at the same time to preserve the girt that bound it round , and to prevent its splitting and splintering under the weight it had to support . The pediment had also its Cornish naturally formed by the projection of the beams of the Roof upon the joists which they covered over . It was then a rule in Architecture to place over all the principal members of the Edifice a projecting body , which is called Cornish , *and this rule was established with a view of preserving and securing Solidity .*

When they began to make use of Stone , they preserved , according to the spirit of the first Maxim , not only the indication of the members they had at first employed , but also that of the materials : it is thus that the Astragals and the Quarts de Ronds of the Capital represented the cords , which served as bandages to the head of the Column , in the same manner as the bandelets represented the Straps of leather , or iron hoops which were most pro-

bably

chent à éviter autant qu'ils le peuvent les difficultés qui font étrangeres à leur objet ; ainſi la Peinture n'employant d'abord qu'une ſeule
couleur ſe contenta d'un ſimple contour ; & long-temps avant de faire uſage du marbre, du bronze ou de l'yvoire, la Sculpture s'éxerçant
ſur des matieres plus aiſées à travailler , fit en bois de ces ſortes de
Statues que du nom d'un de ſes plus anciens artiſtes , la Grece appella des Dédales . Il en alla de même de l'Architeĉture qui ſemble
n'avoir d'abord employé que le bois qu'elle mit à la place de l'Ar-
gile & des Roſeaux dont on ſe ſervoit auparavant. Des arbres plan-
tés au coin de l'édifice en aſſuroient la ſolidité : que ſi on les multi-
plia dans la ſuite, ce fut parce que les batimens augmentant de grandeur, les ſommiers qui en ſoutenoient le comble, devenus néceſſairement plus longs & par conſéquent moins forts , eurent beſoin d'un
appui ſur cette même longeur, afin d'être plus en état de porter un
toit ſous le quel on n'avoit pas encore imaginé de ſuſpendre un plafond . Ainſi le Syſtême d'Architeĉture le plus Ancien , reſſemblant
preſqu'en tout point à ces édifices groſſiers , dut placer d'abord les
colonnes aux angles des bâtimens ; que s'il ne leur donna pas de baſe, c'eſt uniquement parce que les arbres qu'elles figuroient, enfoncés
dans la terre par leur extrêmité inférieure , ne repréſentoient rien
dont la baſe put être l'indication . On ne connut alors d'autre loi
d'entrecolonnement que celle qu'indiqua la néceſſité de ſoutenir la
trop grande longueur ou les joints des ſommiers, & comme on n'employoit pas de plafond, la friſe qui figure l'extrêmité des parties qui
le forment, fut néceſſairement inconnue .

Comme l'Architrave étoit de bois, on crut devoir le recouvrir
d'une Corniche pour mettre cette partie eſſentielle à l'abry des injures
de l'air ; la même raiſon fit placer une tuile ou pierre quarrée ſur
la tête de la Colonne, où elle ſervoit en même temps à garantir les
liens qui la rattachoient & à l'empêcher de ſe fendre & d'éclatter
ſous le poid qu'elle avoit à porter ; le Fronton eut auſſi ſa corniche
naturellement formée par l'avance des planches du toit ſur les che-
vrons qu'elles recouvroient . Ce fut donc une regle propre à l'Architeĉture de *Poſer un corps ſaillant que l'on appelle Corniche ſur tous les*

mem-

bably deftined for the fame ufe : it is to be obferved however that the diffe-rence in the materials they employed, made one alfo in the manner of em-ploying them ; from thence it follow'd that the Cords which ferved at firft as bandages to the Column, became a part thereof when they made ufe of Wood only, but when of Stone, the mouldings which reprefented thefe bandages were looked upon as parts of the Capital, and that purfuant to the fenfe of the rule of folidity ; that in cafe the Capitals receiv'd any damage, they might be replaced without hurting the Column.

This precaution juftified by the fuccefs, produced a general Maxim, which the Antients, as it appears, did afterwards follow with great care. It was to divide and difpofe the principal members of their Ar-chitecture in fuch a manner, that altho' One depended upon the other, One might however receive damage, without caufing on that account, the ruin of the whole. *It is to the ufe made of this maxim, that we ought to afcribe the prefervation of the great number of Antient Monuments which ftill exift to this Day : Thefe pre-fcrib'd Rules have been obferved with a particular care in the Temples of Pæfti, the Architrave of which is compofed of great ftones placed on their length one behind the other, and whofe Frize and Cornifh fupport themfelves ftill, altho' fome of thefe ftones are fallen, which could not have happen'd had the Architrave been of a fingle piece ; for then all the Entablature muft have fallen along with it, and thefe fine Monu-ments no more exifted.*

We fee that the Architecture of thofe times was compofed of the Pillar with its Capital, the Architrave with its Cornifh, and of the Pediment which had alfo its Cornifh. Diftinct from all the fyftems of Ar-chitecture, the antient Tufcans for many ages knew only thefe parts, which induced Palladio (2) to fay, that their fyftem refembles more than any other the manner of the firft Architects ; fuch was the firft Pe-riod, and we may fay, the firft Age of Architecture ; till then it had only laboured at procuring the neceffary, in a little time it fought after the

agrea-

---

(2) Archit. de Palladio *Chap. XIV.*

membres principaux de l'Edifice, & cette regle comme prefque toutes les autres, fut prife dans l'idée de le conferver & d'en affurer la folidité.

Lorfque l'on commença à fe fervir de la pierre, on conferva fuivant l'efprit de la premiere Maxime non feulement *l'indication des parties dont on avoit d'abord fait ufage*, mais encore *celle des matériaux que l'on avoit employés*. C'eft ainfi que les aftragalles, & les quarts de Ronds du Chapiteau, figurerent les cordes qui fervoient de liens à la tête de la Colonne, de même que les Réglets ou Bandelettes repréfenterent les Lanieres de cuir ou de fer qui vraifemblablement étoient deftinées à rendre le même fervice. On peut encore obferver, que la différence des matieres dont on fit ufage, en mit une dans la maniere de les employer. Delà vint que les cordes, qui fervant de liens à la colonne en faifoient partie lorfque l'on n'employoit que les bois, ayant été changées en moulures lorfque l'on fit ufage de la pierre, furent regardées dans la fuite comme parties du Chapiteau, & cela fuivant l'efprit de la regle de folidité, afin que fi les Chapiteaux recevoient quelque dommage, on put les remplacer fans que pourtant la colonne en fut offenfée.

Cette précaution que le fuccès Juftifia, fit naître une Maxime générale qu'il paroit que les Anciens ont fuivie avec beaucoup de foin. Ce fut *de divifer & difpofer tellement les principaux membres de leur Architeéture, que bien que dépendans les uns des autres, l'un put cependant être endomagé fans pour cela entrainer la ruine du tout*; c'eft à l'emploi de cette maxime qu'il faut attribuer la confervation de ce grand nombre de monumens antiques qui exiftent encore aujourd'hui; les précautions qu'elle indique ont été obférvées avec un foin particulier dans les édifices de Pœfti où l'Architrave eft compofé de grands quartiers de pierre pofés l'un par derriere l'autre fur leur longueur : quelques unes de ces pierres ayant manquées, la frife & la corniche n'ont pas laiffé de fe foutenir, ce qui ne fut pas arrivé fi l'architrave eut été d'un feul morceau; car tout l'entablement fut tombé avec lui, & ces beaux monumens n'exifteroient plus.

On voit que l'Architeéture d'alors étoit compofée de la colonne avec fon Chapiteau, de l'Architrave avec fa corniche, & du fron-

ton

agreable and ufefull ; they foon perceived that it was more convenient to place a ceiling under the Roof, than to continue in their former method ; for which purpofe they put together crofs beams, which reaching from one part of the Edifice to the other , and croffing at right angles , were every way fupported by the Architrave ; and marked out a fpace between that and the cornifh : this fpace was the origin of the Frife , moft probably invented by the Dorians , who following the fpirit and maxims of the firft inftitution of Architecture , enriched it with Tryglipbs which marked the extremity's of the beams , whofe interfections leaving fquare fpaces , were the Origin of the ornaments which in ceilings are called compartments . Thefe People alfo contrived channels, which collecting the drops of water prevented their remaining long upon the pillars , which wou'd at length have damaged them ; this invention produced the Flute ; and fuch a refinement of the Art fhews that it was already very antient , when the Dorians began to bring it to perfection, and to give their name to the Order that has been fince called the Dorick . They feem confequently not to have been acquainted with Architecture till long after the Etrufcans , which is natural enough ; for the land of the Dorians and all Grece (3) was barbarous and difunited before the Siege of Troy , whilft we have feen that Etruria long before that time was cultivated and flourifhing .

When they began to work with Stone inftead of Wood , Columns were rais'd upon a folid which they called Socle , or upon fomething that fupplied its place , and preferved them from the humidity of the earth ; by degrees was fubftituted the bafe placed upon the Socle itfelf to which alfo were given a Plinth and a Cornifh , and that form'd the Stillobate or Pedeftal ; it was then that Architecture , which at firft had been compofed of only three great parts and each part divided into two others , admitted into its compofition as far as four principal parts , the Socle or Pedeftal which reprefented it , the Pillar , the Entablature , and the Pediment which crowned the whole , and each of thefe principal members fubdivided itfelf into three others, *which it is neceffary to obferve .* Some

have

---

(3) Thucyd. *Lib. I. fub init.*

ton qui avoit auſſi la ſienne; ſeul de tous les ſyſtêmes d' Architecture, celui des anciens Toſcans ne connut pendant bien de ſiecles que
ces mêmes parties; ce qui fait dire à Palladio (2) qu' il *reſſemble plus
que tout autre à la maniere des premiers Architectes* . Tel fut le premier
période , & pour ainſi dire le premier âge de l' Architecture , elle
n'avoit encore travaillé qu'à procurer le néceſſaire , bientôt elle re-
chercha l' agréable & l'utile ; on ne tarda pas à s'appercevoir qu' il
étoit plus commode d'établir un plafond ſous la toiture , que de la
conſerver dans l'état où on l'avoit eue juſqu'à-lors; c'eſt pourquoi on
aſſembla des poutres de traverſe, qui paſſant d'une part à l'autre de
l'Edifice , & ſe croiſant à angles droits , furent ſoutenues dans tous
les ſens par l'Architrave, & marquerent un eſpace entr'elle & la corniche. Cet eſpace devint l'origine de la Friſe vraiſemblablement inventée
par les Doriens, qui ſuivant l'eſprit & les maximes de l'inſtitution de
l'Architecture, enrichirent cette partie de trygliphes qui marquerent les
extrémités des poutres, dont les interſections laiſſant entr'elles des eſpaces quarrés, donnerent lieu aux ornemens que dans les plafonds on nomma Caiſſons. Ces peuples imaginerent auſſi des Canaux, qui réuniſſant
les gouttes d'eau, les empêchoient de ſéjourner ſur les colonnes qu'elles
auroient endomagées à la longue . Ce fut cette invention qui donna
naiſſance aux cannelures. Un tel raffinement de l'Art montre qu'il étoit
déjà bien ancien, lorſque les Doriens commencerent à le perfectioner, &
à donner leur nom à l'ordre que depuis on appella Dorique. Ils paroiſſent donc n'avoir connu l'Architecture que bien long-temps après les
Etruſques, ce qui eſt aſſez naturel, car la Doride comme toute la (3)
Grece étoit barbare & déſunie avant le ſiege de Troye, & nous avons
vu que bien long-temps avant, l'Etrurie étoit floriſſante & cultivée.

Lorſque l'on commença à mettre en œuvre la pierre au lieu du
bois, on éleva les colonnes ſur un ſolide que l'on nomma Socle, ou
ſur quelque choſe qui en tenoit lieu & qui les préſervoit de l'humidité de la terre, peu à peu on lui ſubſtitua la baze que l'on plaça ſur
le Socle même, au quel on donna dans la ſuite une plinthe avec une
corniche, & l'on eut le Stillobate ou piédeſtal. Ce fut alors que l'Architecture qui dabord n'avoit été compoſée que de trois grandes parties

*have thougth that this rule of divifion came from the ideas the An-
tient had of the number three ; we find indeed that they attributed
great Virtues to that number , and Pithagoras affirmed that all things
were determined by it ; Plato who explains himfelf farther and who is
neverthelefs not much more intelligible , pretends that two things can not
exift without a third to unite them : For fays he , the beft tie is that
which unites itfelf to its obje* , in fuch a manner that the firft be
in proportion to the fecond as the third with the Medium ; for in
this number there is the beginning , the middle and the end ; be it as
it may with refpe* to the truth of thefe ideas , it is certain that
they are too metaphyfical to have determined the firft inventors of Archite*ure and thofe that followed them , to divide into three the whole
body of the edifices which they built . The arrangement of the parts
of the model they firft imitated , naturally gave that divifion to fome ,
and if others continued to look upon it as a law , it was becaufe they
perceived that , that alone was capable of giving the greateft number of
combinations which the eye could take in at one time , and fix its attention upon without fatiguing itfelf too much ; for if on one hand the
number of combinations was augmented , that is to fay , was one to in-
creafe the number of the parts of the edifice , the difficulty of comparing the relations which are between thefe parts , wou'd be augmented ,
and the Attention being led aftray upon fo many different obje*s , wou'd
abandon the whole to carry itfelf to fome of thefe divifions . In the divifion of three the Eye comparing the firft part to the fecond and third,
and this laft with the fecond , the number of relations given by thefe
different combinations , occupys and fatisfys the mind at the fame time ,
preventing too great an uniformity in the art , which in Archite*ure
is the fame thing as Monotony in Mufick ; being obliged for the fake
of avoiding this inconvenience to divide the Edifice and its Members
into feveral parts , they eftablifhed it however as a Maxim ,* not to
touch the whole further than what neceffary to prevent Uniformity,
for otherwife was meerly the unity which one shou'd always endeavour to preferve would have been deftroy'd . *It was to preferve this
rule of unity that the Antients avoided breaks , with as much care at*
                                                                        leaft ,

ties dont chacune fe divifoit en deux autres, en admit jufqu'à quatre principales dans la compofition ; le Socle ou le piedeftal qui le repréfentoit, la colonne, l'Entablement & le fronton qui couronnoit le tout. *Chacun de ces membres principaux fe fubdivifa en trois autres*, ce qu'il eft important de remarquer. Quelques uns ont penfé que cette loi de partition venoit des idées que les anciens avoient du nombre Ternaire ; nous trouvons en effet qu'ils lui attribuoient de grandes vertus, & Pytagore affuroit que toutes les chofes étoient déterminées par le nombre trois; Platon qui s'explique davantage, & qui pourtant n'eft guere plus intelligible , prétend que deux chofes ne peuvent exifter fans une troifieme qui les uniffe; puifque dit il le meilleur lien eft celui qui s'unit lui même à fon objet ; de façon que le premier foit en proportion avec le fecond, comme celui-ci avec le terme moyen; car dans ce nombre, il y a le commencement , le milieu & la fin . Quoi qu'il en foit de la vérité de ces idées , il eft certain qu'elles font trop métaphyfiques pour avoir déterminé les inventeurs de l'Architecture & ceux qui les fuivirent, à divifer en trois le corp entier des Edifices qu'ils fabriquerent. L'arrangement des parties du modele qu'ils imiterent d'abord, donna naturellement cette divifion aux uns, & fi les autres continuerent à la regarder comme une loi, c'eft qu'ils reconnurent qu'elle feule peut donner le plus grand nombre de rapports que l'œil puiffe faifir tout à la fois , & fur lesquels il puiffe porter fon attention fans trop fe fatiguer ; car fi d'un côté on augmentoit le nombre de ces rapports , c'eft à dire , fi on augmentoit le nombre des parties de l'Edifice , la difficulté de faire la comparaifon des rapports qui font entre ces parties augmenteroit, & l'attention détournée fur tant d'objets différents, abandonneroit l'enfemble pour fe porter fur quelques-unes de fes divifions . Dans la partition ternaire l'œil comparant la premiere partie à la feconde & à la troifieme, & cette derniere avec la feconde, la quantité de rapports que donnent ces différentes combinaifons, laiffe à la fois l'efprit occupé & fatisfait , & fauve l'Art de cette trop grande uniformité qui eft à l'Architecture ce que la monotonie eft à la mufique . Obligés pour éviter cet inconvenient de divifer l'Edifice & fes membres en

Vol. I.   z   plu-

leaſt , as we take in ſearching after them , and directed the ordinance of their Edifices in ſuch a manner , that no one part drawing to itſelf a particular attention, the Eye ſhou'd never be taken off from conſidering the whole together. *Hence it is that often in very confined places , their Architects multiplied the number of Pillars without taking any thing from their diameter, which on the contrary they even often augmented, they thought in my opinion, that all thoſe Pillars being alike, and the attention having no reaſon to fix itſelf upon one more than another, the eye thus deceived was obliged to judge of the ſize of the edifice by the number, and bulk of the parts which made but one with the whole, and to find it much more conſiderable that it was in reality . This artifice accounts for the ruins of ſome monuments of antiquity appearing to us ſo very great , that they muſt be often ſeen, examined very near , and even meaſured , before one can be perſuaded that they do not cover much more ground than they realy do .*

*By a conſequence of the Spirit of this Maxim , the Antients in-*cluded their public Edifices in ſuch Spaces, that their extention altho' ſufficient to ſhew the whole of the Buildings therein contain'd , nevertheleſs leſſen'd not in the leaſt the grandeur of the Architecture : *Thus the Squares appeared dependent upon the Buildings , & not theſe upon the Squares ; preciſely the contrary of what has been done to Sᵗ Peters of Rome , where the Temple which is the chief thing, appears only as an acceſſory to the Square intended to be made for the Temple itſelf .*

The particular uſe for which the Edifices were deſigned , determi-ned the Diſpoſition, but the Order, the Symmetry, and propriety which the Latins called Decorum , *were the fruits of the Genius and obſer-vations of the Artiſts. They concurred in giving the connection of the parts with the members which they compoſe , That of theſe members with the whole , in ſhort a preciſe agreement of the one with the other ; it is from this exact correſpondence , and by employing the rule of indication with reſpect to preſent uſe , that the Antient drew that* Character *which they knew how to give to their Buildings , and to which they made the effect itſelf (which with them was never the principal point) ſubordinate ; thus* Character *took its riſe from the con-formity,*

plufieurs parts, on établit pour maxime *de ne toucher cependant à l' en-femble, qu'autant qui le faut pour en empêcher l'uniformité, car autrement on détruiroit l'unité qu'on doit toujours fe propofer de conferver* . C' étoit pour maintenir cette regle d'unité, que les anciens évitant les reſſauts avec au moins autant d'attention que nous mettons à les rechercher, diri-gerent l'ordonance de leurs Edifices de telle forte , *qu'aucune partie ne fe conciliant une attention particuliere, l'œil ne fut jamais détourné de la con-fidération de l'enfemble* . Voilà d'où vient que fouvent leurs Architectes dans des efpaces très-reſſerrés multiplierent le nombre des colonnes, fans diminuer rien de leur diametre que fouvent même ils augmente-rent. Ils penfoient felon mon opinion que toutes ces colonnes étant femblables , & l' attention n'ayant pas de raifon de fe porter plutôt fur l'une que fur l'autre, l'œil trompé étoit contraint de juger la maf-fe de l'Edifice par le nombre & la grandeur de tant des parties qui n'en faifoient qu'une avec l'enfemble , & de le trouver bien plus confidérable qu' il ne l' étoit en effet . Par cet artifice, les reftes de quelques anciens monuments , nous paroiſſent fi grandieux qu'il faut les revoir, les examiner de fort près, & même les mefurer, pour fe perfuader qu'ils n'occupent pas un efpace infiniment plus grand que celui qu'ils occupent réellement .

Par une fuite de l'efprit de cette maxime, les anciens *renfermerent leurs Fabriques publiques dans des efpaces tels , que leur étendue fuffifante pour laiſſer jouir de l'enfemble des fabriques qu'ils renfermoient , ne diminuat cepen-dant rien de la grandeur de l'architecture* . Ainfi les places paroiſſoient dé-pendantes des fabriques & non celles-ci des places. C' eft précifément le contraire de ce que l' on a fait à Saint Pierre de Rome , où le temple qui eft la principale chofe, ne paroît qu'un acceſſoire de la Place que l'on a voulu faire pour lui .

L'ufage particulier des Edifices en régla la Difpofition, mais l'Or-dination, la Symmétrie, & la Convenance que les Latins appelloient *Decorum*, furent le fruit du génie & des obfervatione des artiftes. Elles concoururent à donner les rapports des parties avec les mem-bres qu'elles compofent, ceux de ces membres avec l'enfemble , enfin l'accord précis des uns avec les autres; c'eft de cette jufte correfpon-

dence

formity , ufe and nature of the object propofed in building , and one might define it a connection of that which is reprefenting with that which is reprefented, and fo fenfibly that the firft indicating the fecond , it was impoffible to miftake or confound it with any thing elfe. *This maxim of giving to each* Edifice its proper Character *was not adopted only by Architecture ; for we shall soon fee that Painting, Sculpture, and all the Arts of the Antients in general, shared it equaly , that they looked upon it as the bafis of Excellence , and as the part which contributing moft to expreffion, ought with it to be confidered as the principal in the Arts . As it is not our Object here to give particular rules, but to shew the line of maxims on which they are eftablished, we will not give any examples of this , leaft we should be led farther than we intend : but in our fecond Volume will be found a difcourfe upon what conftitutes Character , the manner of giving it , and the effect it shou'd produce .*

Such *was the progrefs of Architecture , fuch were the meafures it adopted , and the principles which it eftablished . In all the Antique Buildings we have examined in France, Italy , Sicily , Iftria, as well as in all the drawings taken from the Monuments of Grece , Spalatro , Palmyra and Balbeck , we have found the chief part of thefe rules conftantly employed ; In proportion as in the execution they have given the preference of fome of thefe moft important maxims to thofe that were lefs fo , or have preferred the latter to the former , the productions of art have been more or lefs beautiful, or have had more or lefs* Character *; fo the hiftory of good Tafte in Architecture might be follow'd from its Birth to its perfection , and from that Epoch to its decay , by feeking out according to the times, the ufe or abufe of thefe maxims ; it is thus that the Goths, whilft they preferved the Types , by changing the divifions which had been pointed out , and the eftablished proportions, caufed Architecture to change its face entirely and fo the Gothick ftile prevailed . No fooner were the Types neglected but it became quite barbarous, and no other but ill shaped Maffes of buildings were known , fuch as are ftill to be feen in almoft every Country of Europe, and which are more like Caverns than Temples or Palaces .*

As

dence, & de l'emploi de la regle d'indication par rapport à l'ufage préfent , que les Anciens tiroient le *Caraéÿere* qu'ils fûrent donner à leurs Edifices , & auquel ils fubordonnerent l'effet même , qu'ils ne regarderent jamais comme la chofe principale . Le *Caraéÿere* prenoit fa fource dans la Convenance, l'Ufage & la Nature de l'objet qu'ils fe propofoient en bâtiffant, & l'on pourroit le définir, *un rapport de la chofe repréfentante à la chofe repréfentée tellement rendu fenfible que la premiere indiquoit la feconde , de maniere qu'on ne pouvoit la méconnoître & la confondre avec toute autre* . Cette maxime de donner à chaque *Edifice un caraéÿere propre* ne fut pas adoptée feulement par l'Architeéÿure; mais on verra bientôt qu'elle lui fut commune avec la Peinture, la Sculpture , & généralement tous les Arts des anciens qui la regarderent comme la bafe du bon, & la partie qui contribuant le plus à l'expreffion, doit avec elle être regardée comme la principale de l'Art . Notre objet n'étant pas ici de donner des regles particulieres, mais de montrer la fuite des Maximes fur lesquelles elles font établies , nous n'apporterons pas d'exemples de tout ceci de peur de nous étendre plus loin que nous ne voudrions ; mais on trouvera dans le fecond Volume de cet ouvrage un difcours fur ce qui conftitue le Caraéÿere, fur la maniere de le donner, & fur l'effet qu'il doit produire .

Telle fut la marche de l'Architeéÿure , telles furent les parties qu'elle adopta, & les maximes qu'elle établit. Dans tous les Edifices antiques que nous avons examinés, en France, en Italie, en Sicile, en Iftrie, de même que dans tous les deffeins copiés d'après les monumens de la Grece, de Spalatro, de Palmire, & de Balbeck . Nous avons retrouvé la plus part de ces Regles conftamment employés . Selon que dans l'exécution, on a donné la préférence à quelques unes de ces maximes les plus importantes fur celles qui l'étoient moins, ou à celles ci fur les premieres, les produéÿions de l'Art ont été plus ou moins belles, & ont eu plus ou moins de caraéÿere . Ainfi on pourroit fuivre l'hiftoire du bon goût en Architeéÿure depuis fa naiffance jufqu'à fa perfeéÿion, & depuis cette époque jufqu'à fa décadence, en recherchant fuivant les temps, l'emploi ou l'abus qu'on a fait de ces maximes; c'eft ainfi que lorfqu'en confervant les Types, les Gots changerent les divifions

Vol. I.   a a   in-

As to the rules of Measurement, and even those of relative proportions which some think of so great importance, it seems as if they were in much less esteem with the Antients, who looked upon them rather as means subordinate to the great maxims which they followed, than as positive Rules; and notwithstanding that Vitruvius seems to have fixed these rules, they do not appear to have ever been very exactly followed; for perhaps we shall not find two Antique Buildings, where the proportions, tho' of the same Order, are precisely the same, which must necessarily be the case, when according to the idea of the Antients, the edifices not being made for the Orders, but the Orders for the edifices, it appears natural that they shou'd be subject to the Character which each particular Building ought to have. Thus when by these rules which we imagine we have from them, we judge of some antient monuments respected by time, we often decide that a piece of Architecture whose beauty is certainly very great, is only singular, because we are not sensible that these grand things are not to be judged of by our little rules, but our little rules by those which they have followed to produce these grand things; since to build by these rules, nothing farther is required than memory and practice; but to execute after great maxims, to know how to employ them properly, to see the whole extent of the resources they can furnish, there must be Genius; The Antients by this method of acting had many more Scolars than we; we have many more Masters and less good Architecture than they had.

The Ionick, the Corinthian, and Composite Orders invented after the Dorick, encreased alway's in richness, and as is said in Elegance, at least in regard to the two first; The Dorick itself was more ornamented than the Tuscan; Ought not the very great simplicity of the Tuscan Order, to lead one to think that it preceeded all the others? Could it have been the Model for Grecian Architecture? and might not the Dorick Order have been any thing more than the Tuscan to which Grece added ornaments that make it appear different? in short is it probable, that the Grecians who bragged of having invented all the Arts, wou'd have regarded, and employed the Architecture of the Tuscans,

cans,

indiquées & les proportions fuivies, l'Architecture changea totalement
de face; & l'on vit s'établir le Genre Gothique. Lorfqu'elle négligea
les Types, elle devint tout-à-fait barbare, & l'on ne connut plus que
de maffes informes de bâtimens, tels que ceux que l'on voit encore
dans prefque tous les pays de l'Europe & qui reffemblent plus à des
cavernes qu'à des temples ou à des palais.

Quant aux regles de la modinature, & même à celles des proportions relatives que quelques uns croyent d'une fi grande importance, il paroit qu'elles étoient beaucoup moins eftimées des anciens qui
les regardoient plutôt comme des moyens fubordonnés aux grandes
maximes qu'ils fuivoient, que comme des regles pofitives . On peut
obferver que quoique Vitruve femble avoir determiné ces regles, il
paroît cependant qu'elles n'ont jamais été fuivies bien exactement, &
peut-être ne trouveroit on pas deux fabriques antiques, où les proportions du même ordre foient précifément les mêmes ; ce qui doit
être en effet, puifque fuivant les idées des anciens, les Edifices n'étant
pas faits pour les ordres, mais les ordres pour les Edifices, il paroit
naturel qu'ils foyent affujettis au Caractere que chaque fabrique particuliere doit avoir. Ainfi lorfque d'après ces regles que nous croyons
tenir d'eux, on juge quelques monumens antiques que le temps a ref-
pecté, fouvent on ne trouve que finguliers des morceaux d'Architecture dont la beauté eft très grande, parceque l'on ne s'apperçoit pas
que ce ne font pas ces grandes chofes qu'il faudroit juger par nos
petites regles, mais bien nos petites regles d'après celles que l'on a
fuivies pour faire ces grandes chofes; car pour fabriquer d'après ces
regles il ne faut que de la mémoire & de la pratique, mais pour
exécuter d'après des grandes maximes, pour favoir les employer à propos, pour voir toute l'étendue des reffources qu'elles peuvent fournir,
il faut du génie . Les anciens par cette méthode de faire, avoient
bien plus d'écoliers que nous, nous avons fans doute bien plus de
maîtres & beaucoup moins de bonne Architecture qu'eux.

Les ordres Ioniques, Corinthiens, & Compofites inventés après
le Dorique, augmenterent toujours en richeffe, & à ce qu'on dit en
élegance, c'eft ce qu'on affure au-moins à l'égard des deux premiers;
le

cans, as they did even to the very Citadel of Athens and in the Temple of Minerva Suniada, if the Tufcans to rob them of the merit of being the inventors of the Art, had done nothing more than ftrip the Dorick Order of the ornaments belonging to it? In short in what times and by what means could the Grecians have receiv'd the Architecture of the Tufcans? Inftead of folving thefe queftions, we shall introduce here fome obfervations which may help to decide them, and fix nearly the time when Architecture began to be known in Europe.

Two Miles from the Silarus, a little Stream which coming down from the Appenines, winds between the Territory of Campania and that of the Lucanians, are the remains of the Antient Pofidonias or Pæftum which ftill bears the name of Pæfti. It was founded, as is faid, by the Sybarites or according to fome by the Dorians; in the midft of its ruins, ftand three edifices of a fort of Architecture whofe Members are Dorick, altho' its proportions are not fo; in a fourth journey we made to Pæfti a few months fince, we remained there feveral days to examine at leifure thofe magnificent ruins, which aftonish and ftrike the more in proportion as they are examined more particularly and oftner feen. In fearching with Mr Hamilton for every circumftance that might inftruct us, as to the Plan and fize of this Town which we went round feveral times near the lands belonging to the Arcioni, a very antient family of the Country who about 20. or 30. years ago firft cleared the neighbourhood of Pæfti, at that time a Defert; We found feveral Etrufcan infcriptions enclofed within the interiour part of the Wall of the Town, and lately difcovered as they have taken away part of the Wall that concealed them, to employ the materials in the building of a houfe in that neighbourhood.

We copied thefe infcriptions which are cut upon blocks of Stone of an enormous fize; their letters which are a palm high, were formerly coloured with red to make them more legible, but the Minium employed for that purpofe being deftroyed, we cou'd only difcover fome traces of it in one word; About an hundred paces from thence a fragment of a Tufcan Entablature, worked upon a block of Stone equal in fize to thofe on which are the Infcriptions, and being like them

enclo-

le Dorique lui même fut plus orné que le Tofcan ; cette extrême fimplicité ne donne-t-elle pas à penfer que ce dernier précéda tous les autres ? auroit il donc été le modele de l'Architecture des Grecs ? & l'ordre Dorique ne feroit il autre chofe que le Tofcan auquel la Grece
ajouta les ornements qui le font paroître différent ? enfin feroit il probable que les Grecs qui fe vantoient d'avoir inventé tous les Arts, auroient regardé & employé comme ils le firent jufques dans la Citadelle
d'Athenes, & dans le Temple de Minerve Suniade, l'Architecture des
Tofcans, fi pour leur enlever le mérite d'être les inventeurs de l'Art,
ceux-ci n'euffent fait que dépouiller l'ordre Dorique des ornements qui
lui font propres ? Ces demandes pofées il faudroit rechercher dans quels
temps, & par quels moyens les Grecs auroient reçu l'Architecture des
Etrufques : au lieu de réfoudre ces queftions, nous allons placer ici quelques remarques qui pourront aider nos lecteurs à les décider & à fixer
à-peu-près le temps où l'Architecture commença d'être connue en Europe.

A deux milles du Silarus, petit fleuve qui defcendant de l'Ap-
penin ferpente entre le Territoire de la Campanie & celui des Luca-
niens, on trouve les reftes de l'Ancienne Pofidonia ou Pæftum , qui
porte encore à préfent le nom de Pefti. Elle fut fondée à ce que l'on
dit par les Sybarites & felon quelques-uns par les Doriens . Du milieu de fes ruines , s'élevent trois édifices d'une forte d'Architecture
dont les membres font Doriques bien que les proportions ne le foient
pas ; dans un quatrieme voyage que nous fimes il y a quelques mois
à Pefti, nous nous y arrêtames plufieurs jours pour examiner à loifir
ces ruines magnifiques, qui étonnent & impofent d'avantage à mefure
qu'elles font examinées avec plus de foin, & revues plus fouvent . En
recherchant avec Mr. Hamilton tout ce qui pouvoit nous inftruire du
plan & de la grandeur de cette Ville, dont nous fimes plufieurs fois
le tour, près des terres appartenantes aux *Arcioni* , très ancienne famille du Pays qui la premiere défricha il y a vingt ou trente ans
les environs déferts de Pefti , nous trouvames plufieurs Infcriptions
Etrufques renfermées dans l'intérieur de la bâtiffe du mur même de
la Ville, & découvertes depuis quelques temps parce que l'on a dé-
moli la partie de ce mur qui les mafquoit , pour en employer les

enclofed in the Wall of the Town, and compofed of a Sort of Stal-
laƐlite, leaves very little room to doubt, that it belonged to the fame
Etrufcan Edifice from whence the Infcriptions were taken, and which
muſt have been very confiderable, as well as of remoteſt Antiquity;
which is proved equally by the fize of the ſtones that were employed
in it, (for this is near fix French feet) by the circumftance of the
letters as we have mentioned being palm high, in short by the form
of thofe letters refembling much thofe of the Phenicians, and in confe-
quence of the moſt antient times of Etruria. An Etrufcan Medal be-
longing to the Count of Pianura, known by the ſtile of the Chara-
Ɛers of its legend, and the manner of its engraving to be one of
the firſt productions of the art, gives the name of Piſtulis to Pofido-
nias, and leaves room to fufpeƐ that this was built by the Greeks
upon the ruins of the other : fo much the more, as a paſſage of
Ariſtoxenes of Tarantum quoted by Atheneus, and taken notice of by
Mr. Mazzochi, informs us that the Gulph on whofe shore Pofidonias
was fituaded, was ſtill called in his time the Thyrrenian Gulph, which
certainly proves that it had been anteriorly inhabited by the Etrufcans,
for it was the Cuſtom of the Grecians to give to the interiour feas
the name of the people who inhabited its neigbourhood; thus they called
the Gulphs of Argolica, Meſſaniaca and Laconia, thofe which extended
themfelves to the Lands of Argos, Micenes, and Lacedemon. The Me-
dals, infcriptions, the names of places, feas, the ruins themfelves, and
the authority of Authors, all concurr to demonſtrate that the Etrufcans
inhabited the fame place on which Pofidonias was afterwards built, or
at leaſt that they raifed buildings there of the greateſt importance long
before the Greeks came to inhabit that shore ; for it is certain as we
have faid elfewhere, that at the time of the Paſſage of Eneas which
preceeded that of the Sybarites and the Dorians into Italy, Etruria
had loſt its Dominion there ; and that shut up on the other fide the
Tyber, it was feparated from Lucania by the Country of the Volfcii,
the Latins, the Hernii, and the Campanians ; One muſt judge then,
that the Etrufcan edifices of which the infcriptions were a part, were
of a time anteriour to the Trojan War, which agrees alfo with what

Denis

materiaux à la conſtruction d'une maiſon voiſine .

Nous copiames ces inſcriptions gravées ſur des quartiers de pierre d'une énorme grandeur , leurs lettres qui ſont palmaires étoient autrefois touchées de rouge, afin de les rendre plus liſibles , mais le minium employé à cet effet ne s'eſt qu'à peine conſervé ſur un ſeul mot où nous en decouvrimes quelque trace; à cent pas de là, un fragment d'Entablement Toſcan travaillé ſur un quartier de pierre, égal en grandeur à ceux ſur lesquels ſont les inſcriptions, comme eux enclavé dans l'intérieur du mur, & taillé pareillement dans une ſorte de Stallactite, ne laiſſe guere douter qu'il n'ait appartenu au même Edifice Etruſque duquel on a arraché les inſcriptions, & qui devoit être de la plus grande conſidération, comme de la plus haute antiquité ; ce que prouve encore la grandeur des pierres qui y étoient employées , car elle eſt de près de ſix pieds de France , celle des lettres dont nous avons parlé qui eſt palmaire, enfin la forme de ces mêmes lettres qui eſt très-approchante de celles des Phéniciens & par conſequent des temps les plus anciens de l'Etrurie. Une médaille Etruſque appartenante à Mʳ le Comte de Pianura reconnue par le ſtile des caracteres de ſa légende, & la maniere de ſa gravure, pour être une des premieres productions de l'Art, donne le nom de Piſtulis à Poſidonia, & fait ſoupçonner que celle-ci fut conſtruite par les Grecs ſur les ruines de l'autre, d'autant plus qu'un paſſage d'Ariſtoxene de Tarente cité par Athénée, & remarqué par Mʳ Mazocchi, nous apprend que le Golphe ſur le rivage duquel étoit ſituée Poſidonia , portoit encore de ſon temps le nom de Golphe Thyrrénien, ce qui prouve aſſurément qu'il avoit antérieurement été habité par les Etruſques , car c'étoit l'uſage des Grecs de donner aux mers intérieures les noms des peuples qui en habitoient les environs : ainſi l'on appella Golphes Argoliques, Meſſéniaques, Laconiens, ceux qui s'étendoient dans les terres d'Argos, de Micênes, & de Lacédémone . Les médailles, les inſcriptions , les dénominations des lieux, des mers, les ruines mêmes, & l'autorité des Auteurs, concourent également à démontrer que les Etruſques habiterent dans les mêmes lieux où Poſidonia fut depuis conſtruite, ou du moins qu'ils y éleverent des bâtimens de la plus grande importance

long-

*Denis of Halicarnaſſus ſays, as to the time in which the greatneſs of
theſe people ended . Now to compare thoſe antient buildings which no
longer exiſt, with theſe that do ſtill exiſt at Peſti, one muſt ſeek out
the time in which the latter were built , and afterwards ſhew that
thoſe who built them having the former before their eyes, might have
made uſe of their proportions to regulate thoſe of the Temples and Ba-
ſiliſks which they were about to raiſe ; laſtly it is neceſſary to prove
that the Greeks by their own acknowledgement, have often employed the
Tuſcan proportions, and finiſh by pointing out, from whom and in what
time, it is moſt probable that they received theſe proportions .*

We read in Vitruvius (4) *that the Athenian Colonies who were
ſent into Aſia Minor , under the Conduct of Ion and Xutus ſons of
Creuſa, after having driven away the Carians and the Leleges, founded
thirteen Towns , and gave the name of Ionia to the Country which
they had ſeized upon . Theſe new Inhabitants having raiſed a Temple
to Apollo Panonius, and following the manner of building they had ſeen
practiſed in Achaia, gave to that manner the name of Dorick, becauſe it was in the Towns of the Dorians where they had ſeen it made uſe of for the firſt time ; being deſirous then of employing columns,
but not knowing what proportions to give them , ſufficient to ſupport
the weight they were to bear , without making them unpleaſing to the
eye, they thought of ſeeking the proportion of the length of the foot
of a man to his height ; finding that the one is the ſixth part
of the other, they made over this proportion to the heigth of the Pillar
to which they gave (the Capital included) ſix times the length of the
foot . It is thus, ſays the Author , that the Dorick Pillars began to
take the proportion of the human body, and preſerved the idea of ſo-
lidity and beauty in the edifices they were deſtined to adorn . Thucydides aſſures us* (5) *that the Ionians ſoon became very powerful by
ſea , and as a ſufficient proof of it , they gave their name to that
which near the Coaſt of Sicily unites itſelf to the Thyrrenian ſea ;
thus they communicated with the inhabitants of Magna Grecia and Grecia*

(4) Vitruv. *Lib. IV. Cap. I.*   (5) Thucydid. *Lib. I.*

long-temps avant que les Grecs vinffent habiter cette plage; car il eft
certain comme nous l'avons dit ailleurs, qu'au temps du paffage d'Enée
qui précéda celui des Sybarites & des Doriens en Italie, l'Etrurie avoit
cefsé d'y dominer, & que dès-lors renfermée au delà du Tybre, elle
étoit féparée de la Lucanie par les pays des Volfques, des Latins, des
Herniques & des Campaniens. On doit donc juger que les édifices Etrufques dont les Infcriptions citées ci deffus faifoient partie, appartiennent à des temps qui ont précédé la guerre de Troye, ce qui s'accorde d'ailleurs avec ce que dit Denys d'Halicarnaffe du temps où finit la grandeur de ces peuples. Pour comparer à préfent ces anciennes
fabriques qui n'exiftent plus, avec celles qui fe voyent encore à Pefti,
il faut chercher le temps où celles ci ont été conftruites, montrer enfuite, que ceux qui les conftruifirent ayant les premieres fous les yeux,
purent s'aider de leurs proportions pour régler celles des Temples
ou Bafiliques qu'ils avoient à élever ; il faut prouver enfin que les
Grecs de leur aveu même, ont plufieurs fois employé les proportions
Tofcanes, & finir par indiquer de qui & dans quel temps, il eft
vraifemblable qu'ils ont reçu ces proportions.

Nous lifons dans Vitruve (4) que les Colonies Athéniennes en-
voyées dans l'Afie Mineure fous la conduite d'Ion & de Xuthus fils
de Créüfe, après avoir chafsé les Cariens & les Léleges, fonderent
treize Villes, & donnerent le nom d'Ionie au Pays dont elles s'étoient
emparé. Ces nouveaux habitans ayant élevé un Temple à Apollon
Panonius fuivant la maniere qu'ils avoient vu pratiquer en Achaïe,
donnerent à cette maniere le nom de Dorique, parce que c'étoit dans
les Villes des Doriens qu'ils l'avoient vue en ufage pour la premiere
fois ; voulant donc employer des Colonnes, mais ne fachant quelles
proportions leur donner pour qu'elles fuffent propres à foutenir le
poid qu'elles devoient porter, fans ceffer pour cela d'être agréables à
la vue, ils imaginerent de chercher le rapport de la longueur du pied
d'un homme à fa hauteur, & trouvant que l'une eft la fixieme partie de l'autre, ils tranfporterent la même proportion à la hauteur de
la colonne à laquelle ils donnerent fix fois la largeur de fon pied y
compris le Chapiteau. C'eft ainfi, ajoute cet Auteur, que la colonne

cia propria, to *whom they might have given the new rule they had invented, which was afterwards always made use of in Dorick buildings*. *Neverthelefs thofe of Pefti neither keeping to that rule, nor to the fymmetry affign'd to the Spaces between the Pillars of the Order, they muft have been built at a time preceeding the rule, that is before the Epoch of the eftablifhment of the Greeks in Ionia, fixed by Father Petau to the year* 138 (6) *after the taking of Troy; but fince it was not till after the deftruction of that City, that the Grecians eftablifhed themfelves in that part of Italy, which from them took the name of Magna Grecia, it follows that the Dorians cou'd not have built the Temples of Pefti, at any other time than in the interval of the* 138 *years which paffed away between the deftruction of Troy and the eftablifhment of the Ionian Colonies, and of courfe* 60 *years at foonest after the conftruction of the Etrufcan buildings above mentioned; that thefe buildings exifted then and even very long after, is fcarcely to be doubted, if one attends to their folidity, indicated by the fize of the ftones they made ufe of, and by the manner of building of thefe People; for it is well known that the Great Sewer of Rome which they conftructed in the Reign of the laft of the Tarquins, exifts even to this day. This work which was repaired by Agrippa, is praifed by all the antient Authors, and its remains, atteft equally its grandeur and folidity; thefe two articles eompofed the Character which the Etrufcans endeavoured to give to their Architecture, and we find both the one and the other in the Temples of Pefti. It is then credible, that the Temples of Pefti erected before the difcovery of the rules, in a Country where the Dorians had certainly Etrufcan edifices before their Eyes, followed the Symmetry of the antient Tufcan Order, as different from that of which Vitruvius gives the proportions, as the Dorick of Pefti is to that of the Ionians; befides, this would not have been the only time that the Grecians had made ufe of the Tufcan manner, which they blended with their own; for Vitruvius fay's pofitively, that there were feen in Grece Temples dif-*

---

(6) Petavii. De Doctrin. Temp.

Dorique commença à prendre la proportion du corps humain, & conserva l'idée de folidité & de beauté, aux édifices à l'ornement desquels il fut employé . Tucydide affure (5) que bientôt les Ioniens devinrent très-puiffans fur mer , & ce qui le prouve affez, c'eft qu'il donnerent leur nom à celle qui vers le côtes de la Sicile vient s'unir avec la mer Thyrrénienne ; ainfi ils communiquerent avec les habitans de la grande Grece, & de la Grece propre, auxquels ils purent donner la nouvelle regle qu'ils avoient inventée, & qui dans la fuite fut toujours mife en œuvre dans les édifices Doriques. Toutefois ceux de Pefti ne gardant ni cette regle ni la Symmétrie qu'elle affigne aux efpaces qui font entre les colonnes de cet ordre, il faut qu'ils foient conftruits dans un temps qui la précédé, c'eft à dire avant l'Epoque de l'établiffement des Grecs en Ionie fixée par le Pere Petau à l'an 138. (6) après la prife de Troye . Mais puifque ce ne fut qu'après la deftruction de cette ville , que les Grecs vinrent s'établir dans cette partie de l'Italie qu'à caufe d'eux on appella la grande Grece , il s'enfuit que les Doriens n'ont pu bâtir les Temples de Pefti que dans l'intervalle des 138 ans qui s'écoulerent entre la ruine de Troye & l'établiffement des colonies Ioniennes, & par conféquent au plutôt 60 ans après la conftruction des édifices Etrufques dont nous avons parlé. Que ces monumens fubfiftaffent alors , & même bien long-temps après, c'eft une chofe dont on ne peut guere douter fi l'on fait attention à la folidité qu'indique la grandeur des pierres qu'on y avoit employées, & à la maniere de bâtir de ces peuples; car on fait que le grand égoût de Rome qu'ils conftruifirent fous le regne du dernier des Tarquins, fubfifte encore aujourd'hui. Cet ouvrage qui fut réparé par Agrippa, eft loué par tous les auteurs anciens, & ce qui en refte, attefte également *fa grandeur* & *fa folidité* ; ces deux chofes formoient le caractere que les Etrufques cherchoient particulierement à donner à leur architecture , & l'on trouve l'une & l'autre dans les Temples de Pefti. Nous pouvons donc croire qu'élevés avant la découverte des regles Grecques dans un pays où les Doriens avoient indubitablement des édifices Etrufques fous les jeux, les Temples de Pefti fuivirent la fymmétrie de l'ancien ordre Tofcan, auffi différent de celui

difpos'd according to the fymmetry of the Tufcans of whom he had been fpeaking ; but that the diftribution of thefe Temples followed fome other order of Architecture ; this Author cites among other edifices of this fort the Temple of Minerva in the Citadel of Athens , and that of the fame Goddefs , which according to Paufanias , ftood above the road of Sunium . The remains of this latter , of which there exift to this day 19 Columns , have given the name of Cape Column to the Promontory of Sunium ; the defigns we have feen , and which have been engraved at London and Paris , reprefent them exactly like the Temples of Pefti , Agrigentum and Siracufe ; Now if this fymmetry of the Temple of Minerva be that of the Tufcans , as Vitruvius himfelf acknowledges , 'tis no longer to be doubted but that of Pefti which is like it , is alfo Tufcan ; and as the proportions employed there , are foreign to the Doric order , one may well believe that with the fymmetry the Dorians borrowed the Tufcan proportions , and that in this manner in all thefe monuments one finds the antient Tufcan order to which Dorick ornaments have only been added ; which makes it with refpect to that fpoken of by Vitruvius , as the Compofite is with refpect to the Corinthian and the Ionick .

After having pointed out the Age to which may be attributed the conftruction of the Temples of Pefti ; after having fhewn the Etrufcan edifices which may have been their models , we have proved that the Grecians borrowed fometimes a part of the fyftem of the Etrufcans in Architecture , and we have ended with fhewing that this fyftem is employed at Pefti ; it remains ftill for us to expofe our doubts as to the time , and the manner in which the Grecians may have received from the Etrufcans an art of which afterwards it is very eafy to find out the Inventors .

Œnotrus conducted into Italy the firft Grecian colony which went to eftablish itfelf in a foreign country ; this Œnotrus Son of Licaon , and Cotemporary of Cecrops , was grandfon to Pelafgus , whom the Arcadians pretended to have been the firft man ; it was Pelafgus , fays Paufanias , who taught thefe people to make Huts to defend themfelves from the rain , the cold and the intemperance of the feafons , he taught

them

lui dont Vitruve donne les proportions, que le Dorique de Pesti l'est de celui des Ioniens.

Au reste ce ne seroit pas la seule fois que les Grecs se fussent servi de la maniere Toscane, qu'ils auroient mêlée avec la leur. Car Vitruve dit positivement que l'on voyoit en Grece des Temples ordonnés sur la symmétrie des Toscans dont il vient de parler, mais que leur distribution tenoit encore de quelque autre ordonnance d'Architecture : cet Auteur cite entr'autres Edifices de cette espece, le Temple de Minerve qu'on voyoit dans la Citadelle d'Athenes, & celui de cette Déesse qui selon Pausanias étoit élevé au dessus de la rade de Sunium. Les restes de ce dernier, dont il existe encore aujourd'hui dix-neuf colonnes, ont fait donner le nom de Cap Colonne au promontoire de Sunium; les desseins que nous en avons vûs, & qu'on a gravés à Paris & à Londres, le représentent précisément tel que sont ceux de Pesti, d'Agrigente, & de Syracuse ; or si cette Symmétrie du Temple de Minerve est celle des Toscans de l'aveu même de Vitruve, on ne peut plus douter que celle de Pesti qui lui est semblable, ne soit aussi Toscane, & comme les proportions qu'on y a employées sont étrangeres à l'Ordre Dorique, on peut bien croire qu'avec la Symmétrie, les Doriens ont emprunté les proportions Toscanes, & qu'ainsi dans tous ces Monumens, on retrouve l'ancien Ordre Toscan auquel on n'a fait qu'ajouter les ornemens Doriques ; ce qui le rend par rapport à celui dont parle Vitruve, comme le composite est par rapport au Corinthien & à l'Ionique.

Après avoir indiqué à quel Siecle on peut attribuer la construction des Temples de Pesti, après avoir fait voir des edifices Etrusques qui purent leur servir de Modeles, nous avons prouvé que les Grecs ont souvent fait usage d'une partie du système des Etrusque sur l'Architecture, & nous avons fini par montrer que ce système est employé à Pesti; mais il nous reste encore à exposer nos doutes sur le temps, & la maniere dont les Grecs peuvent avoir reçu des Toscans un art dont après cela il est fort aisé de reconnoître les inventeurs.

Œnotrus conduisit en Italie la premiere colonie Grecque qui alla s'établir en pays étranger, cet Œnotrus fils de Licaon, & contemporain

them alfo to clothe themfelves with the skins of the wild boar , and prefcribed the ufe of acorns to them in place of leaves , herbs and roots with which they nourished themfelves before (7). It may be well imagined that fuch a Nation cou'd not have an idea of Architecture, fo that Œnotrus cou'd not have carried that Art into Italy ; the Pelafgians a wandring people like the Scythian Nomades , having fcarcely any fixed habitations , did not carry into Etruria a knowledge which they had not even in the country from whence they came , and who were devoid of all Induftry ; Thefe fame Pelafgians however being at laft united with the Etrufcans foon learnt to build houfes , and fix'd themfelves upon the foils they cultivated . Care a rich and religious Town , where Virgil fay's the Lydians afterwards eftablifhed themfelves, Pifa fituated upon the Arno to this day confiderable , Saturnia which no longer exifts , Alfium not far from Rome , and many others acknowledge them for their Founders . It is then very certain that thefe people who inhabited with the Etrufcans , learnt from them their manner of building , and may have carried it back into Grece when they returned there , two Ages of man before the Siege of Troy . It was about that time , that Thefeus affembled together in Athens the Burgh's of Attica , with a defign of peopleing and aggrandizing his new Town ; he called there , fays Plutarch (8) , ftrangers to whom he granted the rights of Citizens ; Certain Pelafgians from Etruria retired into Athens , and it is thofe whom Thucydides mentions ; When Vitruvius fays , that there was in the Acropolis of Athens a Temple of Minerva of Tufcan fymmetry , he does not mean to fpeak of the Parthenon which is ftill to be feen as it exifted in his time , and whofe Architecture is Dorick ; one muft then necef/arily attribute what he fays to the Temple of Minerva Poliadis , or Patronefs of the Town , fince the Citadel contained only thefe two Temples confecrated to Pallas ; they shewed there in the time of Paufanias who lived under Adrian , a Chair made by Dedalus (9) , (Cotemporary

and

---

(7) Paufan. *in Arcad.*
(8) Plutarch. *in Thefeo.*

(9) Paufan. *in Attic.*

porain de Cécrops, étoit petit fils de Pélafgus que les Arcadiens pré-
tendoient être le premier homme, ce fut lui, dit Paufanias, qui enfeigna à ces peuples l'art de conftruire des cabanes qui puffent les défen-
dre de la pluye, du froid & de l'intempérie des faifons; il leur apprit
auffi à fe vêtir de peaux de fanglier, & leur confeilla l'ufage du gland
à la place des feuilles, des herbes & des racines dont ils fe nourrif-
foient auparavant (7) ; on peut bien imaginer qu'un tel peuple ne
pouvoit avoir l'idée de l'Architecture, & que par conféquent Œnotrus
ne put la porter en Italie. Car les Pélafgues errants à-peu-près comme les Scytes Nomades, & ne connoiffant guere de demeures fixes, ne
purent donner à l'Etrurie des connoiffances que l'on n'avoit pas dans
le pays dont ils fortoient, & qui étoient privés de toute forte d'In-
duftrie . Cependant unis dans la fuite avec les Etrufques ces mêmes
Pélafgues apprirent bientôt à conftruire des maifons & à fe fixer dans
les terrains qu'ils cultiverent. Cœré ville opulente & religieufe , où
Virgile dit que les Lydiens s'établirent enfuite, Pife fituée fur l'Arno,
encore aujourd'hui confidérable , Saturnie qui n'exifte plus , Alfium
peu diftante de Rome & plufieurs autres, les reconnoiffoient pour leurs
fondateurs . Il eft donc bien certain que ces peuples qui habitoient
avec les Tofcans , apprirent d'eux leur maniere de bâtir , qu'ils purent porter en Grece lors qu'ils y retournerent deux âges d'homme
avant le fiege de Troye. C'étoit vers ce temps là que Théfée raffem-
bloit dans Athenes les Bourgs de l'Attique ; pour remplir le deffein
qu'il avoit formé de peupler & d'agrandir fa nouvelle ville, il y appella, dit Plutarque (8), les étrangers aux quels il accorda les droits
de Citoyens . Quelques Pélafgues fortis de l'Etrurie s'y réfugie-
rent , & c'eft d'eux dont Thucydide fait mention: quant à Vitruve , lorfqu'il dit qu'on voyoit dans l'Acropole d'Athenes un Temple
de Minerve dont la Symmétrie étoit Tofcane ; il n'entend pas parler du Parthénon qui exifte encore aujourd'hui tel qu'il étoit de fon
temps, & dont l'Architecture eft Dorique, il faut donc nécéffairement
attribuer ce qu'il rapporte au Temple de Minerve Poliade ou prote-
ctrice de la Ville, puifque la Citadelle n'avoit que ces deux Temples
confacrés à Pallas ; on montroit dans le dernier au temps de Paufanias

and Coufin of Thefeus) confecrated to the Tutelar Divinity of the Town which he had founded . We believe that the Thyrrenian Pelaf-gians who were at Athens , are affuredly the only people who cou'd have brought thither the Tufcan fymmetry , at a time when Grece had fo little intercourfe with Italy , that it was forbidden by a pu-blick decree for any Veffel to put to fea with more than five Men on board ; another circumftance that wou'd prove alfo that the Pelaf-gians brought to the Grecians the Architecture which they had learned from the Etrufcans , is , that befides its being probable that many of them retired into Arcadia from whence they were Originally defcended , there were alfo to be feen in that Country the Walls of Thyrinthus of Tufcan Architecture , whofe ftones were of fuch a fize , that Pau-fanias fays , two Mules cou'd with Difficulty draw one of them ; and this manner of building being fo foreign to that of Grece , they pre-tended that thefe walls were the work of the Cyclops . The walls of Volterra , Cortona , Fiezole built by the Etrufcans , refemble exactly thofe of Thyrinthus , and it is known that thefe people employed the fame Method in building the walls of Rome under Tarquin the El-der ; befides , the Cyclops having never exifted , cou'd not have built the walls of a Town of Grece , it is then more natural to believe that they were the work of the Pelafgians ; We might add to tho-fe proofs many others which wou'd demonftrate that Architecture paffed from Etruria into Grece by the means of thefe people ; but we be-lieve we have faid enough to enable the impartial Reader to judge for himfelf ; Accordingly , we are to prefume that the Tufcan Order , the firft Invention of all , afcended to Ages anteriour to the Tro-jan War , and that its difcovery was made in the time of the Great Power of the Etrufcans . The pyramidal form of the Pillars at Pefti, has made fome think that the Grecians had borrowed that form from the Egyptians , although at the time they were raifed , there was no communication between thefe two (10) people ; on the contrary it is

known

_____

(10) Voyés le Chap. 2.

nias qui vivoit fous Adrien, une chaire faite des mains de Dédale (9)
Coufin de Théfée dont il étoit Contemporain, & confacrée à la Divinité tutélaire de la Ville qu'il avoit fondée ; nous croyons que les
Thyrréniens Pélafgues qui s'établirent à Athenes , font les feuls qui
ayent pu y porter la fymmétrie Tofcane dans un temps où la Grece avoit fi peu de commerce avec l'Italie, qu'il étoit défendu par un
décret public de mettre en mer aucun vaiffeau avec plus de cinq hommes. Une autre chofe qui prouveroit encore que les Pélafgues porterent aux Grecs l'Architeéture qu'ils avoient apprife des Etrufques, c'eft
que comme il eft probable que beaucoup d'entr'eux fe retirerent dans
l'Arcadie dont ils étoient originaires , on trouvoit dans ce pays les
murs de Tirynthe fabriqués fuivant la méthode Tofcane , les pierres
en étoient fi grandes, que Paufanias dit qu'à peine deux mulets euffent pu en trainer une . Cette maniere de bâtir étoit fi étrangere à
la Grece, que l'on y prétendoit qu'elle étoit l'ouvrage des Cyclopes.
Les murailles de Volterre, de Cortone, de Fiézole conftruites par les
Etrufques, reffemblent en tout à celles de Tirynthe, on fait dailleurs
que ces peuples employerent la même méthode pour fabriquer les
murs de Rome fous le Reigne de Tarquin l'Ancien ; & puifqu'il eft
encore certain que les Cyclopes n'ont jamais exifté ; il eft affuré qu'ils
n'ont pu élever les murs d'une Ville de Grece, & nous penfons qu'il
eft bien plus naturel de croire qu'ils étoient l'ouvrage des Pélafgues.
Nous pourrions à ces preuves en joindre plufieurs autres qui confta-
teroient que l'Architeéture paffa d'Etrurie en Grece par le moyen de
ces peuples ; mais nous croyons en avoir affez dit pour mettre le
leéteur impartial en état de juger par lui même . Nous foupçonnons
donc que l'ordre Tofcan inventé le premier de tous , remonte à des
Siecles antérieurs à la guerre de Troye , & que fa découverte a été
faite dans le temps de la grande puiffance des Etrufques . La figure
pyramidale des colonnes employées dans l'Architeéture de Pefti, a fait
croire à quelques uns que les Grecs avoient emprunté cette forme des
Egyptiens, bien que dans le temps où elles on été élevées, il n'y eut
aucune communication entre ces deux (10) peuples ; on fait au contraire que le goût des Etrufques, quoi qu'affurèment original, reffem-

Vol. I.   e e   bloit

*known that the taste of the Etruscans , though assuredly Original , re-
sembled in many things that of the Egyptians* (11) : *Like them they
made use of Pyramids , and built labyrinths as may be seen in the
description of the Tomb of Porsena given by Pliny upon the authority of Varro ; they had likewise* (12) *Colossal Statues like those of
Egypt ; it seems then much more natural , if models are to be found
for this Architecture , to seek for them amidst the practice of a neigh-
bouring people , learned , enlightened and who besides , had built considerable monuments upon the same plan as the Dorians afterwards .
As to the discovery of the Tuscan Order , and the Taste of the
Etruscans for Architecture , this is what the Count of Caylus says of
them , " such an Invention is the fruit of a decided talent for Ar-
,, chitecture , it can not be established but by length of time , and
,, to bring it in fashion , it is necessary to build many superb edifi-
,, ces , where the invention must be happily executed ; However great
,, then may have been the reputation of the Inventor of the Order
,, I am speaking of , one may presume that it was not received by
,, the whole Nation , till after they had remarked its effect , from
,, whence it is easy to conclude , that the Etruscans had a knowledge
,, sufficient to bring Architecture to perfection , and that their Taste
,, led them to raise regular buildings" . It is to this taste that Rome in its infancy owed its principal ornaments , for the Tuscans built
the Great Circus , an immense work , which seemed to foretell the future grandeur of the Roman people , and not to be made for a little
Town which Rome was , when she caused it to be built ; they sur-
rounded also the Public place with a Portico and Shops , which contributed to its embellishment and conveniency .*

SECT.

---

(11) Plinius *Hist. Nat.*

bloit en plufieurs chofes à celui des Egyptiens (11) , comme eux ils
employerent les pyramides, & fabriquerent des Labyrinthes, ainfi qu'on
peut le voir dans la defcription du Tombeau de Porfena faite par Pline fur le témoignage de Varron. Ils eurent auffi (12) des Statues Co-
loffales comme celles de l'Egypte; il femble donc qu'il étoit plus fimple, fi l'on vouloit trouver des modeles à cette Architecture, de les
chercher dans l'ufage d'un peuple voifin, favant & éclairé, qui d'ailleurs avoit conftruit des monuments confidérables fur le plan même
où les Doriens bâtirent enfuite; Quant à la découverte de l'ordre Tofcan & au goût des Etrufques pour l'Architecture, voici ce qu'en dit
M.ʳ le Comte de Caylus. "Une pareille invention eft le fruit d'un ta-
„ lent décidé pour l'Architecture, elle ne peut s'établir que par une
„ longue fucceffion de temps, & pour la mettre en vogue , il faut
„ conftruire beaucoup d'édifices fuperbes , où elle foit heureufement
„ exécutée. Quelque brillante qu'ait donc été la réputation de celui
„ qui inventa l'ordre dont je parle , il eft à préfumer qu'il n'a été
„ reçu de toute la nation, qu'après qu'on en a eu remarqué l'effet;
„ d'où il eft aifé de conclure que les Etrufques avoient l'intelligence
„ néceffaire pour perfectioner l'Architecture, & que leur goût les por-
„ toit à élever des batimens réguliers ". C'eft à ce goût que Rome
naiffante dut fes principaux ornemens ; car les Tofcans bâtirent le
grand Cirque, ouvrage immenfe qui fembloit un préfage de la grandeur future du Peuple Romain , & ne paroiffoit pas fait pour une
petite Ville telle que Rome étoit lorfqu'elle le fit conftruire ; ils en-
vironnerent auffi la place publique d'un portique , & de boutiques
qui contribuerent à fon embelliffement, & à fa commodité.

Sect.

---

(12) Idem.

A Pag. 112.

S E C T I O N   II.

Of Sculpture and Painting.

A Pag. 112.

ORN to numberless wants which imagination also encreases , Man who exists in the present moments that are ever flying from him , holds by his hopes to a futurity , and by his remembrance to a time which is past and is no more . Desirous of enjoying , he would extend his existence to all times , and seems in his Ambition which knows no other bounds than those of his desires, to wish to be the Cotemporary of all that has been or will be . He has invented Speech , Writing , Sculpture and design which serve to re-

call

SECTION II.

De la Sculpture & de la Peinture.

É avec une grande quantité de besoins , que son imagination vient encore augmenter, l'homme qui existe dans le présent qui fuit sans cesse, tient à l'avenir par ses espérances , & au passé qui n'est plus par le souvenir . Desireux de jouir , il voudroit étendre son existence dans tous les temps , & paroit dans son ambition qui ne connoit de bornes que celles de ses desirs, souhaiter d'être le contemporain de tout ce qui a été & qui sera . Le discours qu'il a inventé, l'Ecriture, la Sculpture & le Dessein lui servent

call to his mind the time paſſed, and can extend the preſent to the moſt diſtant futurity; for theſe arts, the precious monuments of human induſtry, tend equally though by different means, to preſerve the record of things, of faĉts and even the ideas of Mankind.

The Art of Speech and that of Painting it by Writing, more difficult in the invention than Sculpture and Deſign, but more neceſſary than either the one or the other, certainly preceeded them, and we owe them to Aſia a Country at preſent almoſt barbarous; had not Hiſtory pointed out that part of the World as inhabited, long before that which we cultivate, the inſpeĉtion of our Globe alone wou'd not permit us to doubt of it; for if from the moſt Eaſtern part of Tartary, which is ſituated towards the 66th degree of Northern Latitude, we draw a Line to the Cape of Good Hope, the extent of 3600 leagues it will deſcribe being the longeſt which the antient continent allows of, proves according to the opinion of M^r. Buffon (1), that the lands in its neighbourhood both in Aſia and Africa, came out of the waters long before thoſe in Europe and China that are farther from it: to this Phyſical proof, others may be added taken from the nature of the Arts of Aſia, as well as from the ſimplicity of the Laws, the Manners and Cuſtoms of its Antient People. M^r. de Guignes has ſhewn that the Chineſe Alphabet drew moſt probably its origin from that of the Egyptians, and we are perſuaded that ours came from the Nations of Aſia bordering neareſt that line; the imperfeĉtion of the Grammar of theſe Antient Oriental Nations, leſs acquainted with the tenſes of the Verbs than thoſe we make uſe of, ſhews its originality as the ſterility and harſh ſounds of their languages, whoſe words filled with conſonants claſhing together, and aſpirations difficult to pronounce, point out by their roughneſs, that they muſt have approached nearly to thoſe ſpoken firſt by Mankind. We have already ſeen in the 2^d Chapter of this Work, the energy of the names, which the People from whence ſprung thoſe we have been mentioning, aſſigned to the different parts of Italy
which

---

(1) Hiſt. Nat. Théor. de la terre Art. VI.

vent à rappeller la mémoire du paffé & peuvent étendre celle du préfent dans l'avenir le plus reculé; car ces Arts , monumens précieux
de l'iduftrie humaine , tendent également quoique par des moyens
différens à conferver le fouvenir des chofes , des faits & même des
idées des hommes.

L'art de la parole de même que celui de la peindre par l'écriture, plus difficiles à découvrir que la Sculpture & le Deffein, mais
mais plus néceffaires que l'un & l'autre, les ont fans doute précédés,
& nous les devons à l'Afie pays prefque barbare aujourd'hui. Quand
l'hiftoire ne nous apprendroit pas que cette belle partie du monde a
été habitée bien avant celle que nous cultivons , la feule infpection
de notre globe ne nous permetteroit guere de le révoquer en doute:
car fi de la pointe de la Tartarie la plus Orientale , qui eft fituée
vers le foixante-fixieme degré de latitude Septentrionale, on mène une
ligne jufqu'au Cap de Bonne Efpérance, l'efpace de 3600 lieues qu'elle
embraffe , étant le plus long que puiffe fournir l'ancien continent ,
prouve fuivant l'opinion de M.ᵈᵉ de Buffon (1) que les terres qui l'avoi-
finent tant en Afie qu'en Afrique font forties des eaux , long-temps
avant celles qui comme l'Europe & la Chine en font plus éloignées.
A cette preuve phyfique s'en joignent d'autres prifes de la nature des
Arts de l'Afie comme de la fimplicité des loix , des ufages & des
mœurs de fes anciens peuples. M.ᵈᵉ de Guignes a montré que l'Alphabet des Chinois étoit vraifemblablement originaire de celui des Egyptiens & nous fommes affurés que le nôtre vient des nations de l'Afie
les plus voifines de cette ligne. L'imperfection de la Grammaire des
anciennes nations Orientales, qui connoit moins que celles dont nous
nous fervons les temps des verbes, montre fon originalité; comme la
ftérilité & les fons âpres de leurs langues, dont les mots remplis de
confonnes qui s'entrechoquent & d'afpirations difficiles à prononçer ,
témoignent par leur rudeffe même qu'elles doivent avoir été bien voifines des premieres que les hommes ont parlées . On a déjà vu dans
le fecond chapitre de cet ouvrage , combien étoient énergiques les
noms que les peuples originaires de ceux dont nous venons de faire
mention affignerent aux différens endroits de l'Italie qu'ils vinrent habiter:

which they came to inhabit . These denominations describing in so simple a manner the Geography of the places they point out , were employed throughout the East ; and the antient Balk as well as Babylon and Jerusalem call'd by its inhabitants Hershalaïm , had names which marked their proper charaćters and distinguished them from all other towns . History in all these Countrys was treated with the same simplicity as Geography ; a Hillock , a Cavern , Rocks , a Tree , a Wood &c. were the Records for past faćts , and the monuments preceeding those of Architećture , Sculpture and Engraving , which afterwards preserved for Historians the remembrance of events . Long before Sesac or Sesostris raised those Obelisks still existing , and which are the marks of his Conquests and power ; before Egypt raised Pyramids to eternize the memory of its tyrants ; before they erećted the statue of Memnon , a Well , an Oak , a Field even , (as that which was called the field of blood) were the warrants of the History which Fathers taught their Defcendents : and which without being written , were perpetuated by the means of Tradition to their Posterity . These traditions altered in the following Ages , became the Origin of the Fables and Religions of the Eastern People , the Egyptians , and the Greeks; But as by personating the Objećts of their Worship , they soon gave birth to Sculpture , or at least contributed greatly to its perfećtion , and by that means also served to disclose to us , the first traces of human industry with respećt to the Arts , we are obliged here to say something of them .

 Sanchionaton in the composition of his History , had consulted the books of Toth , whom he assures us to have been the Inventor of Writing , and of course the Author of the most antient Memoirs known ; it is after him that this Historian say's , that Genos and Genea (2), sons of Aion stretching forth their hands towards the Sun which they beleived to be the only God of heaven , and which they called Baal-Samain , (the lord of the heavens) were the first who adored the Stars . Though it be certain that Sabeism or the Worship of Celestial
Bodys

---

(2) Sanchoniat. ap. Eufeb. Lib. 9. & 10.

biter : ces dénominations qui peignent d'une maniere si simple la Géographie des lieux qu'elles indiquent furent employées dans tout l'Orient
& l'ancienne Balk, ainsi que Babilone & Jérusalem que ses habitans
appelloient Hershalaïm, eurent des noms qui marquoient leur caractere propre, & les distinguoient de toutes les autres villes. L'histoire fut
traitée dans tous ces pays avec la même simplicité que la Géographie;
un Tertre, une Caverne, des Rochers, un Arbre, un Bois &c. y furent les témoignages des faits passés, & les monumens qui précéderent
ceux de l'Architecture, de la Sculpture & de la Gravure , qui dans
la suite rappellerent aux historiens la mémoire des événemens. Long-
temps avant que Sésac ou Sésostris élevat ces obélisques que nous
avons encore, & qui sont des marques de ses conquêtes & de sa puis-
sance, avant que l'Egypte bâtit des Pyramides pour éterniser le souvenir de ses tyrans , avant qu'on érigeat la Statue de Memnon, un
puits, un chêne, un champ même, comme celui qu' on appelloit *du*
sang, furent les témoins de l'histoire que les peres enseignoient à leurs
Descendans, & qui sans être écrite se perpétuoit par le moyen de la
tradition ; altérées dans les siecles suivants , ces traditions donnerent
lieu aux fables & aux Religions des Orientaux, des Egyptiens & des
Grecs. Mais comme bientôt en personifiant les objets de leur Culte,
elles firent naitre la Sculpture , ou du moins contribuerent beaucoup
à sa perfection, & parlà même nous servent à découvrir les premieres traces de l'industrie humaine dans la voye des Arts , nous som-
mes obligés d'en dire ici quelque chose .

   Sanchoniaton pour composer son histoire avoit consulté les livres
de Toth, qu'il assure être l'inventeur de l'écriture & par conséquent
l'auteur des plus anciens mémoires que l'on connoisse ; c'est d'après lui
que cet historien rapporte , que Génos & Génea fils d'Aïon élevant
leurs mains vers le soleil qu'ils croyoient le seul Dieu du Ciel , &
qu'ils appelloient Baal-Samain, (le Seigneur des Cieux) furent les premiers qui adorerent les astres. Quoiqu'il soit certain que le Sabeïsme
ou le culte des corps célestes ait été commun à presque toute l'Asie,
il ne fut pourtant pas le premier de tous, puisqu'au rapport de Sanchoniaton même, les premiers hommes prirent pour des êtres Sacrés

Bodys was common to almoſt all Aſia, it was not however the firſt Cult of all, ſince Sanchionaton himſelf ſays, that the firſt men took the products of the earth for ſacred beings, that they looked upon them as Gods to whom they thought adoration was due ; as by their means they not only preſerved their own lives, but that the lives of their fathers had been preſerved by them, as thoſe of their children wou'd be alſo, for which reaſon they offer'd them effuſions and libations : . . . . . but after the time of Genos and Genea, impetuous winds having agitated the Country of Tyr, the trees by an effect of friction which they ſuffered, took fire and burnt an entire foreſt ; It was then that Ouſoos taking a tree, and having lopped off its branches, had the boldneſs to venture on it upon the ſea. In memory of this Event, he raiſed, to the winds and to the fire two Pillars before which he poured libations of the blood of the Animals which he procured by hunting : but after this Generation was at an end, thoſe who followed conſecrated logs of wood, and adored Pillars, to which they allotted annual Feaſts. Ouranos afterwards found the Bœtiles and made animated Stones ; that if the Phenician Hiſtorian calls the Bœtyles Animated Stones, it is without doubt becauſe they thought that they had a knowledge of futurity, and delivered Oracles ; ſuch were thoſe which from the account of Damaſcenes cited by Photius (3), were between Biblos and Heliopolis, ſuch was the Ammon which they adored on the Sands of Lybia, according to the deſcription given (4) by Quintus Curcius and in ſhort the Oaks and the Baſons of Dodona in the Theſprotie of Epyrus.

From the account of Sanchionaton which is undoubtedly taken from the moſt antient book of Aſia, one ſees that the firſt men ſatisfied in adoring the products of the Earth, did not repreſent them by any figure nor gave them any title ; Fear which as Lucretius ſays, made Gods, was the occaſion of the Pillars having been raiſed by Ouſoos, to repreſent the winds and fire ; as to Baal-Samain he was not repreſented by any Symbol, till after the time of Ouranos.

---

(3) Damaſc. ap. Phot. *num.* 242.

les germes de la terre , ils les regarderent comme des Dieux qu'ils crurent devoir adorer, parce que non feulement ils entretenoient leur vie par leur moyen , mais leur devoient encore celle de leurs peres, comme ils leur feroient à l'avenir redevables de celle de leurs enfans, c'eft pourquoi ils leurs faifoient des effufions, & des libations ; . . . . mais après le temps de Génos & de Génea, des vents impétueux étant venu agiter le pays de Tyr , les arbres enflammés par un effet du frottement qu'ils effuyerent, incendierent toute une forêt : ce fut alors qu'Oufoos prit un arbre dont il tailla les branches & fur lequel il eut la hardieffe de s'expofer en mer. En mémoire de cet événement il éleva aux vents & au feu deux colonnes, devant lesquelles il répandit des libations du fang des animaux qu'il prennoit à la chaffe ; mais après que cette Génération fut finie, ceux qui vinrent enfuite confacrerent des branches de bois, & adorerent des colonnes auxquelles ils firent des fêtes annuelles. Ouranos trouva en fuite les Bœtyles & fabriqua des pierres animées ; que fi l'hiftorien Phénicien appelle les bœtyles des pierres animées, c'eft fans doute parce qu'on croyoit qu'ils avoient le fentiment de l'avenir & qu'ils rendoient des Oracles ; tels étoient ceux, qui au rapport de Damafcene cité par Photius (3) étoient entre Biblos & Héliopolis, tel étoit l'Ammon qu'on adoroit dans les fables de la Lybie felon la defcription qu'en fait (4) Quint Curce, & enfin les chênes & les Baffins de Dodone dans la Théfprotie d'Epyre.

Sur l'expofé de Sanchionaton qui eft indubitablement tiré des plus anciens livres de l'Afie on voit que les premiers hommes contens d'adorer les germes de la terre ne les repréfenterent d'abord par aucune figure & ne leur donnerent aucun titre ; la crainte, qui felon Lucrece a fait les Dieux fit élever à Oufoos des Colonnes qui repréfentoient les vents & le feu. Pour Baal-Samain il ne fut repréfenté par aucun Symbole jufqu'après le temps d'Ouranos . Ce fut lui que les Syriens d'Emeffe adorerent en fuite fous la forme d'une pierre ronde que pour cette raifon ils appellerent Agli-Baal (Rotundus Dominus). Ce même Dieu fut repréfenté à Palmyre avec une tête rayonante, comme

nos . *The Syrians of Emeſſus adored him afterwards in the shape of a round Stone which was for that reaſon called Agli-Baal (Rotundus Dominus). This ſame God was repreſented at Palmyra with rays about his head, as may be ſeen upon a Baſs relief found in the ruins of that Town , upon which from the account of Selden (5), were to be read in the Greek language and Characters* , Aglibel and Malacbel Gods of the Country . *This shews us the progreſs of Sculpture ; a round ſtone the Symbol of the Disk of the Sun, marked at firſt the object of the Peoples Worship , they repreſented afterwards an uncouth head which from the center of this ſame ſtone, was extended to its circumference , and perhaps that of the circular form at Rome call'd the mouth of truth , may be nothing more than the God Agli-Baal ; I am alſo willing to believe , that thoſe heads of bronze engraved upon a rounded ſurface with the tongue out of the mouth , exactly the ſame as are to be ſeen upon the Medals of Abyde and Paros , and even upon ſome of the Carthaginian coin , repreſented the Agli-Baal . This God however is the ſame as the Abelen of the Eaſterns, whoſe name was changed by the Greeks into that of Apollo, in whoſe form , when the Arts were more advanced , they afterwards repreſented the Sun .*

This Worship of Stones, Trees and Pillars, paſſed from the Eaſt into Grece, where Pauſanias tells us (6) that formerly Stones received divine honors, and that even, the moſt ill shapen ones were the moſt revered ; long afterwards they gave them the names of Gods , whom , from the account of Herodotus (7), the Greeks borrowed from Egypt , from the Pelaſgians a People originally from Aſia, and even from the Lybians . In the reign of Adrian, were ſtill to be ſeen at Thebes (8), at Argos and at Delphos , Blocks which from the moſt Antient times repreſented Bacchus , Apollo and Iuno ; thus Diana whom the Town of Orce adored in the shape of a rough tree , was repreſented in Caria by a wooden roll : The Theſpians adored Iuno in the shape of the trunk of a tree , Whilſt at Samos she was repreſented by a ſimple plank ; Sto-

nes

---

(5) Selden Sint. 11. pag. 149.
(6) Pauſanias *Lib. IX. idem Lib. II.*

(7) Herodot. *Lib. IV.*

me on le voit fur un bas-relief trouvé dans les ruines de cette Ville , fur lequel au rapport de Selden (5), on lifoit en langue & en
caracteres Grecs *Aglibel & Malacbel Dieux du Pays* . . . . Ceci nous
montre la marche de la Sculpture, une pierre ronde fymbole du Dif-
que du Soleil, marqua d'abord l'objet du culte des peuples; on figu-
ra dans la fuite une tête groffiere, qui du centre de cette même pierre s'étendoit jufqu'à fa circonférence , & peut-être que celle qui eft
de forme Circulaire & qu'on appelle à Rome la Bouche de Vérité ,
n'eft autre chofe que le Dieu Agli-Baal . Je croirois auffi volontiers
que ces têtes en bronze gravées fur une furface arrondie avec la langue hors de la bouche, telles précifément qu'on les voit fur des médailles d'Abyde & de Paros, & même fur quelques monoyes Carta-
ginoifes , figuroient l'Agli-Baal . Aurefte ce Dieu eft le même que
l'Abelen des Orientaux , dont les Grecs changerent le nom en celui
d'Apollon, fous la figure duquel, lorfque l'Art fut plus avancé , ils
repréfenterent le Soleil .

Ce culte des pierres, des Arbres, & des Colonnes paffa de l'Orient
en Grece, où Paufanias (6) nous apprend qu'autrefois les pierres re-
çurent les honneurs divins, & que même les plus groffieres y furent
le plus révérées; long-temps après on leur donna les noms des Dieux,
qu'au rapport d'Hérodote (7) la Grece emprunta de l'Egypte, des Pélafgues peuples Originaires de l'Afie, & même des Lybiens . Sous le
Regne d'Adrien on voyoit encore (8) à Thébes, à Argos, & à Delphes des Cyppes qui dès les temps les plus anciens repréfentoient Bacchus, Apollon & Junon; ainfi Diane que la Ville d'Orée adoroit fous
la forme d'un arbre ruftique, étoit figurée en Carie par un Rouleau
de bois : les Thefpiens de leur côté adoroient Iunon fous la forme
d'un tronc d'arbre, tandis qu'à Samos elle étoit repréfentée par une
fimple planche . Des pierres étoient encore le Symbole d'Hercule &
des Graces mêmes dans leurs Temples d'Hyette & d'Orehomene en
Béotie; le Cupidon de Thefpie n'étoit auffi qu'une pierre informe,

Vol. I.   h h   com-

---

(8) Paufan. *Lib. II. VII. VIII. IX.* Tertull.   Iiac. *Lib. V. ap.* Athen. 1. 14. Maxim Tyr. &
adv. Gent. IX. 5. Aethlius *ap.* Arnob. *Lib. VI.*   Clem. Alex. II.   :
Phoronid. *ap.* Clem. Alex. *Strom.* 1. Samos in De-

nes were also the Symbols of Hercules and of the Graces themselves in their Temples of Hyette and Orchomene in Beotia ; the Thespian Cupid also , was nothing more than an unshapen stone , as the Pallas adored in the Acropolis of Athens was only a rough stake ; Tertullian calls it (9) Sine effigie rudis palus & informe lignum *; This unshapen blok was very different from the statue of the same Goddess , which Phidias* (10) *placed in the Parthenon* (11) *, and which according to Massimus of Tyr was not all inferior to the verses of Homer ; but the Difference was not less between the stone of Thespia , and the Cupid which Praxiteles made for the Thespians , without which says Cicero* (12) *nobody wou'd have cared to see Thespis . One shou'd think that the imagination of these people had exhausted itself in the invention of Gods , and furnish'd them with no means of satisfying the desire they had to represent them ; but when Mythology had painted these Gods as sensible beings , whose nature and passions resembled those of Men , they began to perceive that they might at least indicate them by Symbols in order to point out some of their Attributes ; it was then most probably , that they represented towards Corinth near the tomb of Aratus , a Jupiter Melichius in the form of a Pyramid , and a Diana Patroa in that of a Pillar : the Posts which they called Kings , were at Sparta the Emblem of the Dioscures , whose wood work kept together by two cross beams , represented , according to Plutark* (13) *, birth and friendship : Such were also the square statues of Jupiter* (14) *and Neptune* (15) *, that were to be seen at Tegea and Tricolona in Arcadia , and which were nothing more than stones in the form of Terms, upon which they had placed a rounded stone , which figured the head; it is for this reason that afterwards the word* κιών *signified without distinction a* Column *or a* Statue *, in the same manner as under the denomination of* Ἑρμαι *they understood either great* Stones *or* representations of Mercury *; the very confusion which these Synonimous words seem to occasion in things of so different a nature , shews that very antiently simple Columns or else stones longer than they were broad ,*

having

(9) Tertull. adv. Gent.
(10) Plinius Lib. XXXIV. Strab. IX.
(11) Maxim. Tyr. Differt. XXVI.
(12) Cic. in Verr. IV.

comme la Pallas adorée dans l'Acropole d'Athenes n'étoit autre chofe qu'un pieu non dégroffi . Tertullien l'appelle (9) *fine effigie rudis pa-*
lus & informe lignum : Il y avoit loin de ce bois informe à la Statue
de cette Déeffe que Phydias (10) plaça dans le Parthénon (11) , &
qui Selon Maxime de Tyr n'étoit en rien inférieure aux vers d'Homere ; mais l'éloignement n'étoit pas moindre, de la Pierre de Thefpie au Cupidon que Praxiteles fit pour les Thefpiens , fans lequel,
au rapport de Ciceron (12), perfonne ne fe feroit foucié de voir leur
Ville ; on diroit que l'imagination de ces Peuples s'étoit épuifée à inventer leurs Divinités, & ne leur fourniffoit aucun moyen de contenter l'envie qu'ils avoient de les repréfenter. Mais lorfque la Mythologie eut peint les Dieux comme des êtres fenfibles , dont la nature
& les paffions étoient affez reffemblantes à celles des hommes , l'on
commença à voir qu'on pouvoit les indiquer au moins par des Symboles qui marquoient quelques-uns de leurs attributs. Ce fut vraifemblablement alors que l'on repréfenta vers Corinthe, près du tombeau
d'Aratus un Jupiter Mélichius fous la forme d'une Pyramide, & une
Diane Patroa fous celle d'une colonne . Les Poutres, qu'on appelloit
des Rois, furent à Sparte l'emblême des Diofcures dont ces bois ac-
collés par deux tenons repréfentoient (13), comme le dit Plutarque,
la naiffance & l'amitié ; telles furent auffi les Statues quarrées de Jupiter (14) & de Neptune (15) , que l'on voyoit à Tégée de même
qu'à Tricolone en Arcadie, & qui n'étoient autre chofe que des pierres en forme de Terme fur les quelles on avoit placé une pierre ronde
qui en figuroit la tête . C'eft par cette raifon que dans la fuite le
mot κιών fignifia indiftinétement une *Colonne* ou une *Statue* , & que fous
la dénomination d' Ἑρμαι on entendoit ou des *grandes pierres* ou des *re-*
préfentations de Mercure . Ainfi la confufion même que ces finonymes
femblent mettre dans des chofes de nature fi différente, témoigne affez
que très-anciennement des fimples colonnes , ou bien des pierres plus
longues que larges, ayant pris la place de ces monceaux de cailloux
que

---

(13) Plutarch. *de amicit. fratern.*
(14) Paufan. *in Arcad.* (15) Idem .

*having taken place in stead of those heaps of pebbles which in the
obscure streets* (16) *were consecrated to Mercury, became the simbols of
those very Gods, which Sculpture represented afterwards with so much
Majesty; the like Stones or Columns also that were seen in great number upon mount Libanon according to Damascenes cited by Photius, had
formerly represented the Great Divinities of the country; besides it is
known that it was ordain'd, either in Leviticus* (17) *or Numbers, to de-
molish those which were raised, as the Gentils* (18) *were reproached
with having given them Names.*

    *The Pelasgians who from the East transported themselves into Gre-
ce, from whence as we have said they passed into Italy under the conduct of Œnotrus, brought according to Herodotus, the Hermes's to the
Athenians, who, as Pausanias say's, were the first of the Greeks who
adored Mercury in the form of a square stone : These Hermes were
remarkable for the attributes of Priapus, which were given to them
undoubtedly in Asia, where they represented the Bel-Phegor or Bel-Pho-
gor* (19) *spoken of so often in the Bible : We imagine that it was
from them that were taken the naked figures, as we believe t'were the
Columns which gave rise to the draped figures; from the Hermes came
the Statues called by Pausanias Square, and which were particularly in
use in Arcadia, where it is known the Pelasgians settled themselves,
such was the Bacchus of Phygalia* (20), *who seemed to be putting on
his cloak, but was without feet and Square downwards; from those
Columns which represented Gods, came the draped Statues which I think
Strabo indicates under the name of turned, not from having been worked
upon the bench, in the manner the antients were thought to have
worked the heads and limbs of the figures they executed in Ivory or
precious Stones, but that being different from those of the Egyptians,
they were not made to lean against a sort of a Pillar which seemed
to support the back, and to which it appear'd fastened . Rounded stones placed upon these Hermes or Columns, represented in a rough manner the head of the figure which they sought to form, two others
placed*

---

(16) Suidas *vid.* "Ερμαι .   (17) Levitic. XXXI. 1. *Numer.* XIII. 52.

que dans les rues obfcures (16) on confacroit anciennement à Mercure , étoient devenus le Symboles des mêmes Dieux que la Sculpture
repréfenta dans la fuite avec tant de majeflé ; on voyoit autrefois un
grand nombre de pierres ou colonnes femblables fur le mont Liban
où felon le rapport de Damafcene cité par Photius, elles avoient repréfenté les principales Divinités du pays ; on fait d'ailleurs qu'il étoit
ordonné dans le Lévitique (17) & dans les Nombres, d'abattre celles
qui étoient élevées, comme il étoit reproché aux Gentils (18) de leur
avoir impofé des noms.

Les Pélafgues qui de l'Orient fe tranfporterent dans la Grece, d'où
comme nous l'avons dit, ils pafferent en Italie fous la conduite d'Œnotrus, apporterent fuivant Hérodote les Hermés aux Athéniens. Ceux-ci
furent au dire de Paufanias les premiers des Grecs qui adorerent Mercure fous la forme d'une pierre Quarrée : ces Hermés étoient remarquables par les attributs de Priape qu'on leur donnoit fans doute en
Afie, où ils défignoient le Bel-phegor ou Belphogor (19) dont il eft
fi fouvent parlé dans la Bible ; nous croyons que c'eft d'eux que l'on
tira les figures nues, comme nous penfons que ce furent les colonnes
qui donnerent lieu aux figures drappées : des Hermés fortirent les Statues que Paufanias appelle Quarrées, & qui étoient particuliérement
en ufage en Arcadie où l'on fait que les Pélafgues s'établirent , tel
étoit le Bacchus de Phygalie (20) qui fembloit mettre fon manteau,
mais étoit fans pieds & quarré par en bas ; de ces colonnes qui repréfentoient des Dieux, fortirent les Statues drappées, je crois que celles-ci
font défignées fous le nom de tournées par Strabon, non parce qu'elles
étoient travaillées fur le Banc , comme les têtes & les membres des
figures que les anciens exécutoient en yvoire ou en pierres précieufes , mais parce que différentes de celles des Egyptiens, elles n'étoient
pas comme elles appuyées contre une forte de colonne, qui fembloit
en foutenir le dos, & à la quelle la figure paroiffoit attachée.

Des pierres arrondies placées fur ces Hermés ou ces Colonnes,
repréfenterent groffierement la tête de la figure que l'on cherchoit,

Vol. I. i i deux

(18) De la Sageffe. *Nomen lapidibus & lignis impofuerunt* .
(19) Numer. XXV.
(20) Paufan. in Arcad.

*placed at the lower part marked out the feet , and when afterwards
to reprefent the arms they faftened two pieces of wood which hung
down the fides , if they had not then the* precife form *of the human body , they had at leaft* its mafs . *The outline of the column
hanging over the feet , gave a flight idea of the Cloathing ; fome parallel lines either engraved upon the column itfelf or raifed like the
Edges of flutings , fufficed to mark the intention they had of tracing
the folds of drapery ; much in the fame manner are thofe of the Iuno
Lucina that is to be feen at the Villa Matthei at Rome , and the
figure of the Giuftiniani palace which is called a Veftal ; the ftatues
more antient ftill than thefe , which certainly are not of the very ear-
lieft age of the Arts , muft without doubt have approached even nearer to the idea we have been giving of them .*

    *As thofe ruftick Chorifters who preceeded Thefpis , and whofe Hymns
and Dances in honour of Bacchus gave the idea of Tragedy , which
Efchylus afterwards polifhed and Euripides and Sophocles brought to perfection , the Workmen who made thefe unfhapen fketches , prepared for
the birth of Sculpture , of which thefe works were the feeds : they
were too deficient in many points to be fatisfied with the little they
cou'd do in this ; Among an ingenious people as were the Greeks , the
fmalleft fuccefs emboldening to greater enterprifes , generally enfured a good
ifsue by comparing the diftance from the point whence they had ftar-
ted , to that to which they had arrived . They plainly faw , that they
were ftill far from the aim they had propofed to themfelves , which
was to reprefent Nature as fhe appears ; but being fenfible of its pof-
fibility , each Artift adding his own to thofe of his predeceffors , impro-
ved himfelf by the very faults of others , and labouring to correct his
own , reformed the practice in ufe to his time , and approached by degrees to the moment , in which his work requiring more intelligence ,
was to render him deferving of the efteem of his Countrymen , and
the applaufes of Pofterity . It is moft probable that at firft , no determined proportion was followed in the dimenfions of their Hermes ,
but that he who meafuring the foot of a man , and obferving it to
be near a Sixth part of his height , affign'd to the height of the*

Term

deux aures pierres pofées à la partie inférieure en figurerent les pieds,
& lorfque dans la fuite pour indiquer les bras on attacha deux morceaux de bois qui pendoient le long des côtés , fi l'on n'eut pas la
forme précife du corp humain , on en eut du moins la *maffe*. Le contour de la Colonne qui pendoit fur les pieds, traça une légere idée
des vêtemens dont quelques lignes paralelles , gravées dans le vif de
la Colonne même, ou relevés comme les arêtes des cannelures, fuffirent
pour marquer au moins l'intention que l'on avoit de tracer des plys.
Telles font à-peu-près la Junon Lucine que l'on voit à la Ville Mat-
tei à Rome, & la figure du palais Giuftiniani que l'on donne pour
une Veftale : les Statues plus anciennes encore que celles-ci qui ne
font fûrement pas des premiers temps de l'art, ont du fans doute approcher d'avantage de l'idée que nous venons d'en donner.

Semblables à ces chantres ruftiques qui précéderent Thefpis, &
dont les hymnes & les danfes en l'honneur de Bacchus donnerent l'idée
de la Tragédie, qu'Efchile polit enfuite & qu' Euripide & Sophocles
porterent à fa perfection, les ouvriers qui faifoient ces ébauches prefqu'informes , préparoient la naiffance de la Sculpture dont leurs ouvrages étoient les germes: on manquoit de trop pour ne pas fe contenter du peu qu'ils favoient faire. Chez des peuples ingénieux comme l'étoient les Grecs, les moindres fuccès dans les arts enhardiffent
à de plus grandes entreprifes, dont ils affurent ordinairement la réuffite : en comparant la diftance du point dont on étoit parti à celui
où l'on étoit parvénu , on vit clairement celle qu'il y avoit delà
au but que l'on fe propofoit , & qui étoit de repréfenter la nature
telle qu'elle paroit ; comme on fentoit la poffibilité d'y arriver ,
dès-lors chaque artifte joignant aux découvertes de ceux qui l'avoient
précédé , celles qu'il avoit faites , s'inftruifoit par les fautes mêmes
des autres , & travaillant à corriger les fiennes propres , réformoit
les pratiques en ufage jufqu'à lui , & approchoit peu-à-peu du moment où fon travail demandant plus d'intelligence, devoit lui mériter l'eftime de fes compatriotes & les applaudiffemens de la poftérité.
Il eft croyable qu'on ne connut d'abord aucune proportion déterminée
dans les dimmenfions des Hermes , mais celui qui mefurant le pied

d'un

Term fix times the length of its imagined foot, was certainly the perfon who gave birth to the Art; Sculpture cou'd not be called fo untill fhe knew, at leaft in general, the proportions of nature which fhe was to imitate.

The Hermes was preferved in all times as a Memorial of the firft fteps of the Arts; different heads placed upon their tops reprefented different Divinities; fuch were the Hermes Minervas which Atticus fent from Greece to Cicero, in whofe (21) letters they are mentioned. We have feen at Venice a fragment of one of thefe antient Terms which was carried into England; the head which was mutilated had its eyes fhut, and the hair as well as the Phallus were traced by fimple lines: An infcription of which only two letters remained, was engraved upon its fides; there was an Alpha of the moft antient form, and a Sigma upfide down like that upon the filver Medals of Pofidonias; We cannot doubt, but that this piece of Work was perform'd in the moft antient times of Greece. The letters engrav'd upon the fides of the Term, and wich probably were in the beginning the only Indexes made ufe of, to diftinguifh the different Gods they had a mind to reprefent, were afterwards applied to the Legs, Thighs, or even to the Sides of the Statues; fuch were thofe that were to be read upon the horfe confecrated to Jupiter, in the Altis by Phormis of Menalus, and alfo upon the Statue which the inhabitants of Mendes in Thrace had caufed to be erected in the facred Wood of Olympia, and which bore an infcription on the thigh; this cuftom fubfifted a long time fince, exclufively of the Apollo of Agrigentum, upon whofe thigh Miron who lived in the 86 Olympiad, engraved filver letters: there is ftill to be feen an infcription placed in the fame manner upon a Roman ftatue. The attribute of Priapus, which as we have feen, denotes the firft inftitution of the Hermes that came from Afia to Athens, and recalls to memory, a practice of the moft diftant times, was preferv'd in all thofe which followed

There

---

(21) Cic. ad Attic. 1.

d'un homme, & remarquant qu'il étoit à-peu-près la fixieme partie de
fa hauteur, donna au terme fix fois la longueur du pied qu'on pouvoit lui imaginer, fut réellement celui qui fit naitre l'Art, & la
Sculpture ne put s'appeller telle, que lors qu'elle connut au moins en
gros, les proportions de la nature qu'elle devoit imiter.

L'Hermes fut confervé dans tous les temps comme un témoignage
des premiers pas de la Sculpture; des têtes différentes placées fur fa fommité figurerent diverfes Divinités. Tels étoient ces Hermes Minerves
qu' Atticus envoya de Grece à Ciceron & dont il eft parlé dans les
lettres de ce dernier (21). Nous avons vu à Venife un fragment d'un
de ces anciens Termes qui a été trafporté en Angleterre; la Tête qui
étoit mutilée avoit les yeux fermés, & les cheveux de même que le
Phallus y étoient marqués par des fimples lignes; une infcription dont
il ne reftoit que deux lettres étoit gravée fur les côtés; on y diftin-
guoit un Alpha de la plus ancienne forme & un Sigma renverfé comme celui des médailles d'argent de Pofidonia. Nous ne pouvons douter que ce morceau n'ait été travaillé dans les plus anciens temps de
la Grece; les Caracteres tracés fur les côtés du terme, & qui peut
être furent dans le commencement les feuls indices qui faifoient reconnoître les Dieux différens que l'on vouloit repréfenter, pafferent
dans la fuite fur les jambes, les cuiffes, ou même le flanc des Statues, tels étoient ceux qu'on lifoit fur le cheval confacré à Jupiter
dans l'Altis par Phormis de Ménale, & la Statue que les habitans
de Mende en Trace avoient fait placer dans le bois Sacré d'Olympie
& qui portoit une infcription fur la cuiffe; cet ufage fubfifta long-
temps, puifqu'outre l'Apollon d'Agrigente fur la cuiffe duquel Miron
qui vivoit dans la Quatrevingt fixieme Olimpiade grava des lettres
d'Argent, on voit encore une infcription placée de la même maniere fur une Statue Romaine. L'attribut de Priape, qui comme on l'a
vu, marque la premiere inftitution de l'Hermes venu d'Afie à Athenes, & rappelle un ufage des temps les plus reculés, fut confervé
dans prefque tous ceux qui les fuivirent, on trouve même encore
quelques termes avec la marque diftinctive du Sexe; ceux-ci repréfentoient vraifemblablement ou Venus, (qui eft la Bénoth des Afiatiques)

Vol. I.   k k   ou

There are some terms even found with the distinctive attribute of the female sex , these most probably represented either the Venus (Benoth of the Asiaticks) or the mother of the Gods , which those people figured , as Mr. Falconet observes , by an Hysterolite , a sort of petrification formed of a kernel of a great Terebatule of three lobes which from its figure is called by the German Naturalists the Stone of Venus . *The part of the Term without arms cut off above the breast , was the origin of what in Sculpture are called Heads : as that part of the same Term cut off below the Xiphoïde cartilage , produced the Bust . The Sculptors careful in preserving antient customs , continued to execute for a long time those sort of statues which were nothing but the Term , where all the parts tho' delineated , are neverthelefs without motion ; such was that of the Pancrasiaste Arrachion which was to be seen at Phygalia and whose feet , say's Paufanias , were almost joined together , with the arms hanging down the sides ; such are the Isis of the Capitol and the Statues which are preserved with it ; these were executed in the reign of Hadrian , in imitation of the antient Egyptian figures , whose stile resembling almost in every thing the first Grecian and Etruscan Statues , was the indication of the manner which had prevailed ever , since the invention of the proportions , to the time of Dedalus ; That time may be confidered as the first age , and as one may say , the infancy of the Art ; for till then they had only found out the most simple of that infinite number of positions , in which the human body may be placed .*

The aim of Sculpture had been from its beginning , to render its productions interesting , by making them approach as near as poffible to nature ; but till then it had been only able to reprefent figures destitute of life and sentiment , for they were deprived of Sight and Motion , the one expressing thought , the other action . Dedalus was the first who had the ingenuity to give them both the one and the other. „ This Artist , according to the account of Diodorus surpassed all Mankind

in

---

(22) Mem. de l'Acad. Tom. IX.

ou la mere des Dieux que ces peuples figurerent , comme le remarque M. Falconet (22) par un Hystérolite, espece de pétrification formée du noyau d'une grande Térébatule à trois lobes, qu'à cause de sa figure les naturalistes Allemands appellent *pierre de Vénus*. La partie du terme sans bras, coupée au dessus de la poitrine, fut l'origine de ce que dans la Sculpture on appelle des Têtes ; comme celle du même terme, coupée au dessous du cartilage Xiphoïde , produisit le Buste. Soigneux de conserver les anciens usages, les Sculpteurs exécuterent encore pendant long-temps de ces Statues, qui n'étoient autre chose que le terme, dont toutes les parties bien que dessinées, ne laissoient pas d'être privées de mouvement : telle étoit celle du Pancrasiaste Arrachion qu'on voyoit à Phygalie (23), & dont les pieds, dit Pausanias , étoient presque joints & les bras pendans sur les côtés ; telles sont l'Isis du Capitole & les Statues que l'on y conserve avec elle, celles-ci furent travaillées sous le Regne d'Hadrien à l'imitation des anciennes figures Egyptiennes , dont le stile , presqu'en tout ressemblant à celui des premieres Statues Grecques & Etrusques , étoit l'indication de la maniere qui avoit regné depuis l'invention des proportions jusqu'au siecle de Dédale : ce temps peut être regardé comme le premier âge & pour ainsi dire l'enfance de l'Art, car jusques-là on n'avoit encore trouvé que la plus simple de ce nombre infini de positions dans lesquelles on peut placer le corp humain .

Le but de la Sculpture avoit été dès son principe, de donner de l'intérêt pour ses productions en les approchant le plus qu'il étoit possible de la nature; mais jusqu'alors elle n'avoit su rendre que des figures destituées de vie & de sentiment, car elles étoient privées de la vue & du mouvement, dont l'une exprime la pensée, & l'autre l'action: Dédale le premier eut l'habileté de leur donner l'un & l'autre (24):
„ Cet artiste surpassa au rapport de Diodore tous les hommes dans
„ les ouvrages de la main & sur tout dans la Sculpture. Non seule-
„ ment il donna des regles très-utiles pour la perfection des Arts ;
„ mais encore il a laissé en différens endroits de la terre des ouvra-
„ ges

---

(23) Pausan. in Arcad.   (24) Diodor. Sicul. IV.

„ *in handy works and particularly in Sculpture : He not only gave*
„ *most usefull rules for the perfection of the Arts , but has also left*
„ *in different parts of the world admirable works of his execution .*
„ *Indeed , his Statues were perform'd with so much Art , and were*
„ *such close imitations of Nature , that the Mythologists who came af-*
„ *ter him have said , that they had a perfect resemblance to living*
„ *Beings , that they saw walked , and in short that they had every*
„ *motion that we remark in a man who is alive and thinking . But*
„ *we must not be surprised at his having excited the admiration of*
„ *the first men to whom he exhibited statues which had a look , a*
„ *gait , an action ; whilst the other Statuarys had confined themselves*
„ *to representations of Men , who had their eyes shut , and their arms*
„ *stuck close to their bodies at full length .*

It was very soon discover'd , that although nature has bestow'd
upon all beings of the same species a general resemblance , which pro-
ceds from all being compos'd of the same parts , yet there is not a
single one , but has its particular lineaments or features , to distinguish
it from all others ; Thus it was the object and businefs of Sculpture to
point out those differences , to characterize , and show clearly in its figu-
res the Age , the constitution , way of thinking , the manners , and even
the country of the persons represented ; In a beautiful bronze head pre-
serv'd at Portici is to be distinguis'd the greatest probity , united with
that sort of gravity acquir'd by a long habit of commanding ; Secrecy
and even Eloquence are delineated upon the lips which close themselves
like those of a man in Meditation upon what he is just ready to
utter ; whilst his eyes indicate , how thoroughly he is taken up with
some important interest , on which he is profoundly thinking : you per-
ceive in him the man equaly form'd for the Council , or the Tri-
bune : that firmness of mind which nothing disconcerts , engrav'd upon
his forehead , displays itself also in his action , whilst the sweetest
of manners are painted in his looks ; and j am persuaded , that a
common eye to which Roman countenances are a little familiar , would
not hesitate a moment in concluding , that , this was (not only I say
the countenance of a Roman) but of a Roman in the good times of
the

„ ges admirables de fa Façon . En effet, fes Statues étoient faites avec
„ tant d'art, & imitoient la nature de fi près, que les Mytologiftes
„ qui font venus après lui ont dit qu'elles étoient parfaitement fem-
„ blables à des êtres vivans, qu'elles voyoient , qu'elles marchoient,
„ en un mot qu'elles avoient tous les mouvemens que l'on remarque
„ dans l'homme qui vit & qui penfe . Mais il ne faut pas être fur-
„ pris qu'il ait excité l'admiration des premiers hommes auxquels il
„ a fait voir des Statues qui avoient un regard, une démarche, une
„ action ; au lieu que les autres Statuaires s'étoient bornes à des re-
„ préfentations d'hommes qui avoient les yeux fermés & les bras col-
„ lés au corps fuivant leur longueur .

On ne tarda pas à s'appercevoir que quoique la nature ait donné à tous les êtres de même efpece une reffemblance générale , qui
vient de ce que tous font compofés des mêmes parties , il n'en eft
cependant aucun qu'il n'ait des traits particuliers qui le diftinguent de
tous les autres. La Sculpture chercha donc à marquer ces différences,
& s'attacha à faire connoître dans fes figures *l'âge*, *le tempérament*, *la
maniere de penfer*, *les mœurs & même le pays des perfonnes* qu'elle repréfentoit. Dans une belle tête de bronze que l'on conferve à Portici,
la plus grande honnêteté fe voit alliée à cette forte de gravité que
donne un long ufage du commandement ; le fecret & l'éloquence même font marqués fur fes levres qui fe ferment, comme celles de quelqu'un qui méditeroit ce qu'il eft au moment de dire, tandis que fes
yeux indiquent qu'il eft puiffamment occupé de quelque important in-
terêt auquel il penfe profondément ; on fent un homme également fait
pour le Confeil ou pour la Tribune ; la fermeté que rien ne décon-
certe eft gravée fur fon front & fe montre encore dans fon action ,
tandis que les mœurs les plus douces fe peignent dans fa phyfionomie.
Nous fommes perfuadés qu'un œil médiocrement accoutumé à voir des
têtes Romaines, ne douteroit pas un moment que celle-ci ne fut, je
ne dis pas feulement celle d'un Romain, mais celle d'un Romain des
bons temps de la République, & d'un Général également capable de
concevoir & d'exécuter les plus grands projets ; auffi cette Tête re-
préfente-t-elle Scipion l'Affricain . Je ne doute pas que quelqu'un qui

*the Republick , and of a general equally capable of conceiving , as of execu-
ting the greatest projects : and indeed this head represents Scipio Africanus .
I do not doubt , but that if any one after having read with attention the life of this great man , and then calling to mind what the
different Historians have said of him , was to go and contemplate this
Piece , he would find , that the Sculptor has not omitted in any one
point , the character which Historians have given of this great man . That
part of Sculpture , which taught the art of conveying Character , deno-
minated by the antients ἦθη , which signifies Morals , infinitely more difficult , as supposing a greater intelligence , than that of proportions , was
regarded the first of all by preeminence : and what evidently demonstra-
tes it , is that we hardly see any Monuments of the antients wherein
this part is not attended to , with a diligence remarkably proving ,
that it has never been neglected even amongst those , who lived in times when the art was upon its decline .*

*The Divinities and Heroes of the antients , distinguished in the
Poesy's of Homer , Hesiod and others , by their ages , their employ-
ments , their inclinations and even by their sex , had fixed and different Characters to the representing of which , Sculpture like Poetry
must have applied itself . Majesty and Beauty belonged to the Gods
and Goddesses in general ; Dignity and a noble Character to the Heroes : but both one and the other besides what was in common ,
had each its peculiar Character : hence it is , that in all the Gods
may be traced the family of Saturn , from whom they descended ; but
Jupiter as the first , the greatest , and the most powerful is also
the one who has most Majesty , as may be seen in a bust which
time has spared , and which from the Palace of la Valle , is gone
to the Capitol : the tufted beard , and the hair of the God , which
rising upon his forehead mark that age in which the strength of body being joined to that of the mind , the will is governed by prudence ; the setting of his beard gives him an air of Grandeur which
the Jupiter Axur or imberbis represented upon the medals of the family of Licinia is far from having ; 'tis impossible to figure to one-
self any thing more Majestick than the features of his face which are*

all

ayant lu avec attention la vie de ce grand homme, & ayant recueilli
ce qu'en ont dit les différens Hiftoriens, iroit étudier ce morceau, ne
trouvat que le Sculpteur n'a démenti en rien le caractere que les auteurs lui ont donné. La partie de la Sculpture qui apprenoit à rendre le caractere, appellée par les anciens ῆϑη qui fignifie la *morale*, infiniment plus difficile & fuppofant bien plus d'intelligence que celle
des proportions, fut regardée comme la premiere de toutes ; ce qui
le montre évidemment, c'eft que l'on ne voit prefqu'aucun monument
des anciens où cette partie ne foit traitée avec un foin qui marque
bien que jamais elle n'a été négligée par eux, même dans les temps
où l'art étoit fur fon déclin.

Ainfi que les Héros les Dieux de l'Antiquité diftingués dans les
Poéfies d'Homere, d'Héfiode & des autres Poëtes, par leurs âges, leurs
emplois, leurs inclinations & même par leur fexe, avoient des caracteres marqués & différens, que la Sculpture dut s'appliquer à rendre
comme la Poéfie l'avoit fait. La Majefté & la Beauté furent pour
les Dieux & les Déeffes en général ; la Dignité & la Nobleffe pour
les Héros; mais les uns & les autres, outre ce caractere commun, en
eurent encore un particulier pour chacun d'eux. C'eft ainfi qu'on reconnoit dans tous les Dieux , la famille de Saturne dont ils defcen-
doient; mais Jupiter comme le premier, le plus grand, & le plus puif-
fant de tous eft aufli celui qui a le plus de majefté, comme on peut le
voir fur un Bufte que le temps a épargné, & qui du palais della Valle
eft paffé au Capitole ; la barbe touffue & les cheveux du Dieu qui fe re-
levent fur le devant de fa tête augufte, indiquent cet âge où la force
du corp étant unie avec celle de l'efprit, la volonté eft réglée par le
prudence. Le jet de fa barbe lui donne un air de grandeur, que le Jupiter Axur ou imberbe repréfenté fur les médailles de la famille Licinia eft bien éloigné d'avoir; on ne peut fe figurer rien de plus Ma-
jeftueux que les traits de fon vifage qui tous font grands & marqués;
la férénité regne fur fon front , des Sourcils un peu relevés & qui
couronent des yeux très-fendus, montrent qu'en ce moment le Dieu
eft occupé du Gouvernement de la Terre & des Cieux : un léger
mouvement de fes levres qui femblent fourire imperceptiblement, laif-

fe

all great and marked ; a ferenity reigns upon his forehead, his brows
a little raifed and crowning very large eyes , shew that he is occupied whith the Government of the earth and the Heavens : a very
light motion of his lips which feem to fmile almoft imperceptibly ,
shew a tranquility, and the repofe of a Divine nature ; and by the
fole action of his hair and head you wou'd recognize the God who
with a knit of his brow can make Olympus tremble . A thick and
fleshy neck , a great openefs and elevation of cheft , the fize and
weight of the mufcles , are know the figns of ftrength ; in the Buft
which we are admiring , all thefe parts are as great as can be de-
fired , in the moft powerful of the Gods ; different however from the
cheft of Hercules whofe mufcles shew by their elevation that they have been in continual labour and exercife , that of Jupiter , tho' broa-
der and more open , has mufcles which having never had occafion to
exercife themfelves , are only detached from one another , juft fufficiently
to make their forms fenfible ; they are thofe of a God who acting
by his will alone , had no occafion to employ ftrength , fince nothing cou'd refift his commands . On the other hand the fame mufcles
in the Hercules of GLYCON , shew that it is by his fingular ftrength
and his long labours, that this Hero furpaffed all others ; thus , the
fame parts differently characterized in the King of the Gods shew his
power , and in Hercules his ftrength only . In other refpects , this
Hero the Son of Jupiter and Alcmene, wou'd refemble his Father almoft in every point, if his hair and beard which are shorter, a more
melancholy Air , the effect of Iuno's perfecution , and a certain care
diffufed throughout his perfon, did not take from him that air of Majefty that one can not ceafe admiring in Jupiter . A more auftere Mien,
a darker countenance , refembling otherwife that of the Mafter of the
the Gods , who fometimes (25) according to Arnobus was called Jupiter Stygius, formed the character of Pluto ; as to Neptune altho' refembling thefe two brothers , he has however an air of action , which we
find in neither of them ; they often gave him a beard and hair floa-
ting

(25) Arnob. adv. Gen. Lib. II.

ſe voir la tranquillité & le repos d'une nature Divine, par la ſeule
action de ſes cheveux & de ſa Tête vous reconnoitriés le Dieu qui
d'un mouvement de ſes ſourcils fait trembler tout l'Olympe. Un col
gros & charnu , une vaſte ouverture & une grande élévation dans
la poitrine , la grandeur & le poid des muſcles ſont , comme on
fait , les indices de la force: dans le Buſte que nous admirons, toutes ces parties paroiſſent auſſi grandieuſes que vous pourries les ſouhai-
ter dans le plus puiſſant des Dieux. Différente cependant la poitrine
de l'Hercule, dont les muſcles montrent par leur élévation qu'ils ont
été dans un exercice & un travail continuel, celle de Jupiter quoiqu'
encore plus large & plus ouverte , ne préſente que des muſcles qui
n'ayant jamais eu occaſion de s'exercer, ne ſont détachés les uns des
autres qu'autant qu'il le faut pour en faire ſentir les formes ; on y
reconnoit ceux d'un Dieu qui n'agiſſant que par ſa *volonté* n'avoit pas
beſoin d'employer la *force*, puiſque rien ne pouvoit réſiſter à ſes ordres. Au lieu que les mêmes muſcles très-relevés & très-exercés dans
l'Hercule de GLYCON, montrent que c'eſt par ſa force ſinguliere &
ſes longs travaux que ce Héros a ſurpaſſé tous les autres. Ainſi des
parties ſemblables, différemment caracteriſées dans le Roi des Dieux,
indiquent ſa *puiſſance*, tandis que dans Hercule ils ne montrent que ſa
force. Du reſte, fils de Jupiter & d'Alcmene Alcide reſſembleroit preſqu'
en tout à ſon pere, ſi ſa chevelure & ſa barbe qui ſont plus courtes,
un air plus mélancolique , effet de la perſécution de Junon , & je
ne ſai quel ſouci répandu dans toute ſa perſonne ne lui ôtoient cet
air de Majeſté qu'on ne ceſſe d'admirer dans Jupiter . Un maintien
plus auſtere , une Phyſionomie plus ſombre reſſemblante d'ailleurs à
celle du maitre des Dieux , que quelquefois, au rapport d'Arnobe ,
on appelloit Jupiter Stygius (25) formoient le caractere de Pluton ;
quant à Neptune, bien que reſſemblant à ſes deux freres, il a pourtant un air d'action que l'on ne trouve à aucun d'eux: ſouvent on
lui a donné une barbe & des cheveux flottans, comme s'ils étoient agi-
tés par les vents qui ſouvent émeuvent l'inconſtant élément ſur lequel
il domine: & M.ʳ Winkelmann remarque que (26) ſes cheveux ſont
parfois rangés en boucles paralleles , qui ſe replient ſur ſon col.

ting as if they were moved by the winds, which often agitate the Ele-
ment of his Empire; and M.ʳ Winkelmann obſerves, that (26) ſometimes
his hair is arranged in parallel Curls, which are folded up on his
neck. Neptune and Pluto more aged than the other Gods, ſurpaſs them
all in regard to thoſe Great and Majeſtick features, which without at-
taining to thoſe of Jupiter, whence they ſeem to have proceeded, approach however nearer to them than the features of any of the others.
Apollo, Bacchus, Mars, Mercury &c. preſerve that ſame ſuperiority over
the Demi-Gods and Heroes; thus it is that the nearer the ſource, the
light of the Sun is brighter in the Planets, which are the moſt ad-
jacent to it, and ſhines but weakly on the Stars ſcattered far from it
in the immenſe extent of the Heavens, and beyond the Milky Way.

It was from the character of their Gods, that the antient Sta-
tuary's regulated the action they gave to the Statues which repreſented
them: they took care to manage it in ſuch a manner, as might ſtill
encreaſe the high idea they give of them; it is thus Cicero (27) remarks, that Alcamenes being to repreſent Vulcain, did it with ſo much
ability, that though ſtanding and draped, it was perceiveable he was
lame, without being on that account either difformed or ridiculous; It
was alſo for the ſake of preſerving the Majeſty of the Principal Gods,
and to indicate the repoſe which they enjoy, that their Sculptors repreſented them ſitting: Such was the Olympian Jupiter of Phydias, and
one finds often upon engraved ſtones Pluto as Judge of the Manes in
the ſame poſition. As to the Statues of Neptune they are generally
upon the feet, and in ſuch an action as points out his Empire over
the vaſt boſom of the Seas: ſuch is that which dug up near Corinth,
and reſtored by Cavaceppi the moſt able reſtorer we have at preſent, was carried into Spain ſome years ago. We might here ſpeak of
the characters peculiar to the other Divinities, and of thoſe adapted to
Heroick figures, but theſe objects which wou'd lead us too far, ſeem
to be of ſufficient conſequence to be treated of with an extention, which
the form of this Chapter does not allow of, and they ſhall therefore
afterwards be the ſubject of a particular diſſertation.

As the Bones are harder and of a more compact nature than
the

Neptune & Pluton comme plus âgés que les autres Dieux, les furpaffent tous par cet air de Grandeur & de Majefté, qui fans atteindre
à celle de Jupiter dont la leur paroit émanée, en approche cependant plus que tout autre . Apollon, Bacchus, Mars, Mercure &c.
confervent cette même Grandeur fur les Demi-Dieux & les Héros :
c'eft ainfi que plus voifine de fa fource, la lumiere du Soleil eft
plus brillante dans les Planetes qui en font les plus proches, & ne
luit plus que foiblement dans les Etoiles répandues loin de lui, dans
l'immenfe étendue du Ciel & pardelà la voye Lactée.

C'eft fur le caractere des Dieux, que les anciens Statuaires régle-
rent l'action qu'ils donnerent aux Statues qui les repréfentoient . Ils
eurent foin de la ménager de telle forte qu'elle augmentat encore la
haute idée qu'ils vouloient en donner ; c'eft ainfi que Ciceron (27)
remarque qu'Alcamene ayant à repréfenter Vulcain, le fit avec tant
d'habileté, que bien que debout & drappé, on pouvoit s'appercevoit
qu'il étoit boiteux, fans que pour cela il en fut difforme ou ridicule;
ce fut auffi pour conferver la Majefté des Dieux principaux & indiquer le repos dont ils jouiffent, que les Sculpteurs les repréfenterent
affis; tel étoit le Jupiter Olympien de Phydias, & l'on trouve fouvent
fur les pierres gravées Pluton comme Juge des Mânes dans la même
pofition. Quant aux Statues de Neptune, elles font ordinairement en
pied & dans un mouvement qui témoigne fa domination fur le vafte fein des mers, tel eft celui qui déterré près de Corinthe, & ref-
titué par Cavaceppi le plus habile reftaurateur qui foit à préfent,
paffa il y a quelques années en Efpagne. Nous pourrions parler ici
du caractere propre des autres Divinités & de celui des figures Hé-
roïques, mais ces objets qui nous meneroient trop loin, nous paroiffent affez importans pour être traités avec une étendue que ne nous
permet pas la forme de ce chapitre, & feront dans la fuite le fujet
d'une differtation particuliere.

Comme les Os font d'une nature plus compacte & plus dure
que les Cartilages, ceux-ci ont moins de moleffe & de flexibilité que
les

(26) Defcript. des pierr. Gravées du B.Stoch. Sect. IX.   (27) Cic. de Nat. Deor. Lib. I.

the Cartilages, thefe again have lefs foftnefs and flexibility than the Flefh, which according as it forms either the tendons of the muf-cles, and extends itfelf or not upon lobes of fat, is more or lefs elaftick: fo that which is about the Mouth and forms the Cheeks ap-pears, particularly in an advanced age, lefs dry than what covers the temples and the cheek bones. The hair, the beard, the eylids, the nails, the ball of the eye, the ears, the noftrils &c. are fubftances differing one from the other, and of courfe ought to have each a character that is peculiar to them; the art of giving them that character was particularly well underftood by the antients: and as they fucceeded the-rein to admiration, even in the time of the decay of Sculpture, and that on the other hand in all the copies which the moderns have ma-de of their works, this part is that which they have leaft imitated, we imagine that it can not be truly underftood meerly copying alone the works of Art, let thofe works be ever fo perfect: and we are perfuaded that the antients ftudied lefs the mafterpieces of their prede-ceffors, than their maxims which they looked upon as fure Gui-des: 'twas after them they ftudied pure Nature: fo that they feem to have made a rule, not only to endeavour to feize every part of Na-ture, but alfo to apply themfelves with particular care to produce its moft minute effects; convinced as they were that, let the Art or Ar-tift be ever fo far advanced, she muft be always the School. Foun-ded upon this obfervation, I wou'd propofe to thofe who wou'd imitate the Antique, to do as the antients themfelves did, that is, to apply like them and fearch in the fineft Statues, for the maxims followed by the Artifts who made them, and for the reafons alfo why they probably adopted thofe ma-xims. The habit alone of feeing the application of thefe maxims, will point out thofe which are the moft important, and which confequentially shou'd be ftudied moft. Directed by thefe principles, I wou'd advife their fol-lowing afterwards the advice of Eupompus, who being confulted by Ly-fippus which of the moft renown'd Mafters who had preceeded him he shou'd follow, anfwered, shewing him a crowd of people, that it was nature, not the Artift that he shou'd imitate. It appears to us that the young Artift who endow'd with thefe principles would take, not

one

les Chairs, qui felon qu'elles forment le corps ou le tendon des mufcles
& s'étendent ou non fur des pelotons de graiffe, font plus ou moins
élaftiques; c'eft ainfi que celles qui fe trouvent autour de la Bouche
& qui forment les Joues , paroiffent fur tout dans un âge avancé ,
moins feches que celles qui couvrent les tempes & même les pomet-
tes. Les cheveux, la barbe, les paupieres, les ongles, l'orbe de l'œil,
les oreilles, & les ailes du nez &c. étant des parties d'une compofition différente, chacune d'elles doit par conféquent avoir un caractere qui lui foit propre ; l'Art de le leur donner fut particuliérement
connu des anciens, & comme ils y ont excellemment réuffi , même
dans le temps de la décadence de la Sculpture , & que d'un autre
côté, dans toutes les copies que les modernes ont faites de leurs ouvrages, cette partie eft celle qu'ils ont le moins imitée ; nous croyons qu'elle ne peut fe connoître, en copiant feulement les ouvrages
de l'art, quelques parfaits qu'ils foient , & nous fommes perfuadés
que les anciens fe font moins appliqués à travailler d'après les chefs-
d'œuvres des maitres qui les avoient précédés, qu'à étudier les maximes qu'ils avoient fuivies, & qu'on regardoit comme des guides affurés. C'eft d'après elles qu'ils obferverent la nature même , de forte
qu'ils paroiffent s'être fait une régle non feulement de chercher à en
faifir les détails, mais encore de s'appliquer avec un foin particulier
à en rendre les moindres effets : perfuadés qu'ils étoient, que quelqu'
avancés que foient l'Art & l'Artifte, ils ont toujours à apprendre de
la Nature . Fondé fur cette obfervation , je propoferois à ceux qui
veulent imiter l'antique de faire comme les anciens eux mêmes ont
fait ; c'eft à dire de rechercher à leur exemple dans les plus belles Statues, les maximes fuivies par les Artiftes qui les ont faites, & les raifons pour lesquelles il eft probable qu'ils les ont fuivies : la feule habitude de voir l'application de ces maximes, fera connoître celles qui
font les plus importantes, & que par conféquent on doit le plus étudier. Dirigés par ces principes, je leur confeillerois de fuivre enfuite
le Confeil d'Eupompe, qui confulté par Lyfippe pour favoir le quel
des Maitres les plus renommés il devoit fuivre, répondit en lui mon-
tran une multitude d'hommes, *que c'étoit la nature non l'Artifte qu'il fal-*

*one model only which by being often copied leads to a particular man-
ner, but several, and placing them in Attitudes of the least constraint,
wou'd endeavour in modeling after them to follow those maxims which
he has seen in use among the antients, and compare his model to the
Statues themselves wherein he had discover'd the use of those maxims,
wou'd soon find where he had failed, what he shou'd reform, and what was
wanting; by this means instead of a learning by dint of labour to be
find a meer Copist, it wou'd end in his being himself an Artist, capable of
producing works worthy of a place near those which had instructed him.*

*The Study of character, which necessarily carries with it that of
forms, made them remark some were more beautiful than others, and
render'd them sensible, in what the preeminence of the first over the
latter consisted. The Artists chose, as we have said before, the finest
of these forms to represent the Gods or Heroes, whom they looked upon
as superiour Beings; thence came the notion of* Ideal Beauty, *which
he considered as a becoming fitness of the whole to its parts; in such
a manner as that each of them by having its precise dimensions to indicate its use, the harmony and unity of the whole was undisturbed by
any one of them: which wou'd not be the case, was one alone to
draw to itself a separate attention. It was to preserve this unity, that
in* Ideal Beauty's *the antients suppressed as much as possible the lesser
parts, giving as little outline as possible to the greater, which produc'd
at once the most simple and harmonious forms. The greater the harmony resulting from the agreement of the parts, the nearer it approaches
to* Unity, *and the nearer does Beauty approach to its perfection; and
it may arrive at such a point, as not to be perceived at first sigth,
but to encrease in proportion as it is examined.*

*This perfect agreement of the parts, necessarily imply's a Being that
is not agitated by any passions; for they cannot move the Soul without
manifesting themselves externally, by altering the harmony of the features in which consists the essence of Beauty: so that when Beauty
is at the highest pitch that can be conceived, the countenance can
scarce have any other expression, than what is occasioned by thought,
which gives it a something truly* Divine: *such are the countenances*

of

loit imiter. Il nous femble que le jeune Artifte qui nourri de ces principes, prendroit non un modele feul, qui à force d'être copié affujet-
tit à une maniere, mais travailleroit d'après plufieurs modeles, qu'il
poferoit dans les attitudes les moins génées, & chercheroit en étudiant
d'après eux, à appliquer les maximes qu'il a vues en ufage dans l'antique, puis iroit comparer fon ouvrage aux ftatues mêmes dans lesquelles il auroit découvert l'emploi de ces maximes, trouveroit bientôt en
quoi il a mal fait, ce qu'il doit réformer, ce qu'il a manqué de faire;
& par ce moyen au lieu d'apprendre à n'être qu'un copifte à force
de travail, il finiroit par être lui même un homme capable de faire
des morceaux à mettre à coté de ceux qui l'auroient inftruit.

L'étude du caractere qui entraine néceffairement celle des formes,
en fit remarquer de plus belles les unes que les autres, & obligea de
fentir en quoi confiftoit cette prééminence des premieres fur les fecondes. Les Artiftes choifirent, comme nous l'avons dit, les plus belles
de ces formes, pour repréfenter les Dieux ou les Héros qu'ils regardoient comme des êtres Supérieurs; de là vint l'idée du *Beau idéal*, que
l'on peut confidérer comme un rapport de convenance du tout avec
fes parties, de telle forte que chacune ayant les dimmenfions précifes
qui en indiquent l'ufage, l'harmonie & l'unité du tout ne foit troublée
par aucune d'elles; ce qui arriveroit infailliblement s'il y en avoit quelqu'une qui fe fit confidérer à part. C'eft pour conferver cette unité
que dans les beautés idéales, les anciens fupprimerent autant qu'ils le
purent les moindres parties, donnant le moins qu'il étoit poffible de
contours aux grandes, ce qui leur faifoit trouver les formes à-la-fois
les plus fimples & les plus harmoniques. Plus cette Harmonie qui
réfulte de l'accord des parties eft grande, plus elle s'approche de l'unité, plus la beauté s'avoifine de la perfection: elle pourroit même arriver à un tel point qu'elle ne feroit pas apperçue au premier coup
d'œil, mais croitroit à mefure qu'elle feroit regardée.

Ce parfait accord des parties fuppofe néceffairement un être qui
n'eft agité d'aucunes paffions, car elles ne peuvent émouvoir l'ame fans
fe manifefter à l'extérieur, en altérant l'Harmonie des traits qui forment l'effence de la beauté ; ainfi lorfque celle-ci eft au plus haut
point

of the Proserpines that are to be seen upon some Greek Medals at
Capo di Monte, and that of the Minerva in marble, in the possession of Cardinal Albani; it is easily to be perceived that the intention of the Artists who executed them, was rather to represent a
thinking, than a sensible Being.

As there is a natural correspondence between Thought and the Will
which shews itself in the attitude of the body, there is also one between our sentiments and the impression resulting from them in our
Soul; this manifests itself by action: The agreement of Thought and
Will by the attitude; That of sentiment and the passions excited by
Action, are the sources of Expression; part of the Art which with
Character composes the Sublime. As an exemple of this, I will take
the Mother of the Niobe's attributed to Scopas or Praxiteles, and which
is indeed a piece worthy of these great Artists: in the frightfull con-
sternation of this unfortunate Mother, who sees her whole family perif-
hing around her, her senses quite suspended prevent her having the
power of escaping: Her grief shews itself more than the fright which
wou'd have seized her in a less pressing danger. The youngest of her
daughters in dispair threw herself into the Arms of her Mother, who
endeavours in vain to cover her with her body, which enclines over
her by way of protection from death: By the very immobility of her
attitude Niobe shews that she thinks she cannot avoid the anger of
the pitiless Gods, and expresses her willingness to give up her life
to save that of her daughter: By the Action of her neck and head,
she seems to implore forgiveness, not for herself but for her Children; her eyes express the compassion she feels, at the same time
that they accuse the injustice of Latona and discover the deep affli-
ction with which her soul is affected. All these motions shew the
sentiment of a Mother who forgets herself; and whose tenderness is
expressed by the action of one of her arms, which holds her Child
fast to her bosom: whilst she raises up with the other a part of
her vestment against the arrows of Apollo and Diana: that defence
by its very debility, shews the weakness and despair of Niobe, and
that the arrows of the Gods are unavoidable. Attitude and Action
be-

point que l'on puiſſe concevoir, la Phyſionomie ne peut guere avoir
de mouvement que celui qu'elle tire de la Penſée, ce qui lui donne
véritablement quelque choſe de Divin; telles ſont les têtes des Proſer-
pines que l'on voit ſur des médailles Grecques à Capo-di-monte , &
celle de la Minerve de marbre que poſſede Mʳ le Cardinal Albani :
on voit clairement que les Artiſtes qui les ont faites, ont prétendu
repréſenter plutôt un être penſant qu'un être ſenſible.

    Comme il y a entre *la penſée* & *la volonté* une correſpondance
naturelle, qui ſe montre par *l'attitude du Corps*, il y en a auſſi une entre *nos ſentimens* & *l'impreſſion* qu'il en réſulte dans notre ame, celle-ci
ſe manifeſte par *l'aĉtion*. L'accord de la penſée & de la volonté avec
l'attitude, celui du ſentiment & des paſſions qu'il excite avec l'action,
ſont les ſources de *l'Expreſſion*, partie de l'Art qui avec le *caraĉtere* en
fait le *Sublime*. Je prendrai pour exemple de ceci la mere de Niobés que
l'on attribue à Scopas ou à Praxitele, & qui eſt en effet un morceau
digne de ces grands Artiſtes: dans l'affreuſe conſternation de cette mere
infortunée qui voit périr toute ſa famille autour d'elle, ſes ſens ſuſpen-
dus ne lui laiſſent pas la liberté de fuir, & ſa douleur ſe montre, plus
encore que l'effroi dont elle ſeroit accablée dans un danger moins preſſant.
Effrayée, éperdue, la plus jeune de ſes filles s'eſt jettée entre les bras de ſa
mere; celle-ci s'efforce, mais vainement, de la couvrir de ſon corps qui
ſe penche ſur elle comme pour la garantir de la mort. Par l'immobilité
même de ſon *Attitude* , Niobé montre à la fois qu'elle *penſe* ne pouvoir
éviter la colere des Dieux impitoyables , & la *volonté* qu'elle auroit de
leur abandonner ſa vie pour ſauver celle de ſa fille. Auſſi par l'*aĉtion* de
ſon col & de ſa tête, ſemble-t-elle demander grace, non pour elle mais
pour ſes triſtes enfans; ſes yeux tendent à donner la compaſſion qu'elle
reſſent, en même temps qu'ils accuſent l'injuſtice de Latone, & décélent
la ſombre douleur dont ſon ame eſt affeĉtée. On voit que touts ſes mouvemens s'accordent à montrer le *ſentiment* d'une mere qui s'oublie, & dont
la tendreſſe eſt marquée par l'*aĉtion* de l'un de ſes bras qui ſerre tendrement
ſa fille contre ſon ſein, tandis que de l'autre elle ſoutient une partie de
ſon vêtement, comme pour oppoſer aux traits d'Apollon & de Diane cette inutile défenſe, qui par ſa foibleſſe même montre bien l'impuiſſance

belonging to every part of the body : it follows that they shou'd all contribute to the expreffion of thought or fentiment, and it is more or lefs action relative to fentiment, which fettlefs the degree of Expreffion, of which we shall fpeak in the Chapter upon Painting. The Laocoon is a ftriking example of what we have been faying ; Agefander who made this divine piece was willing to exprefs grief and paternal love, carried to their higheft pitch ; They are as fenfibly expreffed in te Attitude of the body, in the action of the members, in the articulations of the feet and hands, in the contraction of every mufcle, and in the hair, as in the face itfelf, where however they take a greater variety of expreffion, as in the eyes, the eye brows, in the nofe and mouth, becaufe there they muft shew a greater variety of fentiments : In effect there you fee that Laocoon fuffers for himfelf and for his Children whom he wou'd affift ; the folds of the Serpent which he meets with on every fide, and from which he endeavours by his efforts to deliver himfelf, irritate his courage, and though he employs his utmoft ftrength, he can not compafs the forceing himfelf from that obftacle. There is preferved at Portici a Faun, whofe drunkenefs is not lefs expreffed in the back, the legs, the belly and the moft minute parts, than in the face, and in examining this piece we fee how learned the antients were in Expreffion. As of all the parts of Art, thofe of Expreffion and character are the moft difficult to feize and exprefs, they are alfo thofe which are the moft difficult to be felt, and the moft rarely underftood : one may however judge of the impreffion they made among the antients, by the value they fet upon them. I will here bring fome examples, leaft I shou'd be fufpected of having feen and defcribed in thofe pieces circumftances that do not exift in them.

Pliny tells us of a Statue of Ctefilas (28), reprefenting a man dying of his wounds, in which might be diftinguifhed juft how much life was left in him. In the Paris of Euphranor (29) one might diftin-

---

(28) In quo poffit intelligi, quantum reftat animæ. Hift. Nat. 34.

(29) Laudatur quod omnia fimul intelligan-tur, judex Dearum, amator Helenæ, & tamen Achillis interfector.

& le défefpoir de Niobé , & que les traits des Dieux font inévita-
bles . L'*attitude* & l'*action* étant de toutes les parties du corps, il s'enfuit qu'elles doivent toutes contribuer à l'expreffion de la penfée ou
du fentiment . Le plus ou le moins d'action rélativement au fentiment & à la penfée eft ce qui fait *la mefure de l'expreffion* dont nous
parlerons dans le Chapitre de la Peinture. Le Laocoon eft un exemple frappant de ce que nous venons de dire . Agéfander qui a fait
ce morceau Divin, a voulu montrer la douleur & l'amitié paternel-
le portées à leur dernier degré . Elles font auffi fenfiblement expri-
mées dans l'attitude du corps, dans l'action des membres, dans les articulations des pieds & des mains , dans la contraction de tous les
mufcles, & dans les cheveux, que fur le vifage même ou elles pren-
nent cependant une expreffion plus variée dans yeux, dans les four-
cils, dans le nés & dans la bouche, parcequ'elles y doivent marquer
une plus grande varieté de fentimens . On y voit en effet que Laocoon fouffre pour lui & pour fes fils qu'il voudroit fecourir, les plis
du ferpent qu'il rencontre de tout côté , & dont il fait des efforts
pour fe délivrer irritent fon courage , & quoiqu'il employe la plus
grande force, il ne peut venir à bout de franchir cet obftacle . On
conferve à Portici un Faune dont l'ivreffe n'eft pas moins marquée
dans le Dos, les jambes, le ventre , & les moindres parties que fur
la Phyfionomie , & l'on voit en examinant ce morceau combien les
anciens ont été favans dans l'expreffion : Comme de toutes les parties
de l'art, celles de donner l'expreffion & le caractere font les plus difficiles à faifir & à rendre, elles font auffi celles qui font le plus dif-
ficilement fenties , & le plus rarement connues , on peut cependant
juger par l'impreffion qu'elles faifoient chez les anciens du prix qu'ils
y mettoient. J'en vais placer ici quelques exemples, afin que l'on ne
me foupçonne pas d'avoir vu & décrit dans les morceaux dont j'ai
parlé des chofes qui n'y font pas .

Pline nous parle d'une Statue de Ctéfilas (28), qui repréfentoit un
homme mourant de fes bleffures, dans lequel on pouvoit connoître combien il lui reftoit de vie. Dans le Pâris d'Euphranor (29), on recon-
noiffoit le juge des trois Déeffes, l'amant d'Héléne, & en même temps
le

diftinguifh the Judge of the three Goddeffes, the lover of Helen, and at the fame time the murtherer of Achilles. Celebrated alfo was the Eagle of Leochares (30), who feemed to be fenfible of the prize he was carrying off, and to whom he was carrying Ganimede: one might fay, he appear'd fearfull of difcompofing with his talons, even the drefs of the favorite of Jupiter. The Statue of the lame man of Pythagoras of Leontium (31) that was to be feen at Syracufe, was alfo of the fame fort, in looking upon it, fays Pliny, you imagine you feel the anguifh of the fore which caufed his lamenefs. One may reflect after this, what muft have been the Olympian Jupiter of Phidias (32), the Aftragalizontes of Policletus, which this Author gives out for works ftill more perfect (33): in short the Phryne of Praxiteles (34) in which was diftinguishable the love of the Artift who made it, and the gratitude expreffed in the countenance of the Courtezan.

Beyond all things, the Greeks efteemed Beauty, Strength, and Agility; fo in the Iliad as well as the Odiffey, the Beauty of the Heroes is compared to that of the Gods. Cypfelus caufed Games to be celebrated (35) where they gave prices to Beauty; and at Corinth, at Sycione, at Olympia, at Megara, they difputed that of force and dexterity. The Artifts in order to render their ftatues more interefting, chofe naturally to reprefent fubjects, in which they might unite thofe qualities they efteemed moft; hence it is that they have left us the fineft Models of every kind with refpect to Strength, Agility, and Beauty. As nothing is more capable of interefting us, as nothing excites in us greater pleafure than beauty, the antients were careful to preferve it in every thing and to regulate the expreffion in fuch a manner, that beauty shou'd thereby be never difcompofed; and for this reafon they fixed its meafure at that point, where had they given more expreffion, the figures wou'd have bordered upon Grimace; This appears evidently in the Niobes, where there shines at once the moft fublime beauty, which the expreffion does not offend in the leaft; the

Lao-

---

(30) Leochares aquilam, fentientem quod rapiat in Ganymede, & cui ferat, parcentem unguibus etiam per Veftem.

(31) Cujus hulceris dolorem fentire etiam fpectantes videntur.

(32) Jovem Olympium, quem nemo æmulatur.

le meurtrier d'Achille . On louoit encore l'Aigle de Léocharès qui paroiſſoit ſentir le prix de ce qu'il enlevoit, & à qui il portoit Ganymede (30), on eut dit qu'il craignoit d'offenſer de ſes ſerres, même- les habillemens du favori de Jupiter . La Statue du Boiteux que Pytagore de Léontium fit pour la ville de Syracuſe, eſt encore du même genre (31), en la regardant dit Pline, on croyoit ſentir la douleur de l'ulcere qui le faiſoit boiter . On peut penſer après cela, quels devoient être (32) le Jupiter Olympien de Phidias, & les Aſtragalizontes (33) de Polyclete que cet Auteur donne pour des ouvrages encore plus parfaits ; enfin la belle Phrynée de Praxitele (34) , dans laquelle on reconnoiſſoit l'amour de l'Artiſte qui l'avoit faite, & la reconnoiſſance imprimée ſur le viſage de la Courtiſanne.

Les Grecs eſtimoient pas deſſus toutes choſes la Beauté , la force & l'Agilité , auſſi dans l'Iliade comme dans l'Odiſſée , la Beauté des Héros eſt elle comparée à celle des Dieux mêmes . Cypſélus fit célébrer des (35) Jeux où l'on accordoit le prix a la Beauté, tandis que l'on diſputoit à Corinthe à Sycione , à Olympie & à Mégare celui de la force & de l'adreſſe . Pour donner plus d'intérêt à leurs Statues, les Artiſtes choiſirent naturellement les ſujets qu'ils repréſenterent, tels qu'ils réuniſſoient les qualités que l'on priſoit davantage : delà vient qu'ils nous ont laiſſé les plus beaux modeles en tout genre, & qu'ils ont ſi bien repréſenté les avantages de la belle nature .

Comme rien n'eſt plus capable de donner de l'intérêt, parceque rien n'excite un plus grand plaiſir que la *beauté* , les anciens eurent ſoin de la conſerver par tout, & de régler l'expreſſion de maniere quelle n'en fut jamais altérée . C'eſt pourquoi ils en arrêterent la meſure la, où pour trop exprimer leurs figures euſſent commencé à Grimacer . Ceci ſe voit évidemment dans les Niobés, où brillent à la fois la plus ſublime beauté & l'expreſſion la plus grande, ſans que celle-ci offenſe en rien la premiere . Le Laocoon eſt encore un exemple de ce que j'avance, car malgré l'impreſſion que la douleur & l'anxiété

Vol. I. P P laiſ-

(33) Quo opere nullum abſolutius plerique judicant.
(34) Hanc putant Phrynem fuiſſe, deprehenduntque in ea amorem artificis , & mercedem in vultu meretricis.
(35) Euſtath *ad Iliad. comm.*

Laocoon is alſo an example of what I advance , for notwithſtanding the impreſſion which pain and anxiety ſtamp upon his countenance , it is the moſt noble that can be imagined , and I have hear'd M: Mengs; (whoſe great Talents in Painting are well known), ſay that if a drawing was to be made of the head of the Laocoon in a ſtate of tranquility , it vou'd be very little inferiour in beauty, to that of the Apollo of the Belvedere .

In the action which antients gave their figures, they took care to ſeek out the eaſieſt motions which cou'd expreſs that action , and by this means they united to a beauty which charmed, a ſeducing grace . Of a prodigious number of Antique Statues which I have examined with care , I have not ſeen a ſingle one , where the Artiſt had placed his Model to ſhew his knowledge in the Art , but every where he ſeems to have endeavoured to place it in the poſition the leaſt conſtrained, and the moſt proper for the execution of his deſign . By this means the Statuarys gave a Nobleneſs tho their figures, without taking the leaſt from their expreſſion ; and gave them grace by avoiding affectation ; they looked upon draperies as neceſſary's for veils to the naked limbs, which ought never to be entirely hidden , and indifferent whether they grouped with them or not , they diſpoſed them in ſuch a manner, as to draw the whole attention upon the principal parts .

We will finiſh this Section by giving notice to the reader, that he will find many other things which regard Sculpture, in that which will treat of the painting of the antients , and which will open our ſecond Volume; it might be expected that we ſhou'd ſpeak of the ſtile of the different periods, and of many details which enter indeed into the Plan of this Work; but we have reflected that in placing them here , we ſhou'd only have repeated , what the Abbé Winckelmann has ſaid of them in his Hiſtory of the Arts , and in his Monuments of Antiquity; it is there, that the curious may read an infinity of important obſervations, ſupported by the beſt choſen examples, ſeen with as much taſte as cou'd be deſidered , and ſhewn with an intelligence and an Erudition that render them uſefull and intereſting to the lovers of the Art, Artiſts and men of Letters : Thoſe who find that we have

not

laiſſent ſur ſa phyſionomie elle eſt cependant ce que l'on peut imaginer de plus noble, & j'ai entendu dire à Mr Mengs dont on connoit les grands talens dans la Peinture, que ſi on deſſinoit la tête du Laocoon dans un état de tranquillité, elle ne ſeroit guere moins belle, que celle de l'Apollon du Belvedere.

Dans l'action que les anciens donnerent à leurs figures, ils eurent ſoin de chercher les moindres mouvemens qui pouvoient l'exécuter, & par ce moyen, à la beauté qui charme, ils unirent la Grace qui ſéduit. D'une infinité de Statues antiques que j'ai examinées avec ſoin, Je n'en ai pas vu une ſeule, où l'Artiſte ait placé ſon modele pour montrer ſa ſcience dans l'Art; mais par tout il ſemble avoir cherché la poſition la moins génée qu'il étoit poſſible, & cependant la plus propre à exécuter ce qu'il avoit à faire. Par ce moyen les Statuaires donnerent de la nobleſſe à leurs figures, ſans rien diminuer à l'expreſſion quelle devoient avoir, & rencontrerent la Grace en fuyant l'affectation; ils regarderent toujours les drapperies comme des acceſſoires qui pouvoient voiler le nud, mais ne devoient preſque jamais le cacher, & ſans ſe ſoucier qu'elles fiſſent groupe avec lui, ils les jetterent d'une maniere qui laiſſa toute l'attention aux parties principales.

Nous terminerons cette Section en avertiſſant que l'on trouvera encore beaucoup d'autres choſes qui regardent la Sculpture, dans celle qui traitera de la Peinture des anciens & qui ouvrira notre ſecond Volume. On pouvoit attendre que nous parlaſſions des ſtyles des différens temps, & de beaucoup de détails qui entroient en effet dans le plan de cet ouvrage; mais nous avons conſidéré qu'en les plaçant ici, nous n'euſſions fait que répéter ce qu'en a dit Mr l'Abbé Winkelmann dans ſon Hiſtoire de l'art & dans ſes Monumens Antiques: c'eſt là que les Curieux peuvent lire une infinité d'obſervations importantes, appuyées d'exemples les plus choiſis, vus avec le goût que l'on peut déſirer, & montrés avec l'intelligence & l'érudition qui peuvent les rendre utiles & intereſſants pour les Amateurs, les Artiſtes & les Gens de lettres. Ceux qui trouveront que nous n'avons pas aſſez fait, ou fait aſſez bien, & qui ne connoitront pas les ouvrages dont nous

par-

not done fufficiently or well enough, and who are unacquainted with the works we are fpeaking of, will at leaft be obliged to us, for having pointed out thofe that are better than our own.

Explanation of the Plates I. II. III. IV.

THe beautiful *Vafe*, whofe minute particulars are to be feen upon thefe four *Plates*, is in perfpective. on the firft, and in profile upon the fecond, where. all its parts are measured by what is called in France pied de Roy. As to the two laft which are coloured, they contain the *Paintings* that go round the faid *Vafe*. The ornaments that furround them are alfo faithfully copied, and the colours of the *Original* are preferved in them, as in the figures; that the reader may be enabled to judge of what we fay, by the defigns placed before him, juft as well as if he had the monuments themfelves in his hands; and is what we have promifed in our Preface.

The *Hunt* which is the fubject of this *Painting* feems to be a *Monument* of the Heroick Ages, like that of the *Boars* of *Erymantus* and *Calydon*. This kind of *Archievements*, whofe object was to free the countries from the wild beafts which defolated them, having in view the public good, deferved the gratitude of *Mankind*: and in thofe times when the manners were very fimple, the people were proud of having contributed to it, and looked upon thofe who had diftinguifhed themfelves therein, either by their courage, ftrength or dexterity, as *Heroes*. Thus, after having talked of the memorable exploits of the *Tegeates* (36), after having mentioned the *Trojan War*, wherein they entered with the *Arcadian* body; of that of the *Perfians*, and laftly of the battle they fought with the *Lacedemonians* at *Dipea*, *Paufanias* adds that he will relate other noble actions, the glory of which was wholly belonging to thofe of *Tegea*. *Anceus* Son of *Lycurgus*, fay he, at the hunt of the *Calydonian Boar* ftanding firm and waiting for this terrible *Animal*, though he had been

al-

(36) Paufan. in Arcad.

Pl. 161

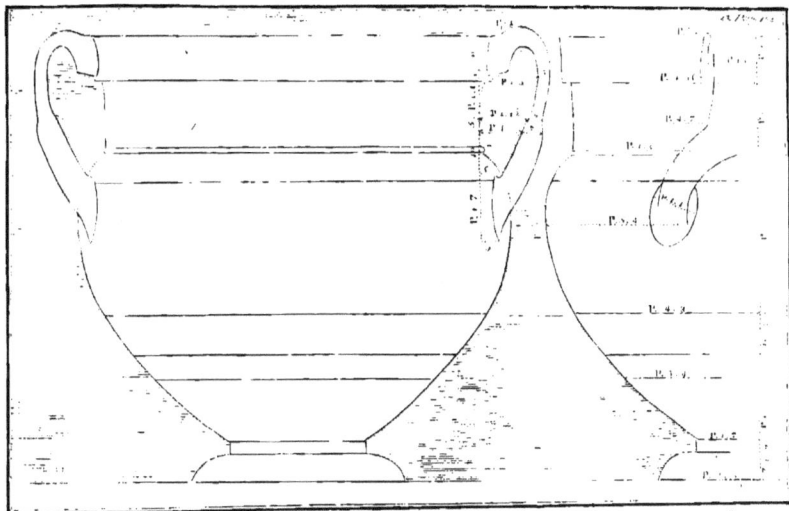

parlons, nous aurons au moins l'obligation de leur en avoir indiqué
de meilleurs que les nôtres.

Explication des Planches I. II. III. IV.

L E beau Vase dont on voit les détails sur ces quatre planches, est
en perspective sur la premiere , & en profil sur la seconde où
l'on donne toutes ses parties mesurées au pied de Roy . Quant aux
dernieres qui sont coloriées, elles contiennent les peintures qui occupent le contour de ce même Vase . Les ornemens qui les entourent
sont fidellement copiés , on leur a conservé , comme on l' a fait
aux figures , les couleurs de l'Original , afin de mettre le lecteur à
portée de juger de ce que nous disons, par les desseins que nous lui
mettons sous les yeux, comme s'il avoit les monumens mêmes entre
les mains, c'est ce que nous avons promis dans notre préface.

La Chasse qui fait le sujet de cette peinture paroit être un monument des temps heroïques, telle que celle des Sangliers d' Erymante
& de Calydon. Ces sortes d'expéditions dont l'objet étoit de délivrer
les campagnes des animaux sauvages qui les ravageoient, ayant pour
objet le bien public, méritoient la reconnoissance des hommes ; dans
ces temps où les mœurs étoient très-simples , les peuples se faisoient
honneur d'y avoir contribué , & regardoient comme des Héros ceux
qui s' y étoient distingués par leur courage , par leur force ou par
leur adresse . C'est ainsi qu'après avoir parlé (36) des exploits mémora-
bles des Tégéates, après avoir fait mention de la guerre de Troye où
ils entrerent avec le corps Arcadique, de celle des Perses,& enfin de la
bataille qu'ils livrerent aux Lacédémoniens à Dipée, Pausanias ajoute
qu' il va raconter d' autres belles actions dont la gloire n' appartient
qu'à ceux de Tégée. Ancée fils de Licurgue, dit il , à la chasse du Sanglier de Calydon, attendit de pied ferme ce terrible animal, quoiqu'il
en eut deja été blessé , Atalante lui décocha la premiere fleche dont
elle l'atteignit. Méléagre, Thésée, Pirithous, Lyncée, Céneus, Acas-
te, Télamon, Lélex, Nestor , Pollux & Iolas furent les plus remar-

already wounded , Atalanta shot the firſt arrow at him , which took pla-
ce . Meleager , Theſeus , Pirithous , Lynceus , Ceneus , Acaſtes , Telamon ,
Lelex , Neſtor , Pollux , and Iolas , were the moſt remarkable of thoſe
who aſſiſted at this hunt , and as neither their names , nor thoſe of
their companions are to be found in the Painting we deſcribe ; and
that beſides the name of Hercules does not appear , it ſeems undoub-
ted , that the boar it repreſents , can not be either that of Calydonia ,
or Erymanthus . Auguſtus after the battle of Actium , cauſed the Tusks
of the firſt to be tranſported to Rome , and placed them in the Tem-
ple of Bacchus (37) , and the inhabitans of Cuma in Campania (38)
pretended to be in poſſeſſion of thoſe of the ſecond , which they preſer-
ved in the Temple of Apollo ; This wou'd be ſufficient to ſhew the
care they took to maintain the memory of theſe Hunts , did we not
know alſo that they are to be found ſtill repreſented upon many baſs
reliefs and (39) engraved ſtones ; that Scopas himſelf one of the grea-
teſt Artiſts of Greece had placed that of Calydonia upon the Pediment
of the Temple of Minerva Alea at Tegea , and that Apelles having
painted for the Rhodians that , where Anceus was wounded (40) , the
ſame ſubject was afterwards repeated by Ariſtophon and ſung by moſt
of the Poets . It was probably in conſequence of that ſpirit , and with
the view of recalling to mind , an event of the like nature , with what
we have juſt mentioned , that the Vaſe we are examining was produ-
ced , and intended perhaps for the ornament of ſome appartement ; for
we ſhall ſoon ſee , that , the Antients were often fond of recalling to
mind by means of theſe ſorts of Monuments , Hiſtorys derived from their
Mythology , their Cuſtoms and Ceremonys , civil , political or Religious ; and
as ſome are found which never had a bottom , it is clear , they were deſigned
rather for ornament than uſe . This having been found in the neighbourhood
of Capua , and the manufacture diſtinguiſheable by the nature of the Clay of
which it is compoſed , we imagine that the Hunt it repreſents might have
been a celebrated one in Campania . What ſeems to add probability to
our opinion is , that among the eight Combattants who attack the Boar,
Anti-

---

(37) Pauſan. in Arcad.   (38) Pauſan. in Arcad. 24.

quables de ceux qui affifterent à cette chaffe , & comme leur nom,
ne fe trouvent dans la peinture que nous décrivons, & que d'ailleurs
on n'y lit pas celui d'Hercule ; il nous paroit certain que le fanglier
qu'elle repréfente ne peut être ni celui de Calydon, ni celui d'Erymante. Augufte après la bataille d'Actium fit tranfporter à Rome, & placer dans le temple de Bacchus (37) les défenfes du premier , & les
habitans de Cumes en Campanie (38) fe vantoient d'être en poffeffion de celles du fecond, qu'ils gardoient foigneufement dans le Temple d'Apollon. Cela fuffiroit pour faire voir le foin que l'on avoit
de conferver la mémoire de ces chaffes ; mais nous favons d'ailleurs
qu'on les trouve encore repréfentées fur plufieurs bas-reliefs, comme fur
beaucoup (39) de pierres gravées, Scopas même l'un des plus grands
artiftes de la Grece avoit placé la chaffe de Calydon fur le fronton du
Temple de Minerve Alea à Tégée : on fait encore qu'Apelles aiant
peint pour les Rhodiens celle où Ancée fut bleffé (40) , le même
fujet fut enfuite répété par Ariftophon, & chanté pas la plupart des
Poëtes . C'eft vraifemblablement par une fuite de cet efprit , &
dans la vue de rappeller le fouvenir d'un événement de la nature de
ceux dont nous venons de parler, que l'on a peint le Vafe que nous
examinons ; Peutêtre étoit il deftiné à l'ufage de quelque appartement,
car nous verrons bientôt que fouvent les Anciens ont cherché à rappeller fur cette forte de monumens des hiftoires tirées de leurs Mytologie, de leurs ufages & de leurs cérémonies civiles politiques ou
religieufes : puifque d'un autre côté on trouve de ces vafes qui
n'ont jamais eu de fond , il eft clair qu'ils étoient , deftinés à la
décoration plutôt qu'à l'utilité . Celui-ci ayant été trouvé aux environs de Capoue, dont on réconnoit les fabriques à la forte d'Argil-
le dont il eft compofé , nous croyons que la chaffe qu'il repréfente
pourroit avoir été célebre dans la Campanie . Ce qui paroit donner
quelque probabilité à notre opinion , c'eft que parmi les huit com-
battans qui attaquent le Sanglier, Antiphates connu par les vers d'Homere,

---

(39) Catalogue des Pierres Gravées du B. Stoch. (40) Plinius *Lib. XXXV.*

Antiphates known by the verses of Homer , Horace , Ovid , and Silius Italicus &c. was a King of those Leftrigons, who came from Sicily and settled in Leftrigonia , called this day Mola ; The neighbourhood of this Town, which is situated at the foot of the Appenines towards the extremity of Campania , in a Mountainous and cover'd Country , must formerly have been much abounding in game of the larger kind .

We imgine that the Horsemen upon the back part of our Vase shew , that they began to pursue the Boar in the plain , which perhaps they meant to indicate by the flowers under the horses feet ; the Hunters who attack the Animal are on foot , and the ground on which they combat him without flowers , might represent the barren Mountains near Mola , where the Cavalry cou'd not act , on account of their steepness , whence Homer calls them Excelfæ . These two circumstances of the hunt in the plain and on the mountains , seem also marked by the separation of the two parts of this painting . The fort of Vultur, who flies in a contrary direction to the Animal pursued over which it is placed , as well as that which seems to follow and assist the march of the Horses , shew equally that the hunt is to end in favour of the Hunters , and contrary to the Boar . As to the Swans or Geese , and the fort of Eagle in Plate IV. , we know not what to say of them , unless we follow the remark of the Count of Caylus , who says , that these fort of birds are frequently met with upon the monuments attributed to the Etruscans , without assigning any reason for it .

Let the truth of this Explanation be as it may , as we do not warrant it , it is certain that the painting of this Vase , is much more remarkable from the stile of its design , the manner of execution , and form of the Greek Characters , with which it is enriched , than from the the History it represents ; which may have been of consequence at the time it was painted , but very little to us at present. It is plainly to be perceived that the Painters then , were only acquainted with the Out-line and Action , and that they endeavoured to detail the interiour parts of the figure , marked out rudely by lines nearly parallel one to another ; and as they were totally unacquainted with the art of Shadowing , which gives roundness to the part , they

filled

mere, d'Horace, d'Ovide, de Silius Italicus &c. paroit avoir été un
Roy de ces Leftrigons, qui venus de Sicile, s'établirent à Leftrigonia
qu'on appelle à préfent Mola. Le voifinage de cette Ville qui eſt fituée au pied de l'Apennin vers l'extrémité de la Campanie dans un
pays montagneux & couvert, a du autrefois être très abondant en
gros Gibier.

Nous foupçonnons que les Cavaliers deffinés fur la partie poſté-
rieure de notre Vafe, montrent qu'on commença à pourfuivre le Sanglier dans la plaine, que l'on a *peutêtre* voulu indiquer par les fleurs
placées fous les chevaux; les chaffeurs qui attaquent l'animal font à
pied, & le terrein où ils combattent dépouillé de fleurs pourroit marquer les montagnes arides qui font voifines de Mola, dans lesquelles
la Cavallerie ne pouvoit agir à caufe de leur efcarpement qui les fait
appeller *Excelfæ* par Homere. Ces deux circonſtances de la chaffe dans
la Plaine & fur les Montagnes paroiffent encore marquées par la fé-
paration des deux parties de cette peinture. L'efpece de Vautour qui
vole en fens contraire de l'animal pourfuivi fur lequel il eſt placé,
de même que celui qui femble fuivre & feconder la marche des chevaux, montroient également que la chaffe devoit être favorable pour
les chaffeurs & contraire au Sanglier. Quant aux Oyes ou Cygnes,
& à l'efpéce d'Aigle qui eſt à la planche IIII. Nous ne favons qu'en
dire, finon que felon la remarque de Mr le Comte de Caylus, ces
fortes d'oifeaux fe trouvent fréquemment dans les monumens que l'on
croit Etrufques, fans qu'on en fache la raifon.

Quiqu'il en foit de la vérité de cette explication *que nous ne ga-
rantiſſons pas*, il eſt certain que la peinture de ce Vafe eſt bien plus
remarquable par le ftyle de fon deffein, par la maniere dont elle eſt
exécutée, & par la forme des caraÉteres Grecs dont elle eſt enrichie,
que par l'hiſtoire qu'elle repréfente, qui peut avoir été confidérable
pour le temps où elle fut faite, mais qui paroit peu intéreffante pour
le nôtre. On voit évidemment que les Peintres ne connoiffoient alors
que les *contours*, & *l'aÉtion*, qu'ils cherchoient à détailler les parties intérieures de la figure, qu'on marquoit groffierement par des lignes à peu-près paralleles les unes aux autres, & comme on ne fa-

Vol. I.   r r   voit

filled the spaces between the out-lines with simple colours laid flat . However here it is to be observ'd that the action of the figures is full of fire , and their positions very just ; so that neither the men nor Animals are wanting eiter in expression or character ; notwithstanding the fear which is visible in the eyes and forelegs of the Boar, you remark how he threatens the dog , which presents himself to stop him , whilst the dog on his part is not free from terror, and seems to be drawing back ; the two men who make the attack in front , fall upon the Animal with rapidity , and it is plain that they make use of their utmost Strength and Agility . One may see by their motions something uncertain , which shews that they are sensible of the danger, to which they are exposed . As to Antephates , Poluphas and Poludas , their actions seem to agree in attacking at the same time , but the degrees of action are manifestly different , and you may observe more hopes of a conquest in those figures , than in those of Budoros and his Companion : the Dog which accompanies them , and seems to be wounded in one of his feet, is fastening upon the Boars thigh , and shews by the position of his legs and the action of his body , his intention of of stopping him : the Horses although barbarously design'd , are yet of a good character and full of fire , and the position of the Horsemen corresponds with a singular precision to the three different movements of their Horses . All these figures seem to have a sort of helmet , which not only covered their heads , but also formed a kind of a Mask to their faces , and it looks as if the patch of red upon their necks, was meant for the better expressing that sort of Armour , as that upon the boar and horses was so shew they were particouloured . We leave to our Readers to make their remarks upon some other particularities , such as the piece of white draperie that the huntsmen on foot carry upon their Arms , the forms of the pikes , bridles of their horses &c. but we will also take notice here, that the ornaments of this Vase are of the most antient stile , and that the red , white , and black dots , which go round the paintings , served afterwards more able Artists to form from them certain ornaments which the Italians call Vita Alba , *and which is nothing more , than these same dots*

round

voit pas ce que c'étoit que les ombres qui donnent de la rondeur aux
parties, on rempliſſoit les eſpaces qui ſe trouvoient entre les contours
par de ſimples couleurs miſes à plat. Cependant on peut remarquer
ici que l'action des figures eſt pleine de feu , & que leurs poſitions
ſont très-juſtes , ce qui fait que les hommes & les animaux ne manquent ni de caractere ni d'expreſſion. Malgré la crainte qui eſt ſenſible dans les yeux & dans les jambes de devant du Sanglier , l'on
voit qu'il ménace le chien qui ſe préſente pour l'arrêter, celui-ci de
ſon côté n'eſt pas exempt de frayeur, & ſemble ſe retirer en arriere.
Les deux hommes qui attaquent par devant, ſe jettent avec rapidité
ſur l'animal ; il eſt viſible qu'ils employent toute la force & l'agilité
dont ils ſont capables, & l'on remarque dans leur mouvement quelque choſe d'incertain qui décéle l'idée qu'ils ont du peril auquel ils
s'expoſent. Pour ce qui eſt d'Antephates, de Poluphas , & de Poludas, leur action eſt d'accord pour attaquer en même temps, mais les
degrés en ſont manifeſtemment différens, mais l'on obſerve plus d'eſpé-
rance de vaincre dans ces trois Perſonages que dans Budoros & ſon
Compagnon ; le chien qui les accompagne, & qui ſemble bleſſé à une
patte, eſt attaché à la cuiſſe du Sanglier ; il montre par la poſition
de ſes jambes, & par l'action de ſon corps, l'intention qu'il auroit de
l'empêcher d'aller plus avant. Les chevaux quoique barbarement deſſinés , ſont toutefois d'un bon caractere & pleins de feu , quant à la
poſition des cavaliers elle répond avec une préciſion ſinguliére aux
trois différens mouvemens de leurs chevaux. Toutes ces figures ſemblent avoir une ſorte de caſque qui non ſeulement leur couvre la tête, mais forme encore un maſque ſur leur viſage , & il paroit que
la touche de rouge miſe ſur le col, eſt pour mieux faire ſentir cette
eſpece d'armure, de même qu'on l'a miſe ſur le Sanglier & ſur les
chevaux pour marquer qu'ils étoient de diverſes couleurs. Nous laiſſons
à nos Lecteurs à remarquer quelques autres particularités , comme
l'étoffe blanche que les chaſſeurs à pied portent ſur leurs bras, la forme de leurs piques, des brides de leurs chevaux &c. ; Mais nous obſer-
verons encore ici que les ornemens de ce Vaſe ſont auſſi du ſtyle le
plus ancien, & que les points rouges, noirs & blancs qui entourent

la

round which, they have passed a certain cord or groove . An example of this is to be seen in the Vignette of the 13.ᵗʰ page of the ruins of Athens by Mʳ. Stuart : hence it results by what has been view'd and what we have said, that it was neither in Genius or Intelligence but in Art, that those who executed this work were deficient .

Painting in its beginning had only a simple Out-line which being afterwards filled up with one colour , gave the name of Monocromate to that sort of Painting . Ardices of Corinth and Thelephanes of Sycione were, according to Pliny , the first who practised painting; however they did not make use of colours , (fine ullo etiamnum hi Colore *) but were satisfied with marking the interiour parts by lines , (* fpargentes lineas intus *) and writing upon their pictures, the names of the perfons they meant to reprefent . (* ideo & quos pingerent adfcribere inftitutum *) Another Corinthian called Cleophantes invented Colours (* eos colores *) which he made with pieces of baked earthen ware vafes pounded ; (* Tefta ut ferunt Trita *) thefe earths may have given him black , white and a red approaching the Rubrick . The painting of our Vafe unites, as may be feen, the interiour lines of Ardices and Thelephanes, with their method of writing the names of the Perfonages whom they reprefented ; and as we have feen , the ftile of its defign is not barbarous enough to be confidered as one of the firft effays that had been made , nor on the other hand near enough to perfection , to be reckon'd as of the fecond or third Epoch of the Art : A proof of it , is that befides the two circumftances, which this Painting has in common, with that in the time of Ardices , it has alfo a third, which fhews the Art Cleophantes invented ; for you here fee the white, the black, and the red which he difcover'd . We may then believe that , the painting we fpeak of was done about the time of this Artift . If we give credit to Cornelius Nepos , he accompanied Demaratus Father of Tarquin the Elder , into Italy ; fo he was a cotemporary of Cypfelus , and lived in the* 30.ᵗʰ *Olympiad : Yet if one reads with attention what Paufanias fays of the bas-reliefs upon the trunk of Cypfelus , preferved in the Temple of the Olympian Juno, it is perceiveable, that in his time , Painting muft have been further*

ad-

la peinture, fervirent dans la fuite à des Artiftes plus habiles pour
en former cette efpece d'ornemens que les Italiens apellent *Vita Alba*
& qui n'eft que ces mêmes points autour desquels on a fait paffer
une forte de corde ou de canal . On peut voir un exemple de ceci
dans la Vignette de la page 13. des ruines d'Athenes de Mr Stuart.
Il réfulte de ce qu'on a vû & de ce que nous avons dit , que ce
n'étoit ni le génie, ni l'intelligence, mais l'art qui manquoit à ceux
qui ont fait cet ouvrage .

La Peinture ne connut dans fes commencemens qu'un fimple contour que l'on remplit enfuite d'une couleur unique, ce qui long-temps
après, lui fit donner le nom de Monocromate . Ardice de Corinthe &
Téléphanes de Sycione furent, au rapport de Pline, les premiers qui
exercerent la peinture; cependant ils ne firent pas ufage des couleurs
(*fine ullo etiamnum bi colore*) mais fe contenterent de marquer les parties intérieures par des lignes, (*fpargentes lineas intus*) & d'écrire fur
leurs tableaux les noms des perfonnes qu'ils avoient voulu repréfenter
(*ideo & quos pingerent adfcribere inftitutum*). Un autre Corinthien nom-
mé Cléophante inventa les couleurs (*eos colores*) qu'il fit en pilant des
morceaux de vafes de terre cuite, (*Tefta ut ferunt Trita*). Ces terres
purent lui donner le Noir, le Blanc, & un Rouge approchant de la
Rubrique. La Peinture de notre Vafe réunit, comme on peut le voir,
les lignes intérieures d'Ardice & de Téléphanes , avec leur methode
d'écrire les noms des perfonages qu'ils repréfentoient , & comme nous
l'avons vu le ftyle de fon deffein n'eft pas affez barbare pour être
compté comme un des premiers effays que l'on ait fait, mais d'un autre côté, il eft affez éloigné du bon, pour être regardé comme étant
du fecond ou du troifieme temps de l'art. Ce qui le prouve, c'eft qu'
aux deux circonftances que cette Peinture a de commun avec celle du
temps d'Ardice , elle en réunit une troifieme qui marque l'art dont
Cléophante fut l'inventeur, car on voit ici le blanc , le noir , & le
rouge qu'il découvrit. On peut donc croire que la peinture dont nous
parlons fut exécutée vers le temps ou vivoit cet artifte; il accompa-
gna (fi l'on s'en rapporte à Cornelius Nepos) Démarate Pere de Tarquin l'Ancien en Italie; ainfi il étoit contemporain de Cypfelus , &

advanced , than appears upon this Vase , and therefore it may well have been anteriour to the time of that Prince ; which wou'd induce me
to beleive that the Cleophantes , who invented Colours , must have preceeded him of whom Corn. Nepos speaks . This Conjecture is besides
supported by what Pliny himself says of the Paintings , which in his
time were still to be seen at Ardea and Lanuvium (41) , and altho'
more antient than Rome , were neverthelefs excellent . In keeping then
to what Corn. Nepos says , it is probable that this Vase was made,
at the latest , towards the year 4056. of the Julian Period , or 658.
years before Christ . When I say 'tis the least Antiquity that can be
given to this Monument , this is my foundation : Long before Herodotus who was compofing his History at Thurium (42) in the 84.th
Olympiad , the Greeks (43) no more wrote from right to left after
the Oriental and Egyptian manner ; Yet the writing upon our Vase
is not only from right to left , but alfo in Bouftrophedon , like
that which Paufanias fay's , was still to be read in his time upon
the trunk of Cypfelus , which was certainly older than this Prince , as
his Mother shut him up in it the moment he was born , to hide
him from the Bacchiades who fought his destruction ; on the other hand
it is known that Mr. de Fourmont (44) difcovered in the ruins of Ami-
clea , a Temple built by Eurotas who lived 1500. years before J. C.
The Altar of this Temple confecrated to Onga by Cleodamas , bears
an infcription in Bouftrophedon , the Characters of which being the
fame as thofe we read upon our Vase , one can not doubt of the
latter's being of the most antient form ; to be convinced of this , it
needs only to examine the Alpha made ufe of in the names of Polyphas and Antephatas , te Lambda , the Pi and the Omicron
which are triangular in the word Polydoros , in short the Beta wich
is the fame (45) as in the Cadmean Alphabet . As to the Sigma ,
they are turned down in the fame manner as upon the most antient

Me-

---

(41) Plin. Lib. XXXV.
(42) Plin. XII. c. 4.
(43) Herod. Lib. V.

(44) Mém. de l'Acad. des Infcript. T. 15.
(45) Orbis erud. licterat. col. VIII.

vivoit dans la trentieme Olympiade; Cependant fi on lit avec attention ce que dit Paufanias des bas-reliefs gravés fur le coffre de Cypfé-
lus que l'on confervoit dans le Temple de Junon Olympienne, on verra que de fon temps la peinture devoit être bien plus avancée qu'elle
ne le paroit fur ce Vafe, & qu'ainfi il pourroit bien être encore antérieur au temps de ce Prince; Ce qui me feroit croire que le Cléophante qui inventa les couleurs, doit avoir précédé celui dont parle
Cornelius Nepos. Cette conjecture eft d'ailleurs appuyée par ce que
dit Pline lui même des peintures que de fon temps on voyoit encore à Ardée & à Lanuvium, quoique (41) plus anciennes que Rome ces
peintures étoient néammoins excéllentes. Si donc on s'en rapportoit feulement à ce que dit Cornelius Nepos, il feroit probable que ce Vafe auroit été tourné tout au plus-tard vers l'an 4056 de la période
Julienne, environ 658 ans avant J. C. Quand je dis que c'eft la moindre antiquité que l'on puiffe donner à ce monument, voici fur quoi
je me fonde ; long-temps avant Hérodote qui compofoit fon hiftoire
à Thurium (42) dans la 84 Olympiade, les Grecs avoient (43) ceffé
d'écrire de droite à gauche à la maniere des Orientaux & des Egyptiens.
Néammoins l'écriture que l'on trouve fur notre Vafe eft non feulement
de droite à gauche, mais encore en *Bouftrophédon*, telle que celle que
Paufanias dit qu'on lifoit encore de fon temps fur le coffre de Cypfé-
lus qui étoit certainement antérieur à ce Prince, puifque fa mere l'y
renferma au moment de fa naiffance, pour le dérober à la recherche
des Bacchiades qui voulojent le faire périr. On fait d'autre part que
Mr de Fourmont (44) a découvert dans les ruines d'Amiclée, un temple bâti par Eurotas qui vivoit 1500 avant J. C. l'autel de ce temple
confacré à Onga par Cléodamas, porte une infcription en *Bouftrophédon*,
d'ailleurs les caracteres qui la compofent font les mêmes que ceux qu'on
lit fur le Vafe dont il s'agit ici, on ne peut donc pas douter que ces
derniers ne foient de la forme la plus antique; & pour s'en convaincre,
il ne faut que confidérer l'*Alpha* employé dans les noms de Polyphas
& d'Antéphatas, le *Lambda*, le *Pi*, & l'*Omicron* qui font triangulaires
dans le mot Polydoros , enfin le *Béta* qui eft femblable à celui (45)
de l'alphabet Cadméen. Quant aux *Sigma* , ils font renverfés de même

Medals of Sybaris and Caulonia ; That however which terminates the name of Antephatas , has the form of an Eta ; *if it be not the fault of the pencil , one might believe it to be perhaps the most antient form of the* Sigma *of Cadmus ; as excepting the letters* Phi *and* Ephilon *found out by Palamedes about the time of the Trojan War , you find only these here , which Cadmus brought out of Phenicia into Grece ; and it is known that Simonides did not invent the Eta till about the 61st. Olympiad , a time when they certainly no longer made use of the Antient Sigma , to which he might have given another value : as it is manifest then , that the writing upon this Vase resembles that upon the inscriptions acknowledged to be of the most antient time of Grece ; one can not help concluding , that it was made at the time when that fort of writing was in use , and also that of course it may be of an earlier Epoch than what we have fixed ; but can not come down to a lower date . These philological remarks , added to those which the Reader has already met with , and to many others which we pass over in silence , authorise us to look upon this Vase as one of the most antient monuments of the Painting and writing of the Greeks , which renders it with respect to the Art , very precious and interesting , since it may serve to fix nearly the time of the first steps of the Art .*

<hr>

P L A T E   V.

O*F the three figures which compose this little Picture , that which is sitting seems to represent Volumnia , Mother of Coriolanus , Herfilia his wife is near her Mother in Law , and Valeria Sister of the illustrious Valerius Publicola appears to be introduced by Herfilia . Valeria holds up the back part of her garment , which gives her a majestick air , agreeably to the employment she had charged herself with . The suppliant arm she advances , the action of her hand bending downward , and the position of her head inclining towards Volumnia , whom she looks at with a serious tho' interested air , seem to say , Volumnia*

it

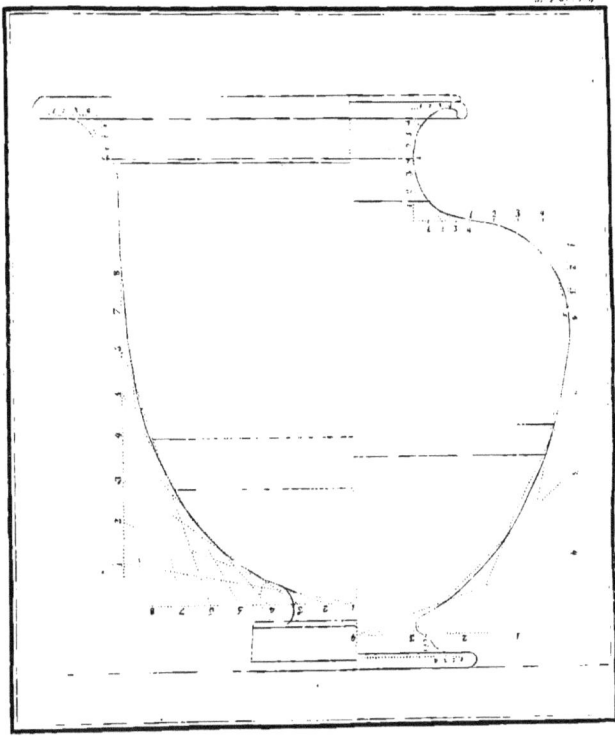

me que fur les plus anciennes médailles de Sybaris & de Caulonia;
cependant celui qui termine le nom d'Antéphatas a la figure d'un *Eta*,
fi cela ne vient pas d'un défaut de pinceau ; on pourroit croire que
ce feroit peut-être la forme du Sigma des plus anciens temps de l'écriture, puifqu'excepté les lettres *Phi* & *Ephilon* inventées par Palamede
vers le temps de la guerre de Troye, on ne trouve ici que celles que
Cadmus apporta de Phénicie en Grece; & l'on fait que Simonide n'in-
troduifit l'*Eta* que vers la foixante uniéme Olympiade, temps où on
ne fe fervoit certainement plus de l'ancien Sigma , auquel il feroit
poffible qu'il eut donné une autre valeur. Puis donc qu'il eft manife-
fte que l'écriture de ce Vafe reffemble à celle que l'on voit fur les
infcriptions reconnues pour être des plus temps les plus reculés de la
Grece, on ne peut s'empêcher d'en conclure qu'il a du être fait dans
ceux où l'on employoit cette forte d'écriture, & que par conféquent
il peutêtre encore de beaucoup antérieur à l'Epoque que nous avons fixée, mais ne peut defcendre à des temps plus bas. Ce remarques phi-
lologiques unies à celles qu'on a lues ci-deffus & à plufieurs autres
que nous paffons fous filence, nous autorifent à regarder le monument
que nous venons d'expliquer, comme un des plus anciens que fournif-
fent la peinture & l'écriture des Grecs , ce qui le rend égallement
précieux & intéreffant, puifqu'il peut fervir à fixer à peu-près l'époque des premiers pas de l'art .

P L A N C H E V.

DEs trois figures qui compofent ce petit tableau, celle qui paroit
affife pourroit repréfenter Volumnie mere de Coriolan . Hérfilie fa belle fille eft à côté d'elle, & Valérie fœur de l'Illuftre Valé-
rius Publicola femble introduite par Hérfilie. Valérie foutient le derriere de fa robe , ce qui lui donne un air de Majefté convenable à
l'emploi dont elle s'eft chargée ; le bras fuppliant qu'elle avance , fa
main qui eft dans un mouvement de prônation, de même que fa tête qui eft inclinée vers Volumnie qu'elle regarde d'un air grave, mais

Vol. I.   t t   rem-

it is for the Republick for your Houfehold Gods , for the glory of
Rome which gave you birth , that i am come to ask you to foften
your Son already Encamped within fight of our Walls ; and who at
the head of the Volci whom he has animated againft us , has refufed
to liften to the prayers of the People , the Senate and Pontifs . Her
bended knee shews the uncertainty of the fuccefs of her requeft , and
in the features of her countenance are to be difcover'd as far as fo
fmall a profile admits, the noblenefs of the motives which animate her,
and a fort of hope, not without fear of failing in her wishes . Her-
filia , in a fixed pofture feconds her requeft with her eyes , and by
her action very little compos'd , feems to take part in the tender Agi-
tation of Volumnia , who after having heard their reafons , in a tranf-
port of tendernefs for her Country and her Son , throws her Arms for-
ward , and feems to declare by the action of her hands , that they
had obliged him however to denounce himfelf an enemy to that City
of which he was the fupport ! At the fame time her leg drawn un-
der her , shews her defign of arifing and going to Coriolanus . Nothing
can be more fimple than the compofition of this piece , but nothing
can be more eloquent : the attitudes are noble , the heads full of Cha-
racter , the attitudes anfwer perfectly to the thoughts , and the actions
to the fentiments . The hand and elbow of Herfilia , may be perceived
under the drapery ; which covers them as it does the arm of Vale-
ria , yet all this ; has coft the Painter , but a very few ftrokes ,
and there are few figures , that have fo much grace , as that of Vo-
lumnia . I shall make no obfervations upon the form of the Chair ,
upon the head dreffes and Veftments : but muft obferve , that the
fort of ornament under the feet of the women , appears to me , to
be the reprefentation of thofe pavements , which the antients made of
brick and mortar , and from their figure , called by the Italians
Spina di pefce . *This feems to shew that the Roman Ladies came*
to Volumnia in her houfe . I will venture to believe , that the lo-
vers of the Art , and thofe who are acquainted with the grounds of
it , will not look upon this little piece as unworthy of (46) *Raphael*
himfelf, and be convinced that there are fome in this Collection , which
this

rempli d'intérêt femblent lui dire, c'eft (*) Volumnie, pour la République, c'eft pour vos Dieux Domeftiques, c'eft pour le falut de Rome
qui vous a donné naiffance , que je viens vous demander de fléchir
votre fils déja campé à la vue de nos murs , & qui à la tête des
Volfques qu'il enhardit contre nous, s'eft refufé aux fupplications du
Peuple, du Sénat, & des Pontifes . Son genoux qui fe plie montre
qu'elle eft incertaine du fuccès qu'aura fa demande, & dans les traits
de fon vifage on voit autant que le permet la petiteffe d'un tel profil , la nobleffe des motifs qui l'animent, & une forte d'efpérance qui
n'eft pas fans crainte de ne pas obtenir ce qu'elle fouhaite . Herfilie
immobile appuye fa demande des yeux , & dans fon action qui eft
très peu compofée elle paroit fouffrir de l'agitation dans laquelle eft plon-
gée Volumnie. Celle-ci après avoir entendu les raifons qu'on lui vient
d'alléguer, dans un mouvement de tendreffe & pour fa patrie & pour fon
fils, jette les bras en avant, & femble dire par l'action de fes mains,
eh pourtant ils l'ont contraint à fe déclarer l'ennemi de cette Ville,
dont il étoit le foutien ! Cependant fa jambe qui fe retire fous elle
montre le deffein où elle eft de fe lever, & d'aller trouver Coriolan.
Rien n'eft plus fimple que la compofition de ce petit deffein , mais
rien n'eft plus éloquent. Les mouvemens en font nobles, les têtes plei-
nes de caractere, les attitudes répondent parfaitement à la penfée, &
les actions aux fentimens. La main & le coude d'Herfilie fe voyent
fous la draperie qui les couvre, ainfi que le bras de Valérie. Quoique tout cela n'ait coûté que quatre traits au Peintre qui l'a fait ,
on trouvera cependant peu de figures qui ayent autant de graces que
celle de Volumnie. Je ne ferai point de remarques fur la forme de la
chaife, fur celle des coëffures, & fur les vétemens, mais j'obferverai
que la forte d'ornement qui eft fous les pieds de ces femmes, me femble repréfenter un de ces pavés que les anciens faifoient en mettant
des briques de champ , & qui à caufe de leur forme qui reffemble à
l' épine du dos d'un poiffon, font appellées *Spina di pefce* par les Italiens

---

(*) Je me fuis fervi des noms employés par
Plutarque , cependant il eft bon de remarquer
que Tite Live & Denys d'Halicarnaffe donnent

le nom de Véturie à la mere de Coriolan, & appellent fa femme Volumnie ; ce qui eft indifférent
pour ce que j'ai à dire ici.

this great man would have made it his bufinefs to ftudy : let the reader caft his eye upon the laft Plate of this Volume, the explanation of which will be found in the Second ; This laft piece feems to be, with refpect to that we have juft explained, as That is with refpect to the firft ; thus in thefe three pieces, you fee the Infancy, the perfection, and the fublime of the Art : We shall shew hereafter, other paintings which will fill up the fpaces between thefe three times, not only among the Greeks, but alfo among the Etrufcans, and the Romans ; for fuch is the value of the fingular Collection we prefent to the Public, that of all thofe that can poffibly be made either in Marbles, Bronzes, Medals or engraved ftones, this alone is capable of indicating the fucceffive progrefs of Painting and Defign ; and as in a Gallery of Pictures, one endeavours to unite thofe of the Mafters from Cimabue ; Andrea Taffi, Gaddo Gaddi, Margariton, and Giotto down to our time, fo in this Collection one may fee the ftiles of the different periods in the Art of the Antients ; confequently it is not without reafon that we have faid, that this Collection is equally proper for the compleating of well underftood Collections of Prints and Defigns, or to furnish in a manner not only agreable, but ufefull and inftructive, the Cabinet of a Man of Tafte and Letters : fince by its affiftance, he may fee as in a kind of Geographical Chart, the whole progrefs, and count as it were

---

(46) *Voici ce qu'en penfe le judicieux auteur de l'hiftoire de l'art chez les anciens Pag. 229.*

Tels font les deffeins que l'on trouve fur ces Vafes, qu'ils pourroient être placés parmi les plus belles compofitions de Raphaël. Il eft encore à remarquer qu'il n'y a pas deux Vafes dont les Figures foient tout-à-fait femblables. J'en ai vu plufieurs centaines ; chacun a une repréfentation particuliere. Un connoiffeur qui fait juger de l'élégance d'un deffein, & apprécier les compofitions de main de maitre, & qui de plus fait comment l'on couche les couleurs fur les Ouvrages de terre cuite, trouvera dans la délicateffe & le fini de la peinture de ces Vafes, une excellente preuve de la grande habileté des Artiftes qui les ont peints. Il n'eft point de deffein plus difficile à exécuter. Ces

Vafes n'ont point été peints d'une autre maniere que ceux de nos potiers, ou autrement que notre fayance commune, fur laquelle on couche la couleur bleue lorfqu'elle a été grillée, comme l'on dit. Cette efpece de peinture exige beaucoup de viteffe : car toute terre cuite attire l'humidité des couleurs, comme un terrein fec & altéré boit la rofée. Si donc les contours ne fe font pas avec une très grande hâte & d'un feul trait rapide, la couleur ne prend point, vu que le pinceau fe trouve d'abord deffeché, & la couleur brulée ou épuifée de l'humide qui la détrempe. Cependant on ne voit point de lignes interrompues & reprifes de nouveau fur ces Vafes. Il faut donc que le contour d'une Figure ait été fait d'un feul trait in-interrompu, ce qui doit être regardé comme un prodige de perfection dans ces deffeins. Il faut confidérer

liens. Ce qui indique peut-être que c'eſt dans ſa maiſon que les Dames Romaines vinrent chercher Volumnie. J'oſe croire que les amateurs, & ceux qui connoiſſent les fondemens de l'art, ne trouveront pas ce petit morceau indigne de Raphaël même (46); & pour ſe convaincre qu' il y en a dans ce recueil que ce grand homme ſe feroit fait un plai-ſir d'étudier, on peut jetter un coup d'œil ſur la derniere planche de ce Volume, dont on trouvera l'explication dans le ſecond. Ce der-nier deſſein, nous paroit être par raport à celui que nous venons d'expliquer, comme celui-ci eſt au premier: ainſi dans ces trois mor-ceaux, on voit l'enfance, la perfection, & le ſublime de l'art. Nous montrerons dans la ſuite d'autres peintures qui rempliront les eſpaces compris entre ces trois temps, non ſeulement chez les Grecs, mais encore chez les Etruſques & chez les Romains: car tel eſt le prix de la Collection ſinguliere que nous donnons au public, que de toutes celles que l'on peut faire, ſoit en marbre, en bronze, en médailles, ou en pierres gravées, celle-ci peut ſeule indiquer les progrès ſuccef-ſifs de la peinture & du deſſein; & comme dans une Gallerie de ta-bleaux, on cherche à raſſembler ceux des maitres qui ont travaillé depuis le Cimabué, André Taffi, Gaddo Gaddi, le Margaritone & le Ghiot-to juſqu'à nos jours; ainſi dans ce recueil on peut réunir les ſtyles de tous les temps de l'art des anciens; ce n'eſt donc pas ſans raiſon que nous avons dit ailleurs que notre Collection eſt également capable de completter les Porte-feuilles bien entendus d'éſtampes & de deſſeins, ou de meubler d'une maniere non moins agréable qu'utile & inſtructi-ve, le Cabinet d'un curieux & d'un homme de goût ; puiſque c'eſt par elle qu'il peut voir, comme dans une ſorte de Carte Géographi-que, toute la marche, & compter pour ainſi dire, tous les pas de l'induſtrie humaine dans le plus agréable des arts qu'elle ait inventé:

Vol. I. u u lorſ-

---

déter de plus qu'il n'y a pas moyen de faire au-cune ſorte de changement ni de correction à ces Ouvrages : les contours doivent néceſſairement re-ſter tels qu'ils ont été deſſinés d'abord : nouvelle circonſtance qui exige une main très-ſure. Les in-fectes les plus petits & le plus vils en apparence ſont les chef-d'œuvre de la Nature. Les vaſes de terre peints ſont de même la merveille de l'Art des Anciens. Des têtes & quelquefois des Figures entieres eſquiſſées d'un ſeul trait de plume dans les premieres études de Raphaël, décelent aux yeux du connoiſſeur la main d'un grand Maitre, autant ou plus que ſes tableaux les plus achevés. Ainſi l'aſ-ſurance & l'habileté de la main des anciens Artiſ-tes éclatent plus dans le travail de ces Vaſes, que dans l'exécution de leurs autres Ouvrages. Une collection de ces ſortes de Vaſes eſt un tréſor de deſſeins.

were every step of human industry, in the most agreable art of its invention ; When we undertook this Great Work , we had not attended
to this advantage which might be given to it , and which nobody as
yet has ever thought of : but when we perceived of what importance
it might be , and how much benefit the Arts (for whose advancement
we labour) might reap from it ; we determined to augment the Collection : The two Volumes , that were first intended to compose the
whole Work became four , and each Volume containing the double of
what was first intended , swell'd the work eight times more than
what was first projected . It is easy to imagine , that such an augmentation cou'd not be made , without causing a great change in our
Plan , which was at first to have published the two Volumes together ; the first was to have contained all the dissertations promised in
our Preface ; the second with the Plates , was to have contained
their explanations to compleat the work ; it is in order to do better , that we do not go on so fast at present ; and it is to answer
the Expectations of the Public , and the wishes of our subscribers , that
we now give them this first Volume . If we had therein placed the
dissertations only without the Plates , they wou'd have had just cause to complain ; but on the other hand , it being impossible to give
the Plates and their Explanations at the same time , without swel-
ling first Volume into an enormous size , we have been obliged , as
much as possible, keep a just medium between these two inconveniencies;
it is on this account then , and to satisfy at the same time those
who are desirous of having a compleat idea of our Book , that we
have determined to distribute our dissertations in the two first Volumes,
and to place in the first half of the Plates that wou'd have been
in the second , in which will be found the Explanations , which cou'd
not come in here : those we have given of two Vases only , will
give an idea of the rest . It will be said , perhaps , that it is preferring bad to worse , but what can be done , when one has not the
liberty of chusing between the good and the better ! Granting this we
beg our Readers to consider that not having as yet wrote any thing
upon the Painting and the Art of making Vases , we have said

but

lorfque nous entreprimes ce grand ouvrage , nous n'avions pas fait
attention à cet avantage que nous pouvions lui procurer & auquel perfonne n'avoit encore penfé ; mais lorfque nous eumes apperçu de quelle
importance il pouvoit être, & quel profit les Arts pour lesquels nous
travaillons en pouvoient tirer , nous réfolumes d'augmenter notre recueil : les deux volumes qui devoient le compofer en devinrent quatre , & chacun étant double de ce qu'il avoit été projetté au commencement de l'entreprife, l'ouvrage entier fe trouva vers fa fin, huit
fois plus confidérable que celui que nous avions eu en vue de publier .
On peut bien juger qu'une telle augmentation n'a pu fe faire , fans
caufer un notable changement à notre plan, qui dans fon origne étoit
de donner les deux volumes à la fois ; dans le premier on eut trou-
vè toutes les differtations annoncées dans la préface , le fecond avec
les planches , en devoit contenir les explications qui rendoient le
livre complet ; c'eft pour répondre à l'attente du public & aux efpé-
rances de nos foufcripteurs, que nous leur donnons maintenant ce premier Volume . Si nous n'y euffions mis que les differtations fans les
planches, il euffent été en droit de fe plaindre, mais comme nous ne
pouvons donner les planches & leurs explications en même temps ,
fans augmenter excéffivement la groffeur de ce premier Tome , nous
avons été contraints de chercher autant qu'il étoit poffible à garder
un jufte milieu entre ces deux inconvéniens : c'eft donc pour tenir
cette balance & pour contenter en même temps ceux qui defirent
avoir une idée précife de notre livre, que nous avons pris le parti d'en
diftribuer les differtations dans les deux premiers Volumes , & de placer
dans le celuici la moitié des planches qui feroient entrées dans le fecond , dans lequel on trouvera les explications que nous n'avons pu donner jufqu'à préfent. Celles que nous avons faites de deux Vafes feulement, donneront une idée de la maniere dont les autres feront écrites. On dira peut-être que c'eft avoir préferé le mal au pis , mais
que faire quand on n'a pas la liberté de choifir entre le bien & le
mieux! cela pofé nous prions nos lecteurs de confidérer que n'ayant
encore rien écrit fur *la peinture* & l'art de *faire des Vafes*, nous n'avons
pu nous étendre que trés-peu fur la premiere, dans nos Explications
& nous

but little with regard to the firſt , and nothing of the forms of the Vaſes we have explained , all which will follow hereafter . We will finiſh this Volume , by advertiſing the Public, that it is not to us, that they owe the diſcovery of the manner in which the plates are printed , but to M.ʳ Joſeph Bracci , a moſt able and ingenious Artiſt ; it is to him alſo that we are indebted , for the rule which will be explain'd here after ; and which points out the method of making all ſorts of Vaſes upon a given form , without altering their ſyſtem : ſo that by this means , from each of the two hundred forms we ſhall exhibit , may be produced a ſeries of Vaſes , which might multiply the forms without end , and afford an infinite variety , without any ſimilitude one to the other .

EX-

& nous n'avons rien dit de la forme des Vafes dont nous avons parlé. Tout cela fe retrouvera dans la fuite. Nous terminerons ce Volume en avertiffant le Public que ce n'eft pas à nous qu'il doit la
découverte de la maniere dont ces planches font imprimées , mais à
M.ʳ Jofeph Bracci Artifte auffi ingénieux qu'habile en fon Art ;
c'eft auffi à lui que l'on eft redevable de la regle que l'on explique-
ra dans la fuite , & qui indique le moyen de faire tous les vafes
poffibles fur une forme donnée, fans en changer le fiftême; de forte
qu'a l'aide de cette formule , de chacune des deux cent formes que
nous ferons voir, on peut tirer des féries qui les multiplient à l'infini , fans qu'aucune de celles qu'elles donneront foit femblable à
l'autre.

EXPLICATION DES VINGT TROIS PLANCHES

Qui compofent les Titres, Vignettes & Lettres de ce Premier Tome.

P L A N C H E S I. & II.

CEs deux Titres font coloriés comme les fonds des Vafes que l'on décrit dans cet ouvrage; les ornemens qui les entourent font pris des Vafes mêmes, & les armes de l'Illuftre Maifon d'Hamilton placées dans le Fleuron , font allufion à la perfonne qui a bien voulu nous prêter la collection que nous donnons au Public.

P L A N C H E III.

Sur une Brique que fes ornemens font reconnoître pour Etrufque, on a gravé une infcription qui met cet ouvrage fous la protection de Sa Majefté Britannique, dont un Laurier vient couronner le nom. Les Rochers qui forment le fond de cette Planche repréfentent les Apennins dans lesquels eft fituée l'Etrurie; au bord du Clanis l'un de fes fleuves, on a gravé un Vafe qui marque le fujet de ce Livre. Un fragment d'entablement Tofcan indique l'une des principales décou-vertes des Etrufques, Peuples autrefois célebres par leurs forces, & par leur goût pour les Arts : Les Faifceaux Symboles de la Puiffance fouve-raine furent inventés par eux, & ceux que l'on a mis ici font entou-rés de Lauriers, felon que le pratiquoient les Généraux Romains après quélques Victories fignalées, ou dans les Jours de leur Triomphe.

P L A N C H E IV. V. VI. VI.

A la tête de cette Préface où l'on annonce un ouvrage fur les arts des Anciens, on a mis fur la vignette qui précede la traduction les tables Pugillaires & les autres inftrumens dont on fe fervoit pour écrire fur la cire dont ces tables étoient enduites. La Lampe de mê-me

me que le Candélabre qu'on voit ici, & qui a la forme d'une Tige
de Rofeau , appartiennent au cabinet que nous décrivons , nous en
parlons dans le Chapitre III. Le Vafe placé fur le devant fervoit
à mettre l'huile dans les lampes, & le morceau de mur fur lequel il
y a un ornement Etrufque, eft tiré des Grottes de Clufium aujourd'hui
Chiufi. Sur la Vignette qui eft en tête du François, nous avons fait
deffiner les Volumes des Anciens, la forme des boëtes dans lesquelles
ils les renfermoient, de même que celle des écritoires & des plumes
en ufage parmi eux. Le Vafe mis en avant fait allufion au fujet de
cet ouvrage. C'eft ainfi que dans la lettre Angloife, le lion eft allu-
fif à la Tofcane qu'il repréfente, & les armes qu'il foutient font relatives aux premieres lignes de cette Préface . Quant à la lettre C
fur laquelle on a pofé les boffages de l'ordre Tofcan , elle embraffe
un autel de faifceaux Etrufques, que nous avons fait copier d'après
un monument original qui eft au voifinage de Naples .

P L A N C H E VIII. & IX.

Dans les deux finales qui terminent la préface, ont voit une collection d'armes dont les différens morceaux appartiennent à Mᵣ Hamilton , des trois Enfeignes légionaires dont il eft poffeffeur, l'une qui
repréfente un Sanglier a été trouvée à Volterre; pour l'Aigle elle a
été découverte fur la fommité du Grand S. Bernard , avec les deux
infcriptions que l'on a placées ici. La plus confidérable eft paffée entre les mains de S. A. S. Monfeigneur le Prince Héréditaire de Brunf-
vick . La voici fans abréviations

FELICIO
ET . TERENTIA . PRISCA
MILES GREGARIVS
EX LEGIONE XIIII GEMINA
POENINO VOTVM SOLVIT LVBENS MERITVM.

Cette infcription eft très-remarquable , en ce quelle nous laiffe
entrevoir que les Soldats Romains du temps où elle a été faite, conduifoient leurs femmes avec eux ; que l'on leur donnoit des congés
pour

pour repaſſer en Italie ; que le Felicio dont il s'agit , étoit un Soldat du troiſieme rang de la quatorzieme légion, qu'on appelloit *Gemina* ; & qu'enfin le nom de Jupiter Pœnin s'écrivoit avec la diphtongue Œ. Comme le prétendoit Cœlius réfuté par Tite Live , qui écrit ce nom avec un E ſimple ; ne voulant pas, comme c'étoit l'opinion de pluſieurs , que cette partie des Alpes & le Jupiter Pœnin lui même ayent pris leurs noms des Cartaginois , & que ce fut à cauſe d'eux quelles portoient le nom d'Alples Pœnines (47) .

P L A N C H E X. XI. XII. XIII.

La premiere de ces deux vignettes repréſente une des Tables Eugubiennes dont il eſt parlé dans ce Chapitre, & la ſeconde contient des inſcriptions Etruſques trouvées dans le mur de Peſti , l'intérieur d'un de ſes édifices dont nous parlons dans le Chapitre ſuivant , ſe voit derriere la lettre L, & ſur le Champ de la lettre T on à repréſenté les aqueducs Claudiens qui ſont d'ordre Toſcan .

P L A N C H E XIV. XV. XVI. XVII.

On a placé ſur deux *Teſſere* les Titres de ce chapitre , le candélabre qui eſt ſur la premiere repréſente un baton d'épine, & peut ſervir à faire entendre ce que nous diſons dans la premiere Section de ce même chapitre . Quant à la lettre O elle couvre un monument antique qui eſt à Albano . L'intérieur du D montre l'arene d'un amphitéatre , parce que les Etruſques inventerent, à ce qu'on prétend, les Combats de Gladiateurs .

PLAN-

---

(47) *Eo magis miror ambigi , quanam Alpes tranſierit* (Annibal) *: & vulgo credere , Pennino, atque inde nomen & jugo Alpium inditum, tranſgreſſum . Cœlius, per Cremonis jugum dicit tranſiſſe : qui ambo ſaltus eum , non in Taurinos , ſed per Salaſſos montanos ad Libuos Gallos deduxiſſent. Nec veriſimile eſt , ea tum ad Galliam patuiſſe itinera ; utique que ad Penninum ferunt , obſepta gentibus ſemigermanis fuiſſent , neque hercule montibus his (ſi quem forte id movit) ab tranſitu Pœnorum ullo Veragri , incolæ jugi ejus , norunt nomen inditum : ſed ab eo, quem in ſummo ſacratum vertice Penninum montani appellant .* Tit. Liv. Lib. XXI. art. 38.

P L A N C H E XVIII. XIX. XX.

Sur ces deux Vignettes on a prétendu montrer les commencemens des arts ; un fimple contour tracé fur un mur indique les premiers effays de la peinture ; des poutres des Diofcures , des Cyppes
& du Terme fortit la Statue. Et comme on écrivoit fur le flanc ce
quelle repréfentoit, on fait voir ici une figure Etrufque avec une infcription fur la jambe & la cuiffe ; un arbre donna lieu a la Colonne que l'architeéture employa dans la fuite ; de même que des œufs
d'Autruche, des fruits de Cocos, des Outres ou des Cornes d'animaux
furent les premiers vafes dont les hommes fe fervirent, c'eft la raifon
pour laquelle on les a placés ici : Dans la planche de l'N on a def-
finé un temple que l'on voit à *Orta*, & dans le B , ceux de Jupiter
fulminant & de la concorde qui font à Rome au pied du Capitole.

P L A N C H E XXII. & XXIII.

Les deux finales qui terminent ce Volume, contiennent différens
morceaux pris du Cabinet de Mʳ Hamilton ; ces 23. planches unies
aux 107. qui fuivent , font le nombre de 130. à la place de 117.
promifes à nos foufcripteurs, le Refte de l'ouvrage paffera également
leur attente.

EMINENTISSIMO SIGNORE.

FRancefco Morelli Publico Stampatore di quefta fedeliffima Città , fupplicando efpone a V. E. come defidera ftampare un' Opera intitolata : *Raccolta de' Vafi Etrufchi , Greci , e Romani* , nella quale fi tratta dell'Arte di fabbricare quefti Vafi di terra cotta : la quale effendo deftinata per gli Francefi , ed Inglefi in particolare , perchè molto curiofi di quefte materie , è feritta nell'uno, e nell'altro idioma . Pertanto fupplica V. E. di commetterne la revifione a chi meglio le parerà , e l' avrà , ut Deus, &c.

Admodum Rev. Dominus D. Jacobus Martorellius S. Th. P. & hujus Reg. Univerfit. Antecefor revideat , & in fcriptis referat . Datum die 11. *Novembris* 1766.

P. I. EPISCOPUS ALLIFANUS V. G.

J. Sparanus Can. Dep.

PRINCEPS EMINENTISSIME.

VEterrima illa fententia, λεκάνης, καὶ ἄμβιχος χρείαν ταμίας οῖδεν , catini , & olla ufum promus condus novit , licet συμβολικῶς prolata fit , nemo unus prohibet, quin in auctorem , qui ifthæc vafa , quæ Etrufca audiunt , non fine pæne regia munificentia , ac largitate profert in lucem , apte cadere , & quadrare poffit . Egregii hujus Operis laudes aggerere , uti moris eft , importunum , cum in ipfis Voluminibus plenæ artis , antiquæ fapientiæ , nuperæque eruditionis fulgor undique renideat , pateatque quam grande pretium ipfis vafculis is auctor fere primus appofuit . Hinc Eminentiffima Tua Dignitas roganda venit , ut illud edendi facultatem lubentiffimam impertiatur . Neapoli ante diem XIIII. Kal. Septemb. 1767.

Novum femper in Te
Jacobi Martorelli
Regii Ling. Gr. Profeforis obfequium .

Attenta relatione Domini Reviforis imprimatur . Datum die 25. *Aug.* 1767.

P. I. EPISCOPUS ALLIFANUS V. G.

J. Sparanus Can. Dep.

S. R. M.

SIGNORE

FRancefco Morelli Publico Stampatore di quefta Voftra fedeliffima Città , fupplicando efpone alla
M. V., come defidera ftampare un' Opera intitolata : *Raccolta de'Vafi Etrufchi* , *Greci* , *e Romani* ,
nella quale fi tratta dell'Arte di fabricare quefti Vafi di terra cotta : la quale effendo deftinata per gli
Francefi , e Inglefi in particolare, perchè molto curiofi di quefte materie, e fcritta nell'uno, e nell'altro idioma . Per tanto fupplica la M. V. di commettere la revifione, a chi meglio le parerà, e l'averà
a grazia, ut Deus, &c.

Adm. Reverendus U. J. D. D. Antonius Genovefe in hac Regia Studiorum Univerfitate Profeffor Pri-
marius , revideat & in fcriptis referat . Datum Neapoli die 17. Augufti 1766.

NICOLAUS DE ROSA EPISC. PUT. C. M.

S.   R.   M.

SIGNORE

IO non credo, S. R. M., che delle raccolte de'Monumenti antichi , che fi fono fin quì fatte, molte,
e ricche, ve ne fia una, che poffa più giovare alle belle arti, quanto è la prefente *di Vafi Etruf-*
chi, *Greci e Romani &c.*, e ciò pe' dotti commentarj, che vi fi fono aggiunti . Perciocchè l'erudito e
accorto Autore di quefti commenti, per avvifo del Signor Hamilton , Miniftro della Nazione Brittan-
nica , uomo magnanimo, e di mire vafte, e benefiche, non fi è contentato di foddisfar folamente gli
occhi de'curiofi e amanti dell'Antichità con fare incidere sì gran moltitudine e varietà di Vafi con una
efattezza e leggiadria quaficchè inarrivabile , ma egli fi è ftudiato di entrare nello fpirito medefimo
delle Arti , che vi brillano , e far conofcere al Pubblico le loro prime origini, il progreffo , le regole , e le proporzioni , con cui fono sì famofe opere fabbricate, affinchè fervano di modelli non ai fo-
li occhi de'contemplatori , ma alla ragione altresì, da poter rimenare tra noi la vera Copia della Na-
tura , dalla quale fembra , che per foverchia bizzarria e luffo ci fiamo alquanto diftaccati . Son certo
che una tal'opera debba incontrare non pure l'aggradimento e la commendazione di tutti gli amatori
delle *Belle Arti*, e delle *Antichità* , ma eziandio i ringraziamenti , potendo , come è detto , non poco
conferire a migliorare e raffinare il prefente gufto d'Europa. Quell'Opera adunque, Opera, come l'Autore medefimo ha ragion di dire , *of a nature intirely new, di nuovo getto*, nella confiderazione e lettu-
ra della quale non mi fon io rifcontro in nulla ripugnante nè ai Sacri dritti della Maeftà Sovrana,
nè alle regole della Giuftizia e del Coftume , ftimo , che meriti bene di veder la luce delle ftampe , e
credo anco , che fe ne debba aver grado all'Autore , fervendo ella ad elevare la gloria di quefta Ca-
pitale de' Voftri Regni , nella quale fi è concepita , ed ora fi dà alla luce . E quefto è quanto in tale
affare m'occorre di umilmente rapprefentare al Trono della M. V., a cui proftrato mi glorio di effere
Della M. V.

Umiliffimo vaffallo e Regio Cattedratico
Antonio Genovefi .

Die primo menfis Decembris 1766. Neapoli .
Vifo refcripto Sue Regalis Majeftatis , fub die 29. proximi elapfi menfis Novembris currentis anni , ac
relatione Reverendi U. J. D. D. Antonii Genovefe , de Commiffione Rev. Regii Cappellani Majoris , ordine
præfat.e Regalis Majeftatis .
Regalis Camera Sanctæ Claræ , providet , decernit , atque mandat , quod imprimatur cum inferta forma
præfentis fupplicis libelli , ac approbationis dicti Reverendi Reviforis ; Verum in publicatione fervetur Regia
Pragmatica hoc fuum .

GAETA   PERRELLI
Ill. Marchio Citus P. S. R. C. tempore fubfcriptionis, infuper Ill. Aularum Præfecti non interfuerunt.

Regiftrata fol. 126. ter.
Carulli .

Athanafius .

ERRA-

ERRATA

OBligé de veiller feul à la conduite de cet ouvrage, l'Auteur qui devoit penfer à l'exécuter, à en diriger les deffeins, les Gravures, les imprimeries, à le compofer, le faire copier, le corriger, enfin à en payer les frais, ce qui n'étoit pas le moindre embarras, n'a pu le rendre auffi correct qu'il l'eut fouhaité: Ainfi il compte qu'on lui pardonnera des fautes qu'il n'a pas été le maitre d'éviter, & qui pourroient être plus nombreufes, ayant eu à faire à des imprimeurs qui avec toute la bonne volonté poffible , beaucoup de patience & d'intelligence dans leur art, manquent de celle des deux langues dans lesquelles ce livre eft écrit. Cependant une faute qu'on ne peut leur attribuer, c'eft d'avoir oublié d'annoncer dans l'avertiffement qui précéde la Préface, que le nombre des foufcriptions eft fixé à 500 ; & que par une foufcription nous entendons feize onces payées en recevant le premier Volume , car ce n'eft que par l'avantage que cette avance nous procure, que nous pouvons donner l'ouvrage entier à ce prix , qui comme nous l'avons déclaré fera déformais de 22. onces pour ceux qui n'auront pas foufcrit.

Ce qui précéde étoit compofé , il ne s'agiffoit plus que de chercher les fautes & de les écrire, pour former un errata dans toutes les formes : mais le temps qui me preffe, l'ennui de relire mon propre ouvrage , l'inquiétude du fuccès, que la vanité bien plus que la modeftie occafionent naturellement a un auteur, l'embarras que me caufent les trois énormes Volumes qui, accompagnans celui-ci , ne lui doivent être inférieurs en rien , & defquels il faut que ma plume s'occupe inceffament ; mais furtout le vaiffeau Anglois qui eft prêt à mettre à la voile , & qui doit emporter ces feuilles , m'empêchent de fatiguer mon lecteur des fautes qu'elles contiennent ; comme il me paroit d'ailleurs qu'il n'y en a aucune qui change le fens des chofes, & que peut-être il faudroit après avoir pris beaucoup de peine inutile, que je travaillaffe encore pour donner l'errata de l'errata même . Je prens le parti de laiffer à mes acheteurs bénévoles , & à quelques beaux efprits plus curieux de l'exactitude typographique, que des chofes dont parle un ouvrage, le foin de me corriger , avec le plaifir de me critiquer moi & mes imprimeurs . Les affurant cependant, que de trois fautes qui fe trouveront dans la correction de mon livre , j'en dois en confcience prendre au moins la moitié fur mon compte .

Imprimé a NAPLES

PAR FRANÇOIS MORELLI.

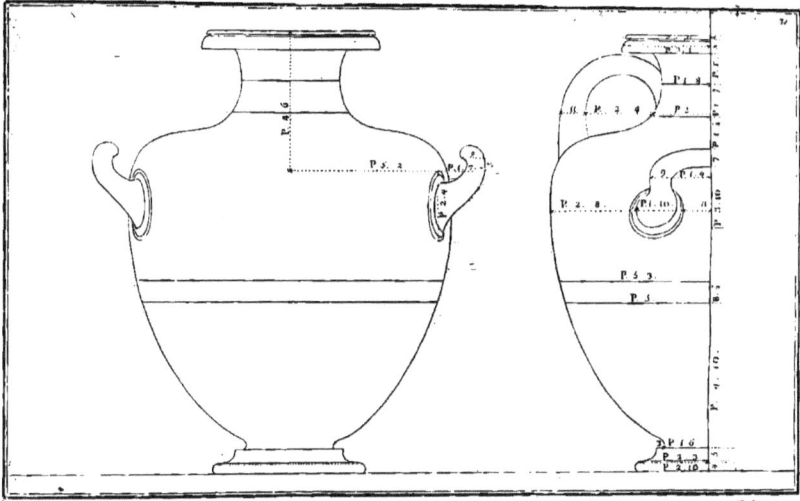

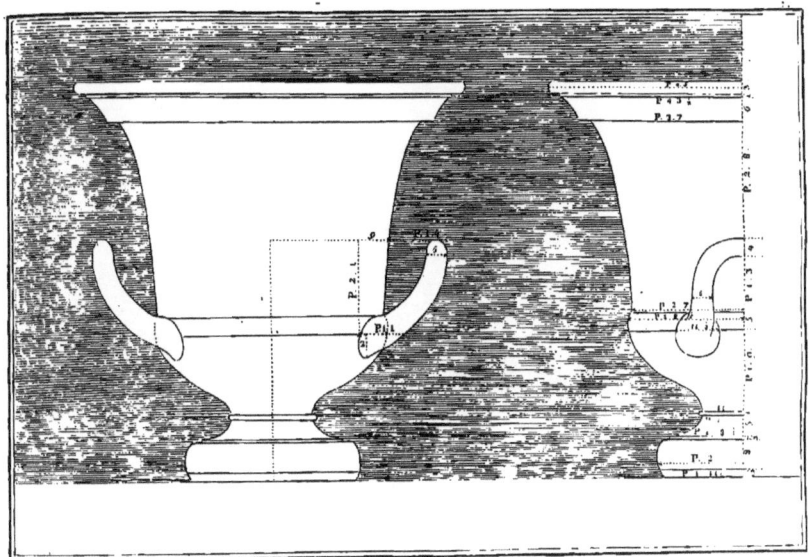

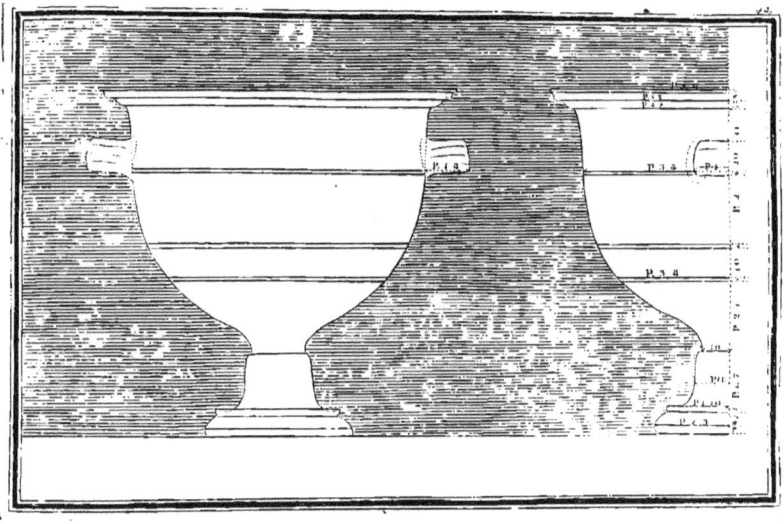

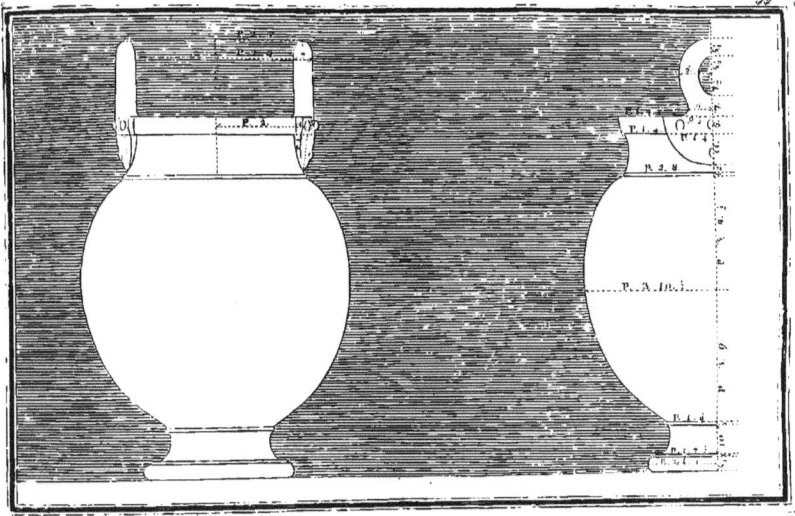

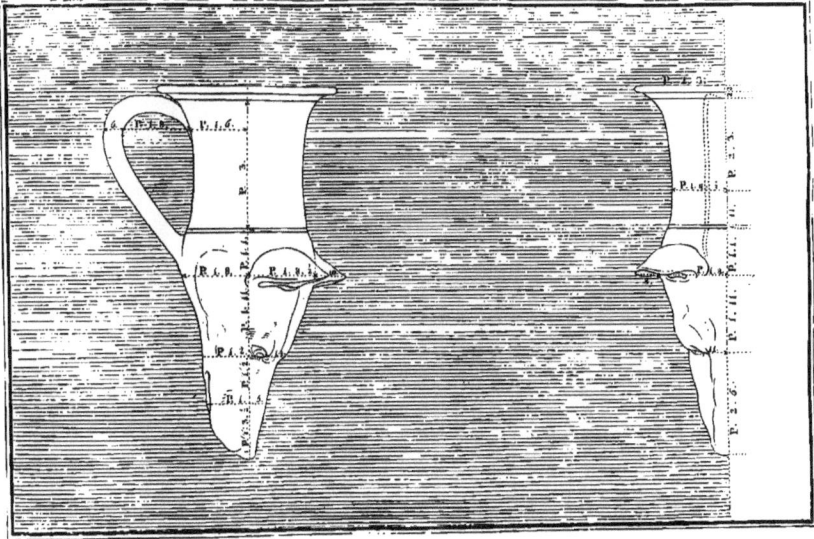

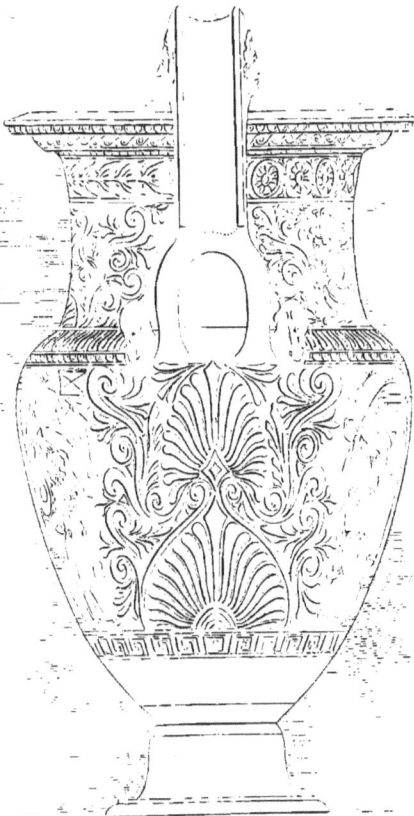

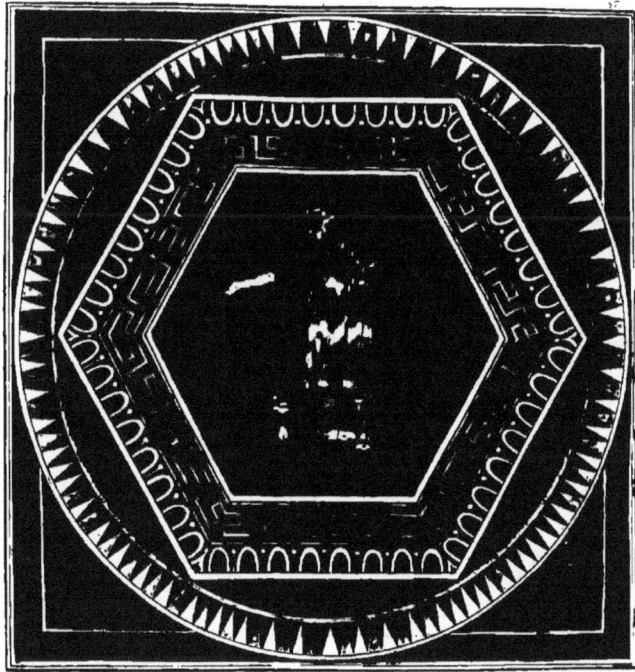

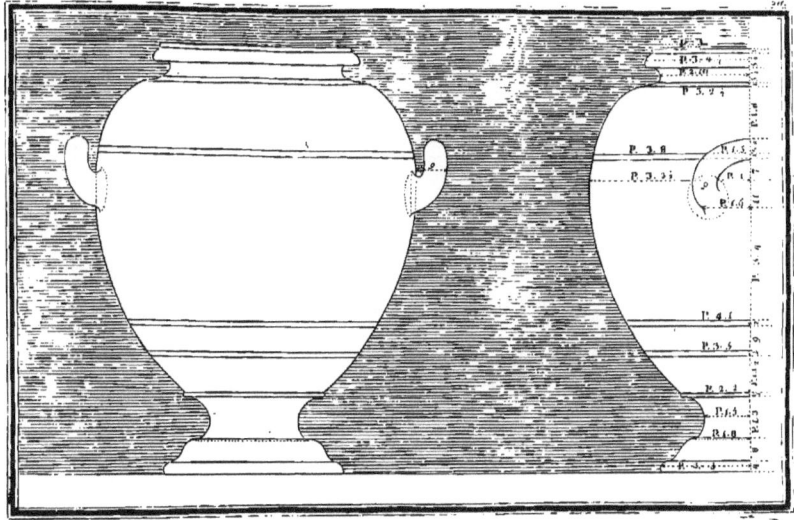

P. 3. 4.
P. 4. 0.
P. 3. 2 ½.

P. 2. 8.
P. 2. 2 ½.

P. 4. 5.

P. 3. 5.

P. 2. 5.
P. 1. 5.
P. 1. 0.

P. 3. 4.

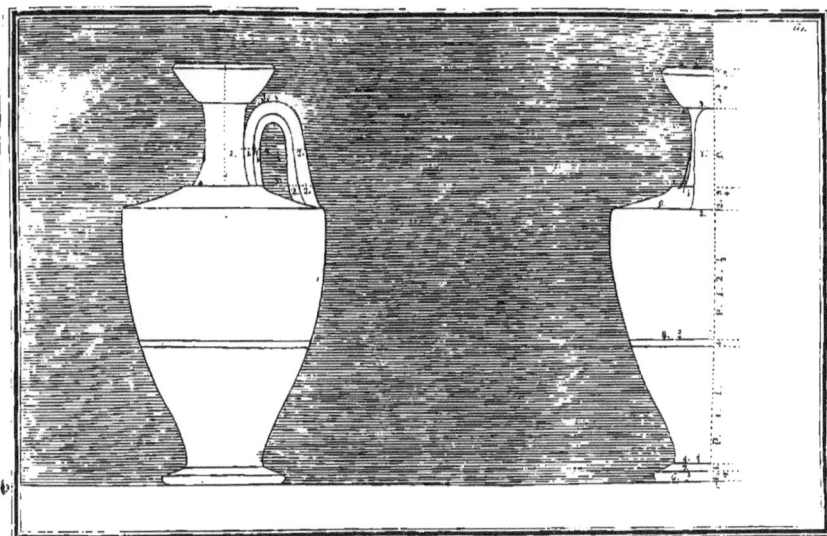

●.

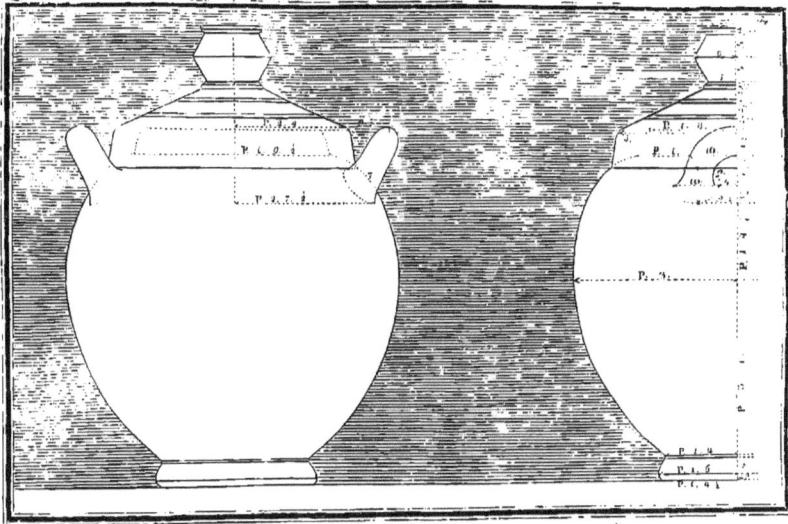

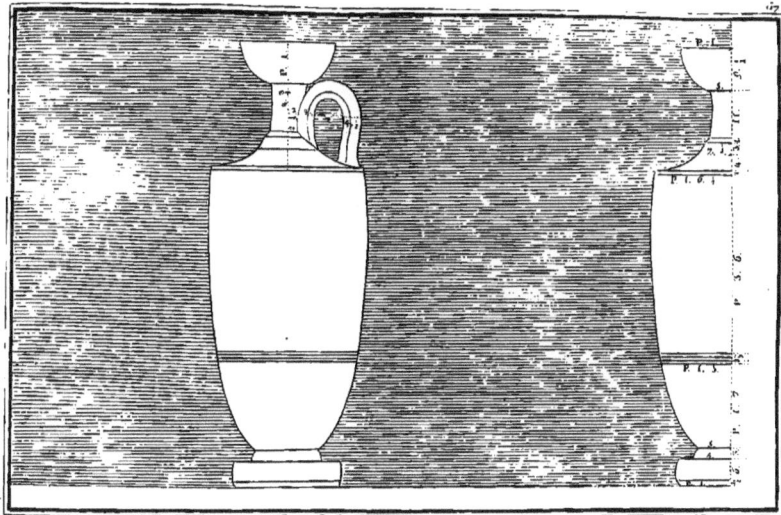

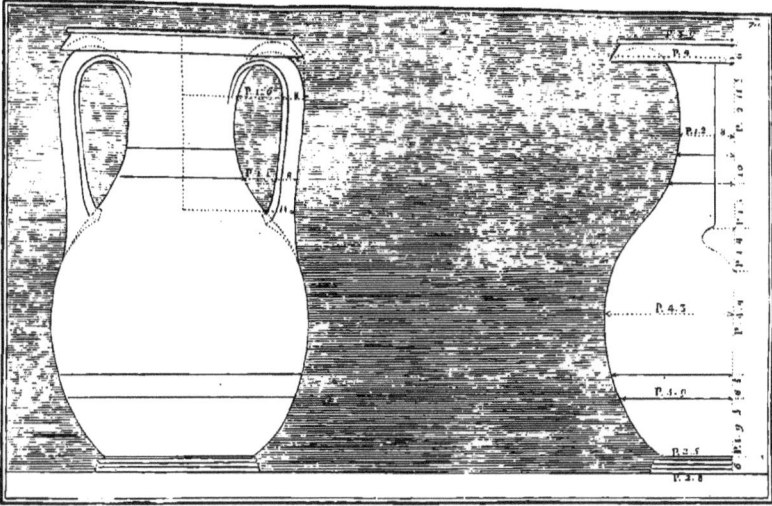

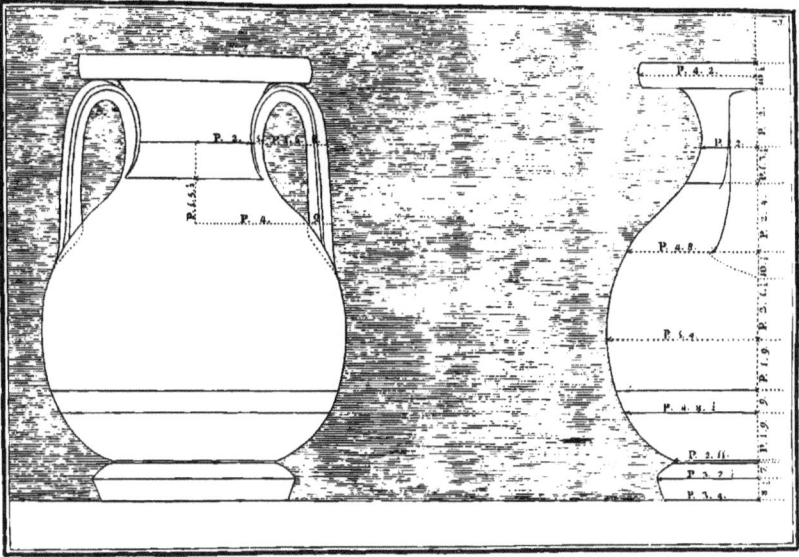

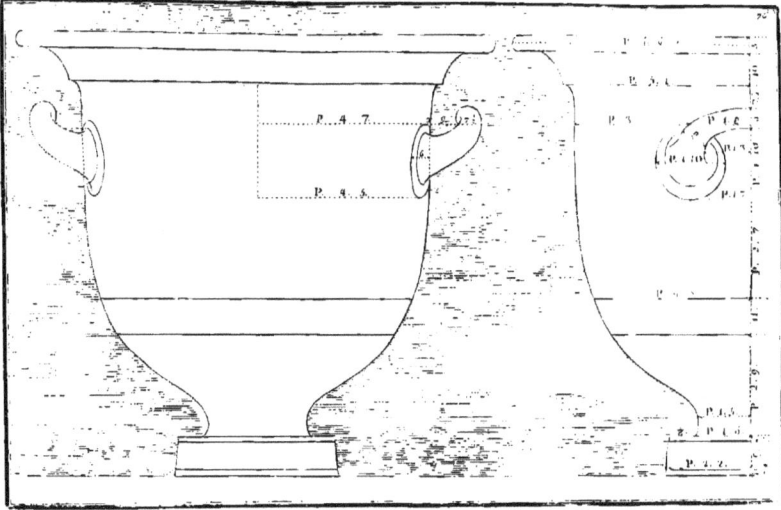

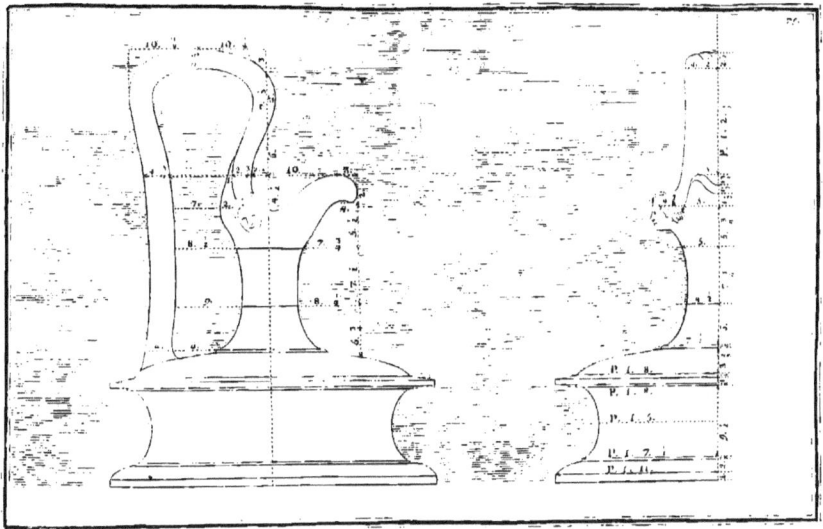

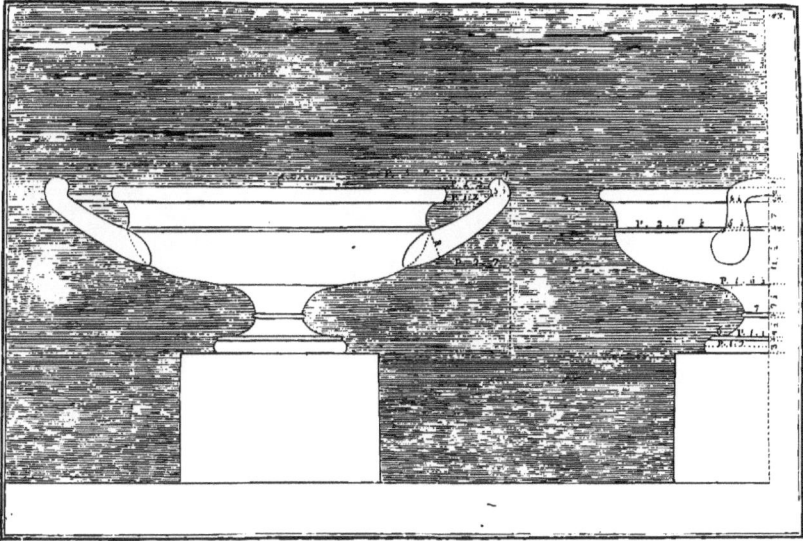

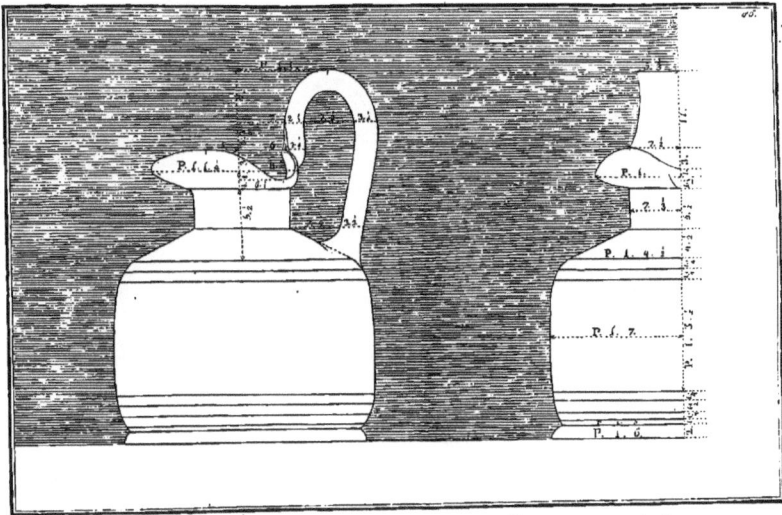

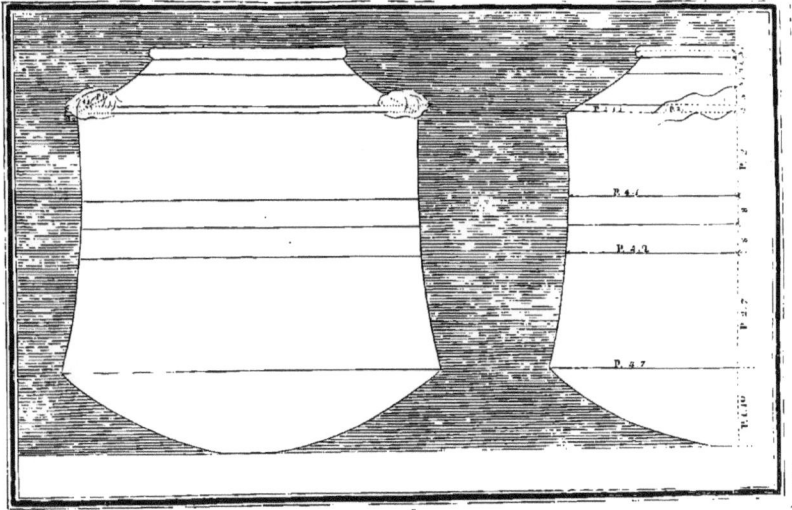

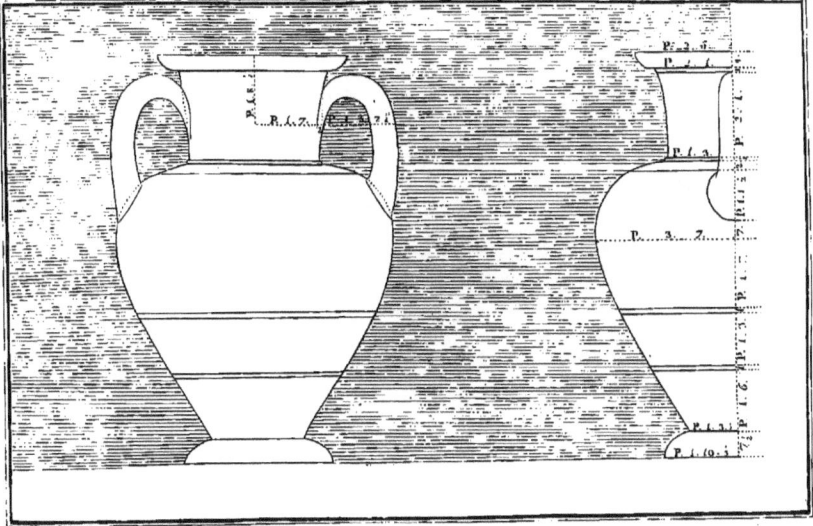

T. 5.8.

P. 5. N.

V. 5. 9.

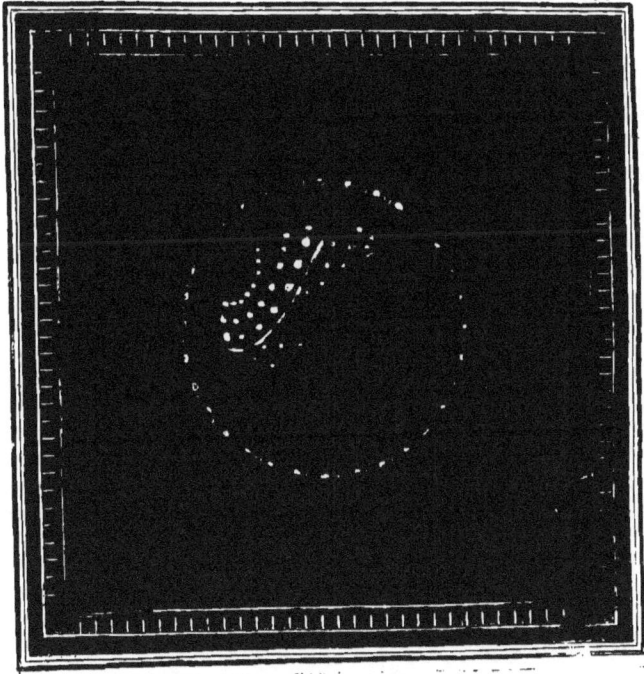

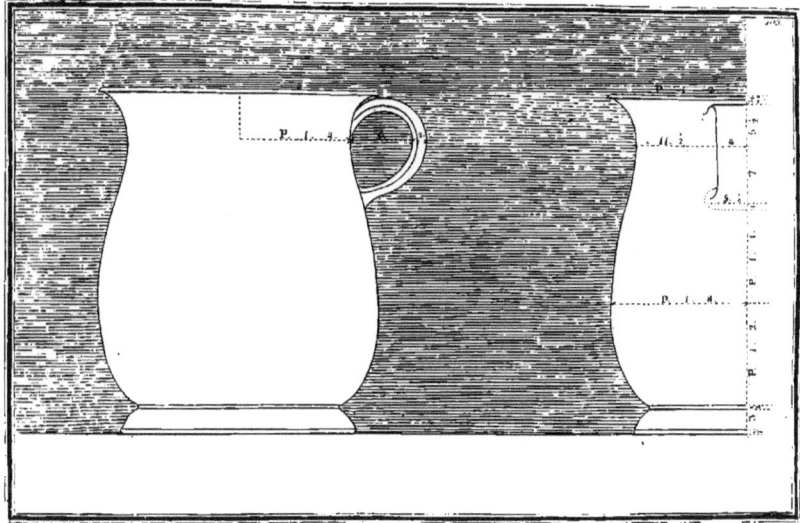

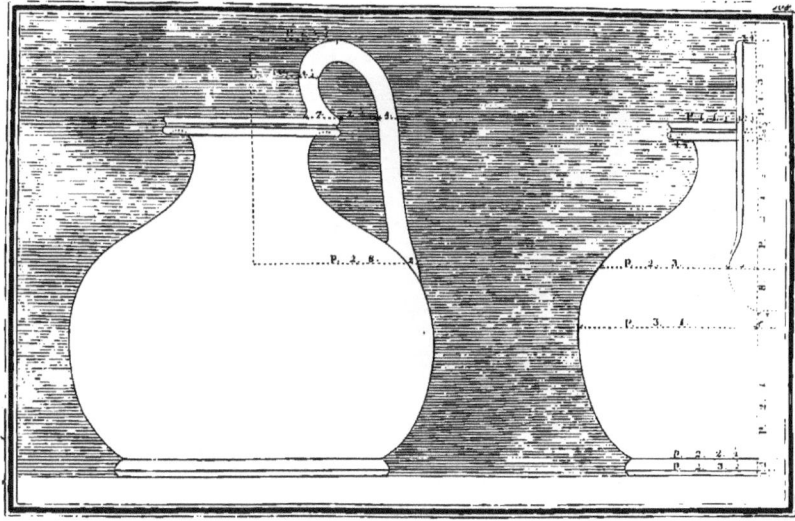

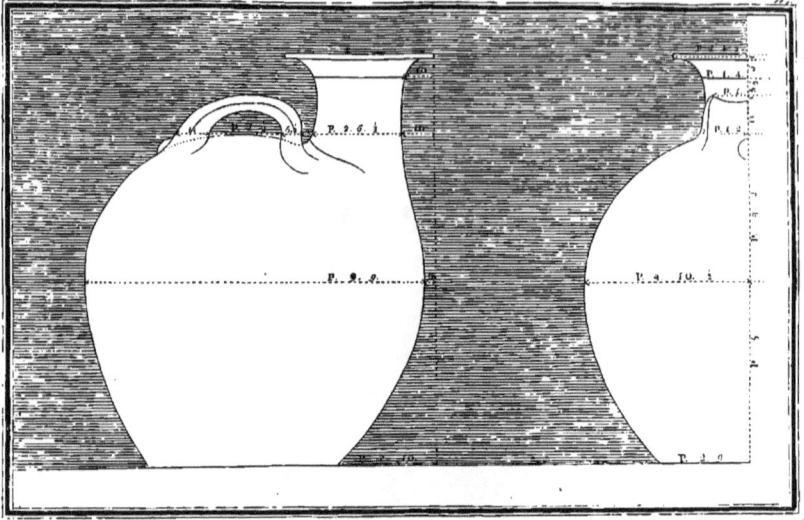

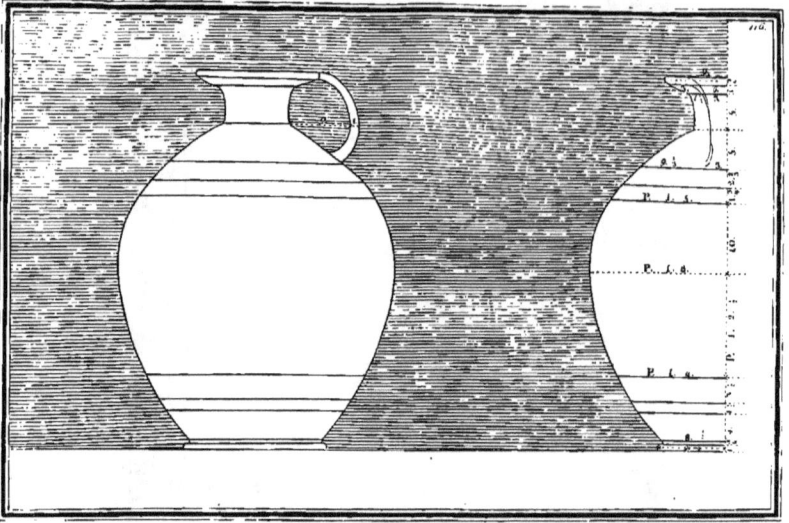

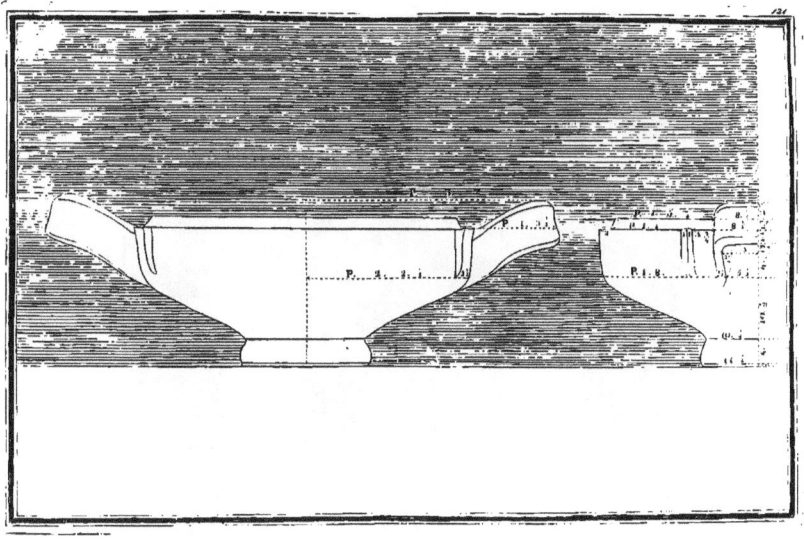

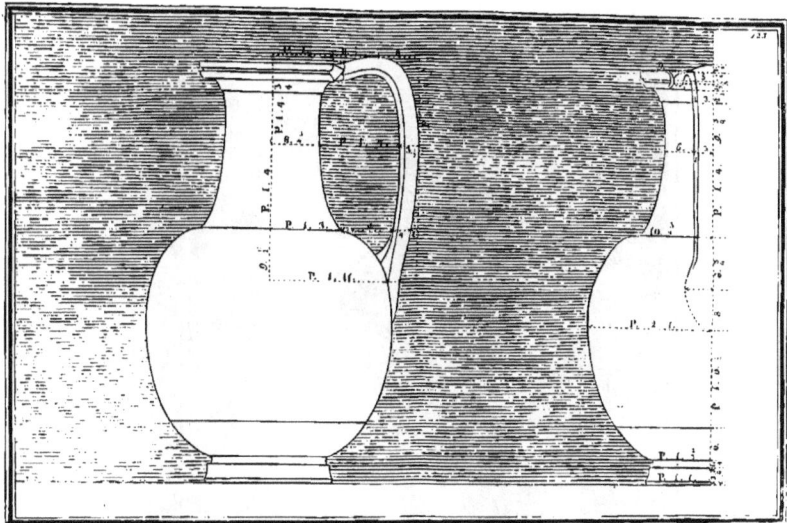

www.ingramcontent.com/pod-product-compliance
Lightning Source LLC
Chambersburg PA
CBHW021105270326
41929CB00009B/744